WORDSEARCH

WITH OVER **500** PUZZLES

ARCTURUS

ARCTURUS

This edition published in 2015 by Arcturus Publishing Limited
26/27 Bickels Yard, 151–153 Bermondsey Street,
London SE1 3HA

ISBN: 978-1-78599-071-7
AD004844NT

Printed in the UK

Contents

Puzzles 4

Solutions 513

Citrus Fruits

```
C S C E N I T N E M E L C
R U N W S H A D D O C K I
O R E Z E K B W C Z O L H
G I M I N N E O L A G N R
N C L O I H C A D U S I Q
A N P A N R S X K V M R E
T O X O R R T O E O O A U
I P M F N A W T Y T R D Q
J E N E U K H I L T O N I
L Z C Q G I K A I P B A N
X C M L X N Y K M O L M A
C U L X P N A H E M A N T
K K J S C O F R A E N T R
Z B B I F W Y S O L C T O
A M U S T A S M A O O M D
```

CLEMENTINE	OROBLANCO
KEY LIME	ORTANIQUE
KINNOW	POMELO
KIYOMI	PONCIRUS
KUMQUAT	PONKAN
LARAHA	SATSUMA
LEMON	SHADDOCK
MANDARIN	SUDACHI
MINNEOLA	TANGOR
ORANGE	UGLI

Fasteners

```
E E V I S E H D A E S S J
Z P P A O C C C F V K Z V
P M O V E L C R O K E O S
E A I R A I X A C B W T Y
C C S H I G M O N A E Y J
E L Y T R V L V C G R L H
B R A C E D E U S N W N U
B Y L S A V N T E O B S G
B U J P P G E Z N H Z G S
H A I R S L I D E T B S N
T Q B N P Q F C J D I H M
B J A A G G R H W B T U G
J I T A E L C A R T D P G
L S L L E T W I Y W E L D
S J D P J Z Z N T G U R V
```

ADHESIVE	PVA GLUE
BRACE	RIVET
CHAIN	ROPE
CLASP	SKEWER
CLEAT	STAPLE
HAIR SLIDE	THONG
NAIL	VELCRO
PADLOCK	VICE
PASTE	WELD
PEG	YOKE

Desert Island

```
M I Z Z C N O X R W Q M H
T S S M X V P E K I S D S
C O N O R I V H R F H N I
L L C A L I R E A S I A F
I A F E R I S W D Q P S N
F T D Y A C T R W T W D I
F E E S U N I U D P R L Y
S D T E I B Y S D M E W A
L E R L N N E V E E C X W
A O E B A Y L H B N K W A
G H S B E W L C A F U P T
O A E E R A A P R C Q D S
O T D P B V C T R I F Q A
N G G N E V H H E K K R C
O S Z S L A M I N A P D M
```

ANIMALS

BARREN

BEACH

BIRDS

CASTAWAY

CAVES

CLIFFS

DESERTED

DUNES

FISH

ISOLATED

LAGOON

OCEAN

PEBBLES

RAFT

RESCUE

RIVER

SAND

SHIPWRECK

SOLITUDE

Double M

```
S  T  I  M  M  U  S  E  J  P  Y  N  Q
C  O  N  L  I  P  D  T  P  L  G  G  E
I  S  I  D  A  H  C  A  J  Q  O  T  J
R  U  M  M  A  G  E  D  B  X  A  P  Y
T  E  M  L  K  L  Y  O  F  R  V  L  Q
E  C  A  D  N  O  M  M  O  C  N  U  L
M  N  T  D  R  R  M  M  N  O  O  M  E
M  E  U  W  E  A  E  O  K  M  A  M  S
Y  M  R  M  M  M  J  C  J  M  V  E  N
S  M  E  R  M  Y  S  C  M  A  Y  T  E
A  O  G  O  U  I  M  A  H  N  E  T  M
C  C  C  B  S  A  L  M  M  D  U  C  M
T  S  I  G  O  L  O  N  U  M  M  I  I
G  N  J  L  V  B  T  F  M  H  A  R  A
Y  M  M  U  D  E  T  Y  U  B  C  L  A
```

ACCOMMODATE	IMMUNOLOGIST
ASYMMETRIC	JEMMY
CHUMMY	LAMMAS
COMMAND	MAMMAL
COMMEMORATE	PLUMMET
COMMENCE	RUMMAGE
DUMMY	SUMMER
IMMATURE	SUMMIT
IMMENSE	TUMMY
IMMUNE	UNCOMMON

Shades of Brown

```
R  T  E  Y  R  E  S  C  O  L  P  E  W
T  U  B  U  C  N  V  H  O  E  W  N  O
M  H  S  T  A  O  E  I  C  P  V  I  O
K  T  E  S  F  T  T  A  L  G  P  P  D
Y  A  D  Z  E  H  N  J  E  O  Y  E  Y
K  U  N  Q  A  T  K  E  G  D  Z  G  R
S  C  S  F  U  R  A  W  U  M  B  E  R
Z  U  B  L  L  A  S  S  V  T  P  L  G
A  D  D  E  A  E  K  L  O  U  I  U  A
S  A  C  I  I  Y  W  C  A  N  I  H  N
C  E  H  V  T  G  H  T  T  T  O  H  L
O  F  P  C  J  R  E  Y  M  S  T  P  E
C  W  K  I  O  D  A  S  E  E  T  Y  H
O  D  J  V  A  M  T  H  A  H  P  T  B
A  E  I  D  H  K  G  T  L  C  R  X  B
```

BEIGE	PECAN
CAFE AU LAIT	PINE
CHESTNUT	RAW UMBER
COCOA	RUSSET
COPPER	RUSTY
DUSKY	SEPIA
EARTH-TONE	TAUPE
MOCHA	TEAK
OATMEAL	WHEAT
OLIVE	WOODY

```
H T Y E S E T T K E X Y Q
S U C W A H N E H L X S P
I Q Y P R E A S E L L E C
E F I S H Y P R O W H E J
R A N C I D U S P W S H W
O C U I N Y O K O R V C W
M I O C B T M F R U I T Y
P D X Y Y K O M S Y R O S
A I U K R C N I U Q B U R
M C B I A A I L X Y O C T
U H R Q S S G D T I N A A
L E H I L A E E C G N E R
W Z H N D A P S N G I V T
C O P Q Y I U I Y I N U D
T E D N A L B H D V V F M
```

ACIDIC	RANCID
ACRID	SAPID
BLAND	SHARP
CHEESY	SMOKY
FISHY	SOUR
FRUITY	SWEET
HOT	TANGY
LUSCIOUS	TART
MILD	VINEGARY
MOREISH	YUMMY

Endangered Species

```
X B I A R K D S Y E U F A
B A H M G D K F K E D I K
Y P Z H R U A D K K E K K
E Y U T E O L D P E H I N
E Y Y I H K D E D K K K O
Z J A G U A R N B A Q I G
N L E E R P D U O D X K A
A A A R Y I W D N C B A R
P V T H D A O T O G O T D
M B U U W R I Y Q C A T O
I O P C G R Q U O K K A D
H N I C F N A S S O F A O
C O E L A C A N T H W R M
P B G T X L G R T U Y T O
F O X I D B A K O X Q Q K
```

ADDAX	HADDOCK
AKEKEE	JAGUAR
AKIKIKI	KOMODO DRAGON
AYE-AYE	NARWHAL
BELUGA	OKAPI
BONOBO	ORANG-UTAN
CHIMPANZEE	ORYX
COELACANTH	QUOKKA
CONDOR	TIGER
FOSSA	TOGO TOAD

```
L Y B S E W O Z D B K X S
Q A T A L A H D F O A E E
U K T P S L A C O N L R N
E M S Z M R N C P D T M Y
E Q M E O U I E D L N A P
N Y P O S S D I C E U R E
O J T N C O R Y O P L Y P
F D P R O K R F T I C A P
H O R M A H T D N P N N E
E R I I W P P U R Z M N R
A M G A N S A Y R O L U T
R O G N I K D E R T F G H
T U R O N O M A T G L G K
S S E H C U D E C F B E V
D E C R O T E U Q O R C K
```

COOK	LORY
CROQUET	MARY ANN
DINAH	MOCK TURTLE
DODO	PEPPER
DORMOUSE	QUEEN OF HEARTS
DRINK ME	RED KING
DUCHESS	RIDDLES
EAT ME	ROSES
GRYPHON	TEA PARTY
HUMPTY DUMPTY	WALRUS

Having Numbers

```
E S R U O C F L O G E D E
E J T R R Y M I E D C R L
T N G H M A H N A L A A Z
X C O A G J D N X L L O Z
W O A H T I P N R A C B U
G R B S P E L O E B U Y P
R E U O H E C F R L L E O
E L Z A P R L I E O A K R
T U T U Z E E E R O T C U
E R I Q B C K G T P O U K
M E C F W E O U I S R C A
O S K S A I P A E S O C K
D I E E M P H G C L T E F
O I T H C T A W C A B E A
D E T A L P R E B M U N R
```

CALCULATOR	ODOMETER
CALENDAR	PAGES
CASH REGISTER	PO BOX
CLOCK	POOL BALL
FLIGHT	PRICE TAG
GAUGE	RECEIPT
GOLF COURSE	RULER
KAKURO PUZZLE	TELEPHONE
KEYBOARD	TICKET
NUMBER PLATE	WATCH

E Before I

```
S A Z C K D D G J V C Y B
S U G V S H R K N R T E N
X O R T V Y E I G I I B F
U T E V B S I I E N L W L
R I M E E D K N G W P M U
N M I N I I A S L H E W D
I G T Z E T L I Y I T O E
E T Z N N L E L S Q F R R
K Q I O A S G S A D X E U
S T P E B S E I D N I N S
X S N A F N I E E N C I I
N G I E R R T E S V H E E
W C V R V S U N B J N S L
K A L E I D O S C O P E K
R R B E A C R O L E I N S
```

ABSEIL	OBEISANT
ACROLEIN	REIGN
BEIGE	REINS
BEINGS	SEINE
EISTEDDFOD	SKEIN
ENVEIGLE	SPONTANEITY
HEIGHT	STEIN
KALEIDOSCOPE	SURFEIT
LEISURE	SURVEILLANCE
MEISSEN	WEIRD

Birds of Prey

```
E F L W O Y N W A T K N S
I H A R R I E R Y E O K D
Z Q P D R L U M S C W R J
R Y E B G S V T L A I U B
E V R A A L R A H B E A B
N U E N B E F S Y Z R Y G
N L G O L W O R C N U L D
U T R F J G A H O K I T E
R U I F A T G W O F W Z U
D R N I E A L B C B R C M
A E E R G C C O N H B O E
O Y C G E V N Q G X T Y R
R E B V R D R A Z Z U B L
S G K C O S P R E Y L A I
A S A R A C A R A C G D N
```

BARN OWL

BUZZARD

CARACARA

CONDOR

EAGLE

FALCON

GOSHAWK

GRIFFON

HARRIER

HOBBY

JAEGER

KESTREL

KITE

MERLIN

OSPREY

PEREGRINE

ROADRUNNER

SECRETARY BIRD

TAWNY OWL

VULTURE

Bits and Pieces

```
E  C  I  L  S  H  I  N  L  E  T  E  J
D  F  E  X  C  R  A  R  T  I  C  L  E
S  P  T  N  E  I  D  E  R  G  N  I  M
V  X  A  B  L  K  E  W  H  F  Z  H  I
S  R  M  T  N  E  M  T  R  A  P  E  D
B  E  N  Y  L  F  Y  N  Z  C  M  C  J
M  D  R  O  M  I  L  L  W  E  F  Q  B
I  D  E  V  I  Q  U  A  R  T  E  R  Z
F  G  D  R  I  T  J  Z  H  T  N  M  S
A  B  I  U  H  N  A  Q  U  G  V  J  W
C  J  F  W  W  S  G  C  G  P  O  B  U
T  R  X  Z  T  I  F  B  O  S  M  C  G
O  B  U  T  H  F  N  E  M  L  H  U  M
R  Y  R  M  O  F  M  G  C  I  L  X  L
K  H  J  N  B  R  W  X  P  B  L  A  K
```

ALLOCATION	LIMB
ARTICLE	LUMP
BRANCH	MEMBER
CHIP	OFFCUT
CRUMB	QUARTER
DEPARTMENT	SERVING
FACET	SHRED
FACTOR	SLICE
HALF	TWIG
INGREDIENT	WING

In the Park

```
C W P E S G N I W S Q K F
T C P D P K F B C E H P K
O M N P A S S Z F U Y S K
F O Z B T A F E T Y Q G Z
P S R U H X N S E U N R L
L T O S S C K S I R O A O
E I S H E C T R P B T S R
S N E E N A R P E H L S N
I G S S T E W N Q T G I W
C S V U L G C A E G A Q E
R L E S R H C N S T X F J
E L R G E R N D N E A V E
X A A S J I Y U A C E H P
E K P W S C O U W M Y S W
N E J N N F W I S E A T S
```

BENCHES	PONDS
BUSHES	ROSES
CAFE	SEATS
EXERCISE	SEESAW
FENCE	SQUIRRELS
FOUNTAIN	STATUE
GRASS	SWANS
LAKE	SWINGS
LAWN	TENNIS
PATHS	TREES

Board Games

```
M O N O P Y L O P O N O M
P R I O X Q V M Y F Z D F
C A U D I J L Q A S F J H
I I T O H S P H U S P P K
G M P O F M S K E I I K B
L P O Y L T O E C H O D L
O E D R K L C T S M T E C
S R E R B G I E A B T F S
T I U O E O L M N O O I Z
C A L S N T Z E H N K Q S
I L C A T C S X N R O S U
T Y R A L M E I I H E C M
I Y B U L N H C W H W Z M
E P D B Z V J A C T A C I
S O E L K R I W Q F V W T
```

BATTLESHIP	MEXICA
BLOKUS	MONOPOLY
CHESS	OBSESSION
CIRKIS	PATOLLI
CLUEDO	PICTIONARY
CONNECT FOUR	QWIRKLE
HOTEL	SORRY!
IMPERIAL	SUMMIT
LOST CITIES	TSURO
LUDO	TWISTER

Cinderella

```
K L S A K E Z E W W C N S
D E Z G C H C Z C L O R H
Y U E I A A T O O I E K S
X R M I L R A C T T I S O
N C O A D C K A S H I G L
E P P T H I T I A S L L D
E R M P S I S N S A I J I
U W V X V Y D E C B D E E
Q V Z N L S R I Q F A N R
E D I G O D G I H U H L S
V Z U M V A N A A W H I L
R K E O M N K M K F O O N
R Y I W I C K E D X R F E
K I C N K E D I R B S V R
O F C M G M F Q I K E T P
```

BALL	INVITATION
BRIDE	KING
CLOCK	MAGICAL
COACH	MICE
CRUEL	PALACE
DANCE	QUEEN
DRESS	RAGS
FAIRY STORY	SOLDIERS
HANDSOME	UGLY SISTERS
HORSE	WICKED

Things You Can Peel

```
C O R R A T B M F Y F M T
C V H W O A D U S D A A P
A R P M N Q U S A D C M E
R Q A A J Z E H E P E N K
R T N J I Z D R L Q M O O
O A P F M N S O P P A R H
T Z R J A L T O P M S A C
Y F T E E E R M A W K N I
A M W B P H L N D O B G T
W M A Z U A D D E N I E R
E L U B T A P D L I S W A
I X A S R E R L H O W E L
E R K I T U H Y L N G A T
B I N U R A S C F A D B X
N L C A P F S P R A W N G
```

APPLE   ORANGE

ARTICHOKE   PAINT

BANANA   PRAWN

CARROT   RHUBARB

FACE MASK   SATSUMA

GOLD LEAF   SKIN

LABEL   TOMATO

MANDARIN   WALLPAPER

MUSHROOM   WAX

ONION   YAM

Ancient Cities

```
C I K U Y O H L A T A C P
G R E A T Z I M B A B W E
F O P P A A D I L J A S R
T K M P H L N E Q Z F O S
R E H O A E X I T N O S E
O X N K R A S I S A H S P
Y Q I O N R N U N X C O O
O T M D C E A G S H I N L
K B R S H H K H A X R K I
P I T C E O T R E V E C S
A C I H R P A I M O J Q O
D H A L E P P O T O R M B
C A V T P B O S Y L D E P
H H R A L C E U W B A O M
W A T A S P L S Q U H N S
```

ALEPPO	KNOSSOS
ALEXANDRIA	MEROE
ANGKOR	PERSEPOLIS
CATALHOYUK	PETRA
CHICHEN ITZA	SODOM
EPHESUS	TANIS
GOMORRAH	TENOCHTITLAN
GREAT ZIMBABWE	THEBES
HARAPPA	TIKAL
JERICHO	TROY

Pickled

```
P E A C H E S T S M G Q J
U M K P Y E N T U H C H Q
R S N O I N O Q E M V H F
E K N Q C L B R D X Z H N
M G X Y L N K D I A L S M
P F A A C I L R A G R S S
I A H B N D L A G E Q E W
G S Q S B S P V P Y V O M
S J G S N A T A V I B T V
F Z A G N H C U L G M A R
E H R R E A W O N P U M E
E O G N A M E J B L X O L
T I H C M I K B A E A T I
N L C S N R O C T E E W S
R E W O L F I L U A C T H
```

BEANS	MANGO
BEET	OLIVES
CABBAGE	ONIONS
CAPERS	PEACHES
CAULIFLOWER	PIGS' FEET
CHUTNEY	RELISH
EGGS	SHALLOTS
GARLIC	SWEETCORN
GHERKINS	TOMATOES
KIMCHI	WALNUTS

Fictional Animals

```
K P S Y O O L A B D P K B
Q B P M C B I L L I N A A
O L D M A J O R J N B T G
Y F L I P P E R B A G E H
N Y F T C K B Z R H A G E
A R T W X S I L V E R R E
N N T U O V W Y D Z F E R
A H D M A R A B L M I G A
O P J X N E I F V R E G B
U L L G V J B K A A L I C
Q O B E N U I K R S D T A
V D H E F T S V C L F S V
R U B C B H Q A G A L E M
T R K Y A A R H T A L V C
I B M A B N B I N K J B E
```

ASLAN	FLIPPER
BABAR	GARFIELD
BABE	NANA
BAGHEERA	OLD MAJOR
BALOO	RAKSHA
BAMBI	ROWF
BENJI	RUDOLPH
BILLINA	SILVER
BLACK BEAUTY	TIGGER
DINAH	TIMMY

```
H U S S A L G R U O H Y L
R L I G H T B U L B X E M
K E L D L E I H S D N I W
S G T A X Z S L E S C A T
A G B E M P M O E O T Q E
L T Z Z M E E S M C C U L
F I L A P O N X H A K A E
C M L O W L M F C C E R S
E E I W Y M A R B L E I C
L R O I O C T U E L B U O
T J F T E B B B B H L M P
T G O B L E T M E M T A E
O N C V S K U B E A K E R
B T S A V T K J N X D U M
B O V J T O Y A R T H S A
```

AQUARIUM	LAMP
ASHTRAY	LENSES
BEADS	LIGHT BULB
BEAKER	MARBLE
BOTTLE	TELESCOPE
BOWL	THERMOMETER
EGG TIMER	TUMBLER
FLASK	VASE
GOBLET	WATCH FACE
HOURGLASS	WINDSHIELD

Healthy Eating

```
S D O O F S U O R B I F R
H A H N U R P Q U I C H E
E L Y Q O U P O T A T O C
A A Z A L T K K U C Q T I
L S S S E Y L L X A J P
T T E P N R I I E S R N E
H S V P I F E G T N M U J
R G H R L R C Y T S T S E
T O C O Z I P N U S T I K
O D W T M T E G C A E E L
R E M E L S P T E Z T D W
R Z X I P D P D P A B S H
A B Y N X E E X T N O Q T
C D U I Y V R B J U S Z R
G R X K J Q S C P Z C T B
```

CARROT	PULSES
CAULIFLOWER	QUICHE
CREPE	RECIPE
FIBROUS FOODS	ROAST
HEALTH	SALAD
LENTIL	SOUP
LETTUCE	STEW
PEPPERS	STILTON
POTATO	STIR FRY
PROTEIN	TASTY

```
Y O O J T S G C N A U T J
L Y J E F W E B E Z E U K
E S D Q N J B W V N E V W
R T R R M A E E N O C P A
T E E E I A R A L E A P H
E R C R D B G C K G P W T
P C O W G S E P B I E K H
Y A U K L E T T I P R V G
B T R Q X K K A A E C X I
B C S U D T P S R G A L N
O H E A L E F U S T I Z K
H E R I W C M D F S L R Z
T R Q L O O L S K F L F F
P I P I T V B K D H I O W
A O M D R A L L A M E N Z
```

AUKLET	MAGPIE
AVOCET	MALLARD
CAPERCAILLIE	NIGHTHAWK
COURSER	OYSTER-CATCHER
CRANE	PETREL
EGRET	PIGEON
FRIGATE BIRD	PIPIT
GANNET	PUFFIN
GREBE	QUAIL
HOBBY	REDSTART

Wrong

```
U B B D G D A Q H X L I X
F N N K E M F J U D A N E
D U E X S K L G F E N Q R
S O U T T I C B J M I Y E
U A R Y H N N I H I M R P
O U T W R I L F W T I I R
N N N T V A C Z U L R N E
I F U E R P R A X L C C H
A I I O R A X T L I P O E
L T M B N I W Z N V J R N
L M D Y J Q W R T O L R S
I N E X A C T Y Y B C E I
V H X U N T O W A R D C B
F A L S E T Z D H H O T L
L I V E I M P R O P E R E
```

AWRY	INCORRECT
BAD	INEXACT
CONTRARY	REPREHENSIBLE
CRIMINAL	SINFUL
EVIL	UNETHICAL
FALSE	UNFIT
HAYWIRE	UNTOWARD
ILL-TIMED	UNTRUE
IMMORAL	VILLAINOUS
IMPROPER	WICKED

Greek Mythology

```
G N N R S H R K E N P M Q
Q A B E L L E R O P H O N
E C I E E Q I R H N B N B
Z H Z A D S I F E U J E C
L E S P A O W L R B Z H D
S R M E N Z E H M H U T A
E O D X P H B Y E E E S S
Q N R B M O R T S P L Q U
M L D E A K R E H H E P S
Z A O Y L I A E B A C T A
A R E S T N N M T E T G G
R C K N Y I C A X S R B E
G R G M A E O M R T A O P
E T P H I D N T F U Z F P
L H I C G F K C Y S T A N
```

ACHERON	HEPHAESTUS
ARES	HERMES
ASTEROPE	LEDA
BELLEROPHON	MAENAD
ELECTRA	ORION
EREBUS	PEGASUS
ERIS	SEA NYMPH
EROS	SOL
GAIA	STHENO
HELEN	URANIA

Boys' Names

```
T T O C S C L D P R D I S
D E S M O N D D I I V A W
G U E W H Y K T C W E V A
E E L A M O L O F X D R Z
R H U I N Q A L A R F R S
A H J S D G R K O V L I O
R Z H G T W U F Q Y K A T
D G N I J A F S N D D T S
S S K A N I C H O L A S A
S T M R L N G E E R G I B
C H E C S S W O M N X L A
M T O P N Q E A R Q R A N
J O A C H I M L Y D J Y R
C L J U E E R Q I N O J A
R X A H C O N E V M E N B
```

ALISTAIR	HENRY
ANGUS	JOACHIM
BARNABAS	JULES
CLIFFORD	LLOYD
CRAIG	MILES
DESMOND	NICHOLAS
ENOCH	PIERS
EUSTACE	SCOTT
GERARD	STEPHEN
GORDON	WAYNE

Drinks

```
P S R E T T I B K W D S T
T B A N L E H L I J I O E
C E E I F I I B C N N H D
C E L W U M X H E I G G A
L R A G O S R I C S I O E
E D G N L Q D H R Z M N G
M R E I Y U K W E E H G N
O I R L D A S S A V J G A
N Q S K P S L D M T G E R
A U H R O H N C S Q E B O
D A A A R J W Q O I B R O
E O N P T K U W D H C M E
V C D S O R U I A C O N N
B O Y K R R S Q C F Z L O
E C O F F E E E J E X G C
```

ALCOHOL	LEMONADE
BEER	MEAD
BITTERS	MILK
COCOA	ORANGEADE
COFFEE	PORT
EGGNOG	SHANDY
ELIXIR	SPARKLING WINE
ICE-CREAM SODA	SQUASH
JUICE	TONIC
LAGER	WATER

Museum Piece

```
Z N V S Q S T N N W G M I
E G Y P T I A N E D U T B
E R Q B X O R M I M O G R
F E D B U P K S M H X G V
G E J Q V I P Y B O N E S
A K S H E L C S C I L E R
S T L U A V A S T I P S N
O V I Y Q R S S W T C E A
M O S A I C E O C W T H M
T F S R R R S X E R V T O
U H O B E P F A H Y O O R
D Z F T O T P U A I S L M
O B N Y R O T S I H B C L
R I G B N E K E H I L I E
D H C S H C U S L A M N I
```

BONES	INTERESTING
BOOKS	LETTERS
CASES	MOSAIC
CLOTHES	MUMMY
DISPLAY	RELICS
EGYPTIAN	ROMAN
EXHIBIT	SCROLL
FOSSILS	TUDOR
GREEK	VAULTS
HISTORY	WEAPONS

```
U W L P Y P L M A L T A X
P P C L N A W I A T R Z U
A N A M I B I A B J O W Y
K T G B F W S I X Y D R Z
I O A H S E K L I V A P G
S U D A N U F I J T U J D
T C R E H O R Z I I C Z F
A Q G C S J O A N D E O N
N A V U F G W R L S S M A
L H I G R U J B E E H F I
P L E A K C G O Y M B M N
S V T N G E O R G I A V E
A A N D V F Q N R E Q C M
Q Q A A U W U U G E Y J R
Y G M L A E T H I O P I A
```

ARMENIA	LIBYA
BELARUS	MALTA
BRAZIL	NAMIBIA
CAMEROON	PAKISTAN
CONGO	QATAR
ECUADOR	SENEGAL
ETHIOPIA	SUDAN
GEORGIA	TAIWAN
ITALY	UGANDA
KUWAIT	VIETNAM

Tennis - Male Stars

```
G R O B H L D S B Q M U H
M G D T T B M N R R J D H
I C I X P J R E S A R F N
O M U P H E D B E R G B S
S C J O T E T P Q Y J A A
A O A V O S I R V L X K O
S D Z R P Z E A A I R T W
Y R H W C O O P E R S T V
E C O J R F G S J E D I B
S M R N Y T T A P D C W K
D T E E N E W C O M B E R
X C I R V O J M A L Q H A
M E K C S A C H S A C O M
G C B M H O L E H L X X E
S N F G P H N O E Z K V R
```

ASHE	KRAMER
BORG	LAVER
CASH	MCENROE
CONNORS	NEWCOMBE
COOPER	PATTY
EDBERG	PETRA
EMERSON	SCHROEDER
FRASER	SEIXAS
HEWITT	SMITH
HOAD	STICH

```
T X X C G O C U D C N A N
S S O R L A S T E W P S Y
A R R A L O W R D E E X A
F Q P E E K E A R U M L S
D B H B S V J M I W A O L
A N X I E I A T S T J D F
E R E S L N D P A O U O K
T Y R T E O H E U R O Z V
S E F N T L D R M T R K I
P S T J A A N G H W P Y N
K T T S E R H O E L V I H
K A A B Q N L H N Q A L A
X Y A X I D E N H M I L B
W K Y E R U D N E V G I I
C R Y A I C I R E U F L T
```

ATTEND	LODGE
AWAIT	PERMANENT
BEAR	PERSEVERE
DWELL	REMAIN
ENDURE	RESIDE
FOOTHOLD	REST
INHABIT	SOJOURN
KEEP	STAY
LAST	STEADFAST
LIVE	TARRY

Phonetic Alphabet

```
C U Z K O S X T E T N Z U
G U V L V C S O C T E L T
S Q I N D I A B H M Ü L S
I K J S G P J N O Z Y P I
C I U N I F O R M H A Y E
W M Z R M N Q P V O N D R
C Y I B E U K R O Z K A R
T A I K E B A C Q T E T A
O R N B E C M T A Y E L M
R X E U S I X E G A H E A
T C G O L F L P V W U D T
X A P A P W X R Q O L Q A
O W L R G W A C A E N J N
F Y E K S I H W M H E R G
N F V I C T O R L Z C A O
```

CHARLIE	PAPA
DELTA	QUEBEC
ECHO	SIERRA
FOXTROT	TANGO
GOLF	UNIFORM
INDIA	VICTOR
KILO	WHISKEY
MIKE	XRAY
NOVEMBER	YANKEE
OSCAR	ZULU

```
P L B Y Y Y D U W L G S C
N E L K A Y N C K I T T U
L E S H D K U L E N N R J
C R E X I S F O V N R E Z
H S R O L I W C G O E A F
I J A Q O H C K T I V M J
M G E H H W H O W T O E R
E I Y E U A A P P U G R I
S J W W X S M R V L N C K
R I E E T N P J C O A L S
D H N S L V A H K S H T O
D L S G O T G Y D E T C M
M R G I I X N Y T R A P X
H Y A P W N E B I G B E N
B Y X M H S G U E Z P A Q
```

BIG BEN	NEW YEAR
CHAMPAGNE	PARTY
CHIME	REEL
CLOCK	RESOLUTION
COALS	SINGING
DRAM	STREAMER
FUN	TOAST
HANGOVER	WHISKY
HOLIDAY	WINE
JIG	WISH

Carry On

```
I R E H C A E T T C J K S
F E S P N Z I D T V L U Z
C G A N S E N Z A Y N E B
Z A G K C A J X D E O R O
E R A X L F P Z V Y J C K
L D I G R D A O R B A C R
G L N N Q A N Z N I S R
G E D N I H E B J D E Y L
I S O I F H S I U M D O A
G S C W U M M Z A E V C U
L Q T M U D A J M I S K G
N W O T A L D O N U G S H
F U R L V I C G N H X Y I
T I E E S C R E A M I N G
W L S U O R O M U H W W Q
```

ABROAD	JACK
AGAIN DOCTOR	JIM DALE
BEHIND	LAUGH
CLEO	LOVING
COMEDY	REGARDLESS
DICK	SCREAMING
ENGLAND	SID JAMES
GIGGLE	SMUT
HENRY	TEACHER
HUMOROUS	VENUS

Sauces

```
N E B L A N Q U E T T E Y
A R K B A W H W E P I F A
E V L O E P V S U E K A N
B I P L S Y P T D B R N R
K O P O K A T R E R E I O
C P Z G G A E C A U S T M
A U Z N N V H B Q P O A B
L A O E A A B E A A R R A
B L S S M I R R Z K E G R
E C L E A G S F X J I U B
A A L T A L E M C F R A E
S H A L E R U E S S A H C
I K A Y I R E T B G M G U
R Y X I R E P I R E P J E
F I P R I M A V E R A R B
```

A LA GREQUE	CHASSEUR
APPLE	ESPAGNOLE
ARRABBIATA	MARIE ROSE
AU GRATIN	MORNAY
AU POIVRE	PARSLEY
BARBECUE	PERI PERI
BECHAMEL	PRIMAVERA
BLACK BEAN	PUTTANESCA
BLANQUETTE	SALSA VERDE
BOLOGNESE	TERIYAKI

Absolute

```
M A R D F A R T H E S T B
Y D F V E R I T A B L E I
F E L U M D L R L P T T L
E T G E N U I N E U E E D
F C D C K L Q C L Y T L C
A I N W I T I O E A P P E
C R A Y R T S M N D E M R
T T D U R B A I I Y R O T
U S E E A A M R V T F C A
A E L M S R R R C Q E Q I
L R D A E P T T B O C D N
A N E T E R O S I T T C O
L U E A O D P T F B P U Z
K D W K L Y I U I L R H A
F U L E N D D T S C V A S
```

ABSOLUTE	FARTHEST
ACTUAL	GENUINE
ARBITRARY	IDEAL
AUTOCRATIC	PERFECT
CERTAIN	REAL
COMPLETE	SUPREME
DECIDED	TRUE
DESPOTIC	UNLIMITED
DETERMINATE	UNRESTRICTED
END	VERITABLE

Building

```
R W N O I S N A M I T R E
M K B B U I T V S I O I C
E S U O H T N E P I L W V
U L S P I R E X I T N L H
C T C M F U G S M C P C K
U Z F M L S B N H M U Y I
R J V O P S T O H C R A H
S W J S E C V I Z E D E V
L O U N G E P T K Q M Y E
D F E A V E U A D O K G P
V R P R D E B D E D D R D
X S G T E E K N H V H G P
E I A F F X P U S Y A H B
I A N B B O J O O V U W P
N T Y N T Q L F T T F R X
```

APSE	LOUNGE
ARCH	MANSION
BAKERY	MILL
CLUB	MITRE
DEPOT	PENTHOUSE
EXIT	PUB
FOUNDATIONS	SHED
HUT	SPIRE
INN	TRANSOM
LOFT	TRUSS

Weapons

```
H E O H O W I T Z E R E S
F D P B O P I S T O L A S
I W R R H I M E W I G J D
E F R S X J K A S R J T R
D A W O H C R S A T M L O
A A I O O C I E E Q N D W
N T G R B M T L X W E S S
E E U G G S L F P P T J R
R N X X E U S T R I J A R
G O E B B R N O L T E I E
D Y N A M I T E R P U B I
N A O R C O T O S C Z Z P
A B F Z J T B U H W G U A
H T I I O N H H M X U P R
V L L A B N O N N A C D T
```

AIRGUN	HOWITZER
ARROW	MISSILE
BAYONET	PISTOL
BULLET	RAPIER
CANNONBALL	ROCKET
CROSSBOW	SPEAR
DAGGER	STILETTO
DYNAMITE	SWORD
HAND GRENADE	TEAR GAS
H-BOMB	TORPEDO

Booker Prize Winners

```
E  L  L  I  V  N  A  B  P  X  Y  M  M
K  Y  J  Z  B  B  L  Z  M  F  C  O  B
H  E  U  B  R  O  O  K  N  E  R  H  R
O  R  N  N  A  L  A  A  J  P  M  L  U
L  A  K  E  S  R  T  J  F  I  L  W  S
L  C  E  E  A  W  K  W  I  E  W  U  H
I  R  L  E  H  L  O  E  R  R  F  M  D
N  I  M  L  J  V  L  R  R  R  O  C  I
G  X  A  Y  U  T  A  Y  T  E  B  E  E
H  M  N  O  W  F  A  H  P  H  Y  W  M
U  Z  H  D  F  V  O  A  S  B  A  A  A
R  H  A  T  W  O  O  D  D  U  T  N  R
S  P  T  F  I  W  S  Q  V  N  T  L  T
T  O  G  U  P  O  K  R  I  E  O  F  E
K  F  L  M  V  H  P  Q  V  W  S  Z  L
```

ATWOOD	KENEALLY
BANVILLE	MARTEL
BARKER	MCEWAN
BROOKNER	OKRI
BYATT	ONDAATJE
CAREY	PIERRE
DOYLE	ROY
FARRELL	RUSHDIE
HOLLINGHURST	SWIFT
KELMAN	UNSWORTH

English Counties

```
Y O R K S H I R E T V L Q
B N O R F O L K N E Y L H
F E D D J H K E X S E A B
C R D C L J K E C R N W E
J I C F H A S Y I E J N S
D H V C O E R H N M M R S
U S Q G L R S U K O O O E
R T P D W D D H T S V C X
H L D V R O T S I L Y E F
A I P O R E E G H R A U D
M W F S U R R E Y I E N N
D X E B E R K S H I R E D
O T K L O F F U S C M E H
G I A R H A M P S H I R E
P P L A N C A S H I R E N
```

BEDFORDSHIRE	LANCASHIRE
BERKSHIRE	MIDDLESEX
CHESHIRE	NORFOLK
CORNWALL	OXFORDSHIRE
DEVON	RUTLAND
DORSET	SOMERSET
DURHAM	SUFFOLK
ESSEX	SURREY
HAMPSHIRE	WILTSHIRE
KENT	YORKSHIRE

```
R B Q T K F R H T S O S D
A P X Z H E A V Q I I Y R
L M P J B L O F O T D R H
L R S M L V O R R T U A U
E F A K X Y I U A I T R N
C H Z M E L Y R N N S B E
C V Z R O R S X G G P I E
S Y Y Y E O U K E R E L T
R M Q L Q Y R P R O V A N
S A L O O N G K Y O L R A
S A T E L I E R C M A D C
G T R U O L R A P O T E Q
B K S T U D Y M N G T R V
E G N D P A N T R Y I S N
M O O R D E B K O I C X P
```

ATELIER	LIBRARY
ATTIC	LOUNGE
BEDROOM	ORANGERY
CANTEEN	PANTRY
CELLAR	SALOON
CHAMBER	SITTING ROOM
FOYER	STOCK ROOM
GALLERY	STUDIO
HALL	STUDY
LARDER	SURGERY

Under the Ground

```
D N R E R A L L E C M W D
V R V W D B A J R N J J M
Q A E L U N D E R P A S S
C L O K X N T R A L U V H
L G M T N W F Q A N S L P
J M R O G U J C Z I F B S
K W O R R U B D O E N T D
M U H R V K R I S R K U S
C J K A F L R E I P M F T
B U V C E C S T V H W P I
K C L N C O N D U I T G B
C X N V I Y Y V F N R C B
S U B T E R R A N E A N A
T U B E R R E B S T B E R
A L A O C J T M R O W V P
```

BUNKER	GOLD
BURROW	PEANUT
CARROT	RABBIT
CAVE	RIVER
CELLAR	SUBTERRANEAN
COAL	TUBER
CONDUIT	TUNNEL
CORM	UNDERPASS
CULVERT	WELL
DRAIN	WORM

```
N O D B M J E Q I A V Y S
V A A E I A U L L V D L E
A E R S D R J U I I H A G
N T U U H O L R L G Q C M
T A B E N A O E Z Q A S E
E L I L R A N L E M D V N
R U E V P N A N B E E X T
I G N Z A H I U T D V D E
O N I E K R L N N L L F D
R U U F E A I U A Q A O D
E K G S C O O D E S V Z C
M S N R J P U A U Q I Y E
A A A Z M A I E L T N A M
L L L O C A N I N E U L X
H C C A R A N G I D T X U
```

ACAUDAL

ALULAR

AMBULACRAL

ANGUINE

ANNELID

ANSERINE

ANTERIOR

ANURAN

AVIAN

CANINE

CARANGID

COLD-BLOODED

COMPOUND

JOINTED

MANTLE

SCALY

SEGMENTED

UNGULATE

UNIVALVE

VAGILE

Awkward

```
Q D B H T U F Z B B B D H
L Y J P C L U M S Y E F L
O L A M G N I L G N U B C
I N W A W K W A R D T R O
I I O J J D K A D N I U A
D A O A K U E W A Y H S R
E G D S I L R G F F I T S
N N E W N Q E N H K Y I E
I U N U W L K G A Y K C O
F M V X E W U T X R W U U
E Q R N P O E H C U A G N
R T I O R D A L A M G M F
N Y F M P U T P E N I F I
U H E M U A D T P L K E T
H I T M Y D L E I W N U E
```

AWKWARD	ROUGH
BUNGLING	RUDE
CLUMSY	RUSTIC
COARSE	STIFF
GAUCHE	UNFIT
GAWKY	UNGAINLY
INAPT	UNLEARNED
INELEGANT	UNREFINED
INEPT	UNWIELDY
MALADROIT	WOODEN

Scandinavia

```
N X W V L N S O A E J I Y
E P A C H T R O N Q H B A
X G G R U B N E H T O G W
K H K H S G E S N E D O R
I E I S W K Z O M N I H O
V L V T E O A B W C A S N
A S R O D Z O G E W M V Z
J I A C E R W L E O S L O
K N N K N K A W R R F D G
Y K Y H S N L T E E R Z P
E I O O D E N M A R K A H
R L L L A K E I N A R I K
M S D M B V F I N L A N D
H C V Q B A L T I C S E A
T P C O P E N H A G E N C
```

BALTIC SEA	NORTH CAPE
BORNHOLM	NORWAY
COPENHAGEN	ODENSE
DENMARK	OSLO
FINLAND	REYKJAVIK
GOTHENBURG	SKAGERRAK
HELSINKI	STOCKHOLM
ICELAND	SWEDEN
LAKE INARI	TROMSO
NARVIK	VANNERN

Religious Leaders

```
T S U I C U F N O C Q I J
W S Z I R X K M H P W S E
V U E R A S M U S T F Z Y
R I L G N I N I E M O H K
U T O G M B N S T N B O H
S A Y G E S U A H D D U B
S N O S R I U O M J S Q X
E G L G B O Y I E E Q G B
L I A E R C B E C S N C D
L W S B C A Y N L U L B T
L U T H E R H Y E S L O W
E I P T P B N A E D E I R
D E M M A H O M M N E W W
P J M J N Q I L G N I W Z
A R T S U H T A R A Z L S
```

BOOTH	LOYOLA
BUDDHA	LUCIUS
CONFUCIUS	LUTHER
CRANMER	MOHAMMED
ERASMUS	RUSSELL
EUSEBIUS	SWEDENBORG
GRAHAM	WESLEY
IGNATIUS	WOLSEY
JESUS	ZARATHUSTRA
KHOMEINI	ZWINGLI

Occupations

```
G H O G D R X O A H G O V
L Q A E Q U E R R Y M Z Z
G K P B R P T T D J O N T
S V A K E G E S T W E E U
C R I V V E L B H U C P M
U E N O O O A C G H C I H
L T T W R L V F N W I P J
P N E R D O R I V E T E R
T I R N E G C G C R S L J
O R A B B I N N E Q I A R
R P K Y A S R I A N Q Y E
W Y R N U T D R J M N E K
W R E S T L E R A N R R O
C N L N O R Y A U F T A R
O S C S Z R E N I R A M B
```

BARMAN	PAINTER
BROKER	PIPELAYER
CLERK	PRINTER
CUTTER	RABBI
DROVER	RIVETER
EQUERRY	SCULPTOR
FARRIER	SOLDIER
GEOLOGIST	TECHNICIAN
MARINER	VALET
NUN	WRESTLER

N Words

```
T X M U V S I R M G N Q E
N O V E M B E R Z O A R E
N N O I S E D T R B X N U
I Y Y M O E A T H V E S P
G B V C T R H U T G E K E
G A D S U E N M S O I M O
L N E Y R A S N E E A N K
I N J N P O Y E C N N D X
N W N P I R C L I H H W P
G L I O E D Q Y N N S A K
B N N N M A R C R N U O N
G O N N B I L A S A N T N
W U B R D D N I K D T O S
N Y H A K X N E E F A O Z
Y J N W N L H B E H P J N
```

NABOB	NOAH
NADIR	NOISE
NAG	NOMINEE
NAME	NORTHERN
NAPPING	NOTARY
NASAL	NOUN
NESTED	NOVEMBER
NICEST	NOW
NIGGLING	NUNNERY
NIGHT	NUTS

ABLE Words

```
F E Q D H E L B A N M A D
R L L C O N S O L A B L E
I B E B K P T C U U U O F
A A L P A Q E E R K K E T
B I B E O D L R G H L H R
L L A K L B U S A B L E E
E T I H A B G A A B F S C
Q V V D P Q A N L D L N O
U Y N Z Q A U N J M Z E V
A E E C H A R G E A B L E
B E A R A B L E A U J W R
L O E L B A P A C B Z X A
E D J T Y J H S O G L Q B
W C G X M G P F A B L E L
E L B A R A P T A B L E E
```

BEARABLE	FRIABLE
BENDABLE	GABLE
CAPABLE	LAUDABLE
CHARGEABLE	LIABLE
CONSOLABLE	OPERABLE
DAMNABLE	PARABLE
ENABLE	RECOVERABLE
ENVIABLE	TABLE
EQUABLE	UNABLE
FABLE	USABLE

Linguistics

```
B Q E E S A M A F U T O O
V J T V N C D N U O S Z Z
F A I I G X Z W N B A A V
L Q N T U C Q Z R J P T V
E W I S A Y B E U E U T O
C R F A K O B V L C S R I
D O U R Y M Q D V T G I C
Y S M T U K D L L I G B E
N O M N U I R J C V C U D
A I Q O M F L O N E Y T Y
M T A C J R G D O O U I A
I H N M N N Y L S T Y V H
C E T N A N O S D E Z E D
W M W T C C F Q X C A L G
U E E P Q A T V V D O X T
```

ATTRIBUTIVE	NEW
COGNATE	NUMBER
CONTRASTIVE	OBJECTIVE
DYNAMIC	OLD
FINITE	PAST
FUTURE	ROOT
HEAD	SONANT
LATE	SOUND
MAIN	THEME
MIDDLE	VOICED

Red Things

```
Q  I  B  X  V  V  T  W  D  R  Y  X  H
C  R  E  S  C  E  N  T  B  R  I  C  K
I  P  Q  H  F  D  J  S  R  W  A  M  K
N  P  E  L  Y  R  T  E  E  X  P  U  B
C  T  A  P  E  A  H  N  L  I  Z  L  G
B  X  Q  E  P  C  M  V  C  T  G  L  U
P  D  P  G  A  E  K  S  S  K  N  E  B
D  E  L  R  U  R  R  A  U  J  S  T  R
R  E  P  C  T  S  E  G  P  G  U  M  D
A  E  C  E  U  R  E  P  R  A  Z  Y  E
T  Y  I  A  B  R  B  W  O  O  D  Z  D
D  W  A  R  F  F  R  B  C  X  I  T  O
C  E  J  T  S  E  G  A  B  B  A  C  O
G  P  E  H  F  L  A  G  N  X  C  C  L
Z  T  B  R  U  K  K  Q  O  T  E  G  B
```

BLOODED	DEER
BREAST	DWARF
BRICK	EARTH
CABBAGE	FACED
CARD	FLAG
CARPET	GUARD
CHERRY	MULLET
CORPUSCLE	PEPPER
CRESCENT	TAPE
CURRANT	WOOD

Fonts and Typefaces

```
W S L A I R A G W J E C P
P E R P E T U A E C J B I
P B A F C T A H O M A F L
W A B N P O D F A A U L O
B S L X A J M M Q T E A B
O K S A Z D I I U B D X M
O E U P T T R R C I S W Y
K R C R P I A E C S G K S
A V X O T L N U V M A U N
N I N C O J L O B Y R N A
T L Y K O P F G F R A I S
I L Q W S F E G G I M V L
Q E C E N T U R Y A O E L
U Q U L G K Y Z Z D N R I
A Q Q L R F D W L F D S G
```

ARIAL	LUCIDA
BASKERVILLE	MYRIAD
BELL	OPTIMA
BOOK ANTIQUA	PALATINO
CENTURY	PERPETUA
COMIC SANS	ROCKWELL
COOPER	SYMBOL
FUTURA	TAHOMA
GARAMOND	UNIVERS
GILL SANS	VERDANA

House Building

```
X T U A W W S L L A W S K
D D T W I E W A U S N W M
C X G N O V E R S I T E M
V E D A Y I P Y L L K N F
Z O I H R R Z R N I A L J
W R E L G D U B T W O B R
G S G G I P E C J O R O M
A J N S O N H N R X O N O
R O U X S E G Y R D G S R
A Z O D N A M K T E J Q T
G E L E C T R I C I T Y A
E R M O O R D E B V V A R
C S K C I R B Q Q W N A W
N M O O R Y T I L I T U C
Y O T E N J U S L T Q J X
```

BEDROOM	KITCHEN
BRICKS	LOUNGE
CAVITY	MORTAR
CEILING	OVERSITE
DOOR	PURLINS
DRIVE	SLAB
ELECTRICITY	UTILITY ROOM
FLOOR	WALLS
GARAGE	WATER
GARDEN	WINDOW

Lakes

```
X U N O O N E G A E X F K
W W Y M C A E Q S W R E M
C W A O U V I K I T N I L
L H S C P J C N L I Y P E
L G A U Z A D N R U G B H
W A C D P E T T V G S K Z
A R E M R I A O B Y A L F
V D X M O K E P S P T A L
E A E X H N L P I J R T O
N R A C M S T O I A E R D
E F O T W Q X A L R E C U
G L H U R O N S R T G E R
J Y W R S S E R A I Y F D
R A E B T A E R G R O D O
T A Z U R I C H E R A G G
```

ARAL SEA	KIVU
CHAD	LOCH KATRINE
COMO	NYASA
CRATER	ONEGA
ERIE	ONTARIO
EYRE	PATOS
GARDA	PEIPUS
GENEVA	RUDOLF
GREAT BEAR	WINDERMERE
HURON	ZURICH

```
C V O X D R O C N O C E G
U O Z N U T R T M H N R E
B N N Z H M B E U G S E U
F M I F M P E S A Y R G R
Y J F T O T W G A G D S Y
T L D V E R E A A Y K L K
S E L N P H M N L H P T W
T U U A A S M D E M A C T
C G B A T T R A O F L A N
O F H S I O S C T M S R E
H I L U C Q U R I C P T S
E T S C F R T E E Y H N N
R R A N O S I N U D H O O
E N I A G R A B E L N C C
Q C P R O M I S E Y C U H
```

ACCORD	FIT
AGREE	MATCH
BARGAIN	MEET
COHERE	PROMISE
COMPLY	SUBSCRIBE
CONCORD	SUIT
CONFORM	TALLY
CONSENT	UNDERSTAND
CONTRACT	UNISON
ENGAGE	UNITE

Physiology

```
W C N O I T C U D B A F H
T E O E J A E T G T T F S
N V I A X O N N B C R Y Z
E I T F U E I B S E S W H
R T C A C T L U P R E Q V
E C U U C T O F Q E N J Y
F U D U U N U N E K S A R
F D D Z R W N M O R I B A
A D A E X T A B I M T D T
A A V P G A E W P D I U N
R A C O N T R O L B V C U
C E X C I T A B L E I E L
Z O C I N O T O S I T N O
C E F F E R E N T M Y T V
I X A N T I D R O M I C Q
```

ABDUCENT	CONTROL
ABDUCTION	EFFERENT
ADDUCENT	ERECT
ADDUCTING	EXCITABLE
ADDUCTION	ISOTONIC
ADDUCTIVE	REFLEX
AFFERENT	SENSITIVITY
ANTIDROMIC	TUMID
AUTONOMIC	UNAERATED
CAVERNOUS	VOLUNTARY

```
N Y M C S S N F R N H P E
T Z P U E J W R M L X M S
U L C N R J V O E F L T I
O U I Z C T G N B A C H L
K L R L E N S T R E W L M
C S Z L I P S O F P L O T
A G B G O R B F R L Y W R
L N G J E O E H F S B Y C
B I L D A P R O C Y T P T
R W D R C E B U S R L P B
Z A D L N R R S Y A M U H
L S O E F T P E C O C P Z
B T C H A I Z E R R A A D
H S N I U E S P M U S I C
G R N R E S S E R D T O Y
```

AD-LIB	LINES
BLACKOUT	MUSIC
BOARDS	PLACES
CAST	PLOT
CLOTH	PROMPT
CURTAIN	PROPERTIES
DRESSER	RIGGING
EFFECTS	ROSTRUM
FRONT OF HOUSE	SCENE
LADDERS	WINGS

CROSS Words

```
D Y B L V Q G D E G G E L
H R E S S E R D Q P B N H
P A O W I D O A E H Y X P
D O T W W U A Q N E E M U
E H L C K G D K O M R I R
S F B L H I S X I M I B P
D P A H I Z Y V T N W Z O
E T N C W N Q Y C Y I P S
N M A T L W A R E A D O E
I A X I O D X T S Y O C S
A E B T V W Q N I J E O B
R B K S Y O N U B O K D A
G P F P V I N O K A N W B
U W K E Z N L C O I R M T
Y K R D J I D S R I A H B
```

BAR	OVER
BEAM	POLLINATION
BREED	PURPOSES
COUNTRY	ROADS
DRESSER	SECTION
EYED	STITCH
GRAINED	TALK
HAIRS	TOWN
HATCH	WIRE
LEGGED	WORD

The Simpsons

```
N A M K C O R B T N E K Q
E E S J U E K N K C G N R
L R T I I C K R W N D Q O
S H M R L U T S O C S I D
O E S U O H L I M E Z U B
N K C A Z Y S Z Y Q O A M
H K A M N Q M M R J R P A
T S S L H T O C I T P M G
L M V E S U L M C A F K G
H E A S R Y B Y T L Z K I
W O N R C O Z T T H U A E
Z C M N G V Y S P S A R T
D T J E Y E C L E T U S E
F R J V R R A Y X O A R B
N I G A B R A H A M M S K
```

ABRAHAM	MAGGIE
BART	MARGE
CLETUS	MILHOUSE
DISCO STU	MOE SZYSLAK
HOMER	NELSON
JIMBO	PATTY
KENT BROCKMAN	RALPH
KRUSTY	SELMA
LENNY	SEYMOUR
LISA	TROY MCCLURE

Salad

```
R V F P A N H R K C U Y E
C H E E S E A F R O R F V
R A H Y N S U O C E P H A
S Y L H E N U R L L E J E
P D Z A I T E E D R A H C
R W C F O S C L B L F H I
I X V N S O H S K R I G U
N I W A L S E L O C T F J
G B P I I T O D O Y E O N
O O V D C F L R E I S T O
N E A X Z A Y B I L C A M
I R C X W T O M A T O T E
O S T U N L A W R E P O L
N I C O I S E N T T B P E
F R N R O C T E E W S D B
```

CAESAR	NICOISE
CELERY	OLIVE
CHEESE	PEAS
CHICORY	POTATO
COLESLAW	RADISH
CRESS	SPRING ONION
CROUTON	SWEETCORN
FENNEL	TOMATO
HERBS	WALDORF
LEMON JUICE	WALNUTS

```
W H C J F W H F V L E Z C
M O N U M E N T L Q O F N
F S E S R E T A E F E E B
X L B A N E M S D R A U G
Z A H I S L E O F D O G S
C M T A L T F I A P K Y N
G B L A R G E V S D R Y I
P E P S M R V N Z C A E K
E T O J I A O C D O P N X
R H N R G H Y D W R E K C
O T Y B U R N F S N D C A
S C H E L S E A A H Y O M
F C E N O T A P H I H C D
O S E S U B D E R L R F E
R F U A T T M R M L X B N
```

BEEFEATERS	HARROD'S
CABS	HYDE PARK
CAMDEN	ISLE OF DOGS
CENOTAPH	LAMBETH
CHELSEA	MAYFAIR
COCKNEY	MONUMENT
CORNHILL	PALL MALL
EAST END	RED BUSES
EROS	SOHO
GUARDSMEN	TYBURN

Fungi

```
L F Y G R O Z Z A T Z O O
S T S U R U P D Y U H L I
S M X Y L A O S B O W F K
D W U Q C A R N J C W D O
N O X T N G R E M C E V N
T O A D S T O O L Z O P E
K D T F D E E L C L E P K
G B E T L C H K O E O F A
E L F F U R T K C A L B T
W E G Q O B Y M L A H F I
Y W I I M J H V L H R C I
N I S Q L E O D D C H B H
S T I P E L D S H E L F S
E T F I V L S T R E Y V H
R Q C A I Y D A O B D D X
```

BEECH	MOULDS
BLACK TRUFFLE	OVOLO
BRACKET	RUSTS
BUTTON	SHELF
CAP	SHIITAKE
CEP	SMUTS
CORAL	STIPE
ENOKI	TOADSTOOL
GILLS	VOLVA
JELLY	WOOD BLEWITT

ARCH Words

```
E A R C H P R I E S T E F
N A R C H D U K E I P R Y
O N A R C H E D K Y L A P
T O D N G T E C T E W R O
S H A H O M E E G H Y C H
H C X R I C H N C Y M H S
C R X H C C A R D A E I I
R A C Y R H A E R J N T B
A R A A C E V C D A E E H
A C U R F A H I R H H C C
H H A I C N W C L A C T R
O A I V E H H S R L R R A
P E S S M I I K G A A X A
Z A S K V C F L H V Q I V
N N H E A R C H A I C K N
```

ARCH ENEMY	ARCHED
ARCH PRIEST	ARCHER
ARCH STONE	ARCHETYPE
ARCH VILLAIN	ARCHIL
ARCHAEAN	ARCHIMEDES
ARCHAIC	ARCHITECT
ARCHANGEL	ARCHIVE
ARCHBISHOP	ARCHNESS
ARCHDEACON	ARCHON
ARCHDUKE	ARCHWAY

Beauty

```
P W Y N A I L F I L E U E
A R A C S A M F E S C H A
N K L S O S X Z Y L E K I
T A A S H M U N E K V G M
H X I A E I B A L W A R A
S C C L G R N I I Q W E N
E L A O P S W G N C T N I
H M F N E O C H E G N O C
S W U R O L L E R S E I U
U R M F K Y B I T G N T R
R I I Q R N J Y S M A I E
B N R V Q E L L A H M D U
G S R W P I P E M A R N A
K E O E S C R B C W E O W
H K R T D C U R L S P C U
```

BRUSHES	MIRROR
CLEANSER	NAIL FILE
COMBING	NAIL POLISH
CONDITIONER	PERFUME
CREAM	PERMANENT WAVE
CURLS	RINSE
EYELINER	ROLLERS
FACIAL	SALON
MANICURE	STYLIST
MASCARA	WASHING

```
E R F F T W U R U O E T C
R S U A M E Y E M Y X C U
R H E B W E G P Q U G H S
O E H E E Y N O Z K E A H
L N A R G N P O R V G I I
A I J G S E S C O R D K N
W T D E T S R A S N S O G
F L L E W O P P U Y H V X
S T U Y V E S A N T I S D
Z E L I L A E R F O L K R
C L L O S R U R L N T Y A
T Y O L J R A G D U O U L
H T K N E S N P H N N W E
O N S N E R H E B A A W B
D A D A V I S O N B N V A
```

ABELARD	POWELL
ANDRE	ROGET
BEHRENS	RUBENS
COOPER	SARSTEDT
CUSHING	SEEGER
DAVISON	SELLERS
FABERGE	SHILTON
LORRE	STUYVESANT
NOONE	TCHAIKOVSKY
O'TOOLE	VAUGHAN

Chinese Food

```
A S S C U N K U N G P O V
J Y P M D I J M I I H V S
S A C A O M S N I H S I F
Q T N A R O G R T C A A H
T A O D N E R V A J E R L
U S G O R T R H F H A N L
P N A V H U O I S A C O O
I O F O D S C N B U B O R
D T H K T E O N E S M D E
U N C C G N E O A S K L K
C O C E I Z W W B E E E A
K W C K E R J A A M B S C
L I F U Y U N G R E A P N
R L L O R G N I R P S B A
K W E F E E B I L I H C P
```

BAMBOO SHOOTS	MUSHROOMS
BEAN CURD	NOODLES
CANTONESE	PANCAKE ROLL
CHAR SIU	PRAWN TOAST
CHILI BEEF	RICE
DUCK	SATAY
FISH	SEAWEED
FU YUNG	SPARE RIBS
GINGER	SPRING ROLL
KUNG PO	WONTONS

```
Q E V I T A M R I F F A C
W D D N M E F R P Z G Q F
A L M Q C L I F F U B E R
F F I H W B V N L B Y D O
F L D L J A U I E I O M P
L Q U I F F J F V I C W R
E Y Z F S F E F F E C T B
S X I F F A S U D A C W W
A U S R D Y F M I B L A I
F L D C Q C A F R N F O E
F F O F O C V W R F Z G V
A F U O H F K W U O E Y D
I E V D K V F G Z A N K K
R M S P Y F F I J E K F P
H H E K L J M L H U S Z Z
```

AFFABLE	FLUFFY
AFFAIR	GUFFAW
AFFIRMATIVE	JIFFY
AFFIX	MUFFIN
AFFLICT	QUIFF
BUFFALO	REBUFF
CLIFF	SAFFRON
DUFF	SCOFF
EFFECT	WAFFLE
EFFLUX	WHIFF

Baseball Terms

```
H I F T F P I F Z P P D Y
G P E P D U X J V L L J E
N K L E V O L G S A G H P
I W X A E L P I R T N E D
N S Y O E X J C W E I L Y
N S H O R T S T O P L H E
I K L A B D S K L A W L J
K T E A M W L L B L G I S
D O U B L E O E C N B F P
B Y E P Q O V R I C T O I
A I K J B R I S H F S U T
T X I S U A K V L T N L B
T N R C X C S P W X B I A
E V T S F Q J E X N F H L
R G S T X G K N S H R X L
```

BALK	PLATE
BASES	SHORTSTOP
BATTER	SINGLE
CURVE BALL	SPITBALL
DOUBLE	STEAL
FOUL	STRIKE
GLOVE	TEAM
HITS	THROW
INFIELD	TRIPLE
INNING	WALK

```
Q X S E L A W Z S L I H I
N O Y K O T D L A I T N B
A N O B S I L A D E B E P
I Y H L C Q K G N C U Z E
S F E B E E Q O A H U C C
E M A M L M H S G T J B N
N W N L O O D Z U E V Q A
O Z A A I R E G I N H I R
D I H G M G S H E S R P F
N D G O J O G A I T N A S
I B G E N E V A Z E J U O
O K L A H O M A C I T Y L
K S E L P A N X L N Y I N
U I L O N D O N E E M W M
Y A A K M T P O H A D I B
```

CUBA	LONDON
FRANCE	NAPLES
GENEVA	NIGERIA
GHANA	OKLAHOMA CITY
IDAHO	OMAN
INDONESIA	ROME
LAGOS	SANTIAGO
LIECHTENSTEIN	TOKYO
LIMA	UGANDA
LISBON	WALES

Canals

```
Z O D N I L N O T H S A B
N E I G R O S V E N O R R
O E U K Y R T N E V O C I
I N J S N O D Y O R C S D
N O I T C N U J D N A R G
U I C Y H R O C H D A L E
D N O V A T E N N E K R W
R U N O T G N I S N E K A
O D Q P A R F Z T G L P T
F N V A Y H E I E I U L E
T A S N U Y S N E W K K R
R R T A V L T K T L I P M
E G Q M E S U O H E M I L
H L L A N G O L L E N V A
C F I S L E O F D O G S M
```

ASHTON	KENSINGTON
BRIDGEWATER	KIEL
COVENTRY	LIMEHOUSE
CROYDON	LINDO
GRAND JUNCTION	LLANGOLLEN
GRAND UNION	PANAMA
GROSVENOR	REGENTS
HERTFORD UNION	ROCHDALE
ISLE OF DOGS	SUEZ
KENNET AVON	TRENT

```
R A G S T M F F L E E C E
I E L A W N B O L Y W D T
A T M V E Y O L L E Z D C
H E B J E W I H K C Q N V
L Y N J D N X C S K C O T
E L V O E J U X M Z K L L
M I A H Y J N O Y U C Y B
A N C C Y A L O R L O N D
C E C E E E R T O I L E T
M N I K S U T U L L E R K
S I L K D F D I A L P M G
S D I R H K E C H O B I G
X N O C Z U N L Y M S N H
P C U E L P I X T N T E C
L N E C T D M Q W T A U Z
```

CAMEL HAIR	MOLESKIN
CHENILLE	NYLON
CORDUROY	ORLON
DENIM	PLAID
ERMINE	RAYON
FELT	SILK
FLEECE	TOILE
LACE	TULLE
LAWN	TWEED
LINEN	WOOL

Creepy Crawlies

```
M S L E E Q Y K Y A B C R
D R T C L E U L R C L B Q
C U T I K B F U O G O X F
R F N C N R I C A E W M I
E X A G E G K D D G F R C
E L A T B R B E N D L O H
P G T R O E P D S A Y W N
Y U P A O I E E U A M W E
B S C Y L H D T Q N B O U
D H Y L D G T R L T R L M
K B I A E L I V E E W G O
L M P Y L F E K A N S Y N
D A E H P I T E G N A R O
F I R E B R A T E A N S Z
X L Z R U B Y T A I L C W
```

ANTENNA	LACKEY
BLOWFLY	MANDIBLE
BUTTERFLY	MILLIPEDE
COCKROACH	ORANGE TIP
CREEPY	RUBY TAIL
DUNG BEETLE	SEDGE
FIRE BRAT	SNAKE FLY
GLOW WORM	STING
HEAD	THORAX
ICHNEUMON	WEEVIL

```
N  Z  T  O  R  N  A  D  O  R  L  Y  Y
E  I  G  C  E  F  U  U  E  Z  U  U  E
K  L  M  X  K  O  T  I  U  Q  S  O  M
A  V  I  R  Z  R  R  I  A  S  R  O  C
R  V  U  M  O  R  O  H  U  N  T  E  R
D  Y  T  L  A  D  L  T  W  F  D  D  G
P  F  S  H  C  E  Q  M  C  E  N  N  T
D  K  A  J  G  A  Z  I  D  I  I  Y  N
C  A  T  A  L  I  N  A  H  N  V  O  A
S  T  R  A  T  O  J  E  T  N  W  P  I
B  I  Y  Q  U  U  L  H  A  H  X  W  L
M  R  F  P  F  L  G  F  S  T  U  K  A
G  E  N  A  C  I  R  R  U  H  Z  G  V
B  M  W  A  L  A  N  C  A  S  T  E  R
D  U  T  H  U  N  D  E  R  B  O  L  T
```

CATALINA	MOSQUITO
CORSAIR	NIMROD
DRAKEN	STRATOJET
HARRIER	STUKA
HELLCAT	THUNDERBOLT
HUNTER	TORNADO
HURRICANE	VALIANT
LANCASTER	VICTOR
LIGHTNING	VIXEN
MIRAGE	VULCAN

Famous Sailors

```
Z K N A N S P N P N V R N
E C H X B Y F M Q E X O B
C O L U M B U S D L O Y T
A L C D D A B N I S F P V
B M V I O S G F R O D A S
O Z U L L D O E L N O R T
T N V N T L H N L X O R U
R E Y R D S E B S L H Y G
J P Y H I S E J L D A E A
P O X B V K E M T I N N R
N Q O X A F B N B P G Z R
G R X R N E S N A N L H A
F Q D G W N I L K N A R F
K K O O C B A F F I N Q K
Z J H U R Z I P U V T B S
```

AMUNDSEN	FROBISHER
BAFFIN	HOOD
BLIGH	HUDSON
CABOT	JELLICOE
COLUMBUS	MAGELLAN
COOK	NANSEN
DRAKE	NELSON
FARRAGUT	PARRY
FOX	SINBAD
FRANKLIN	TRYON

```
F D Z T N I H C H N T D E
I A Y N V T Q U C X H E E
T N R M D E B S R S G N Y
T F L C X E L L T U V I B
I R A E O D S B I U P L W
N I M C T T F O A N T N O
G L R N E T U S L H D X D
S L E A V G T O H C S S N
P T H L L G R J K O P A I
S Y T A E R A P V C W R W
I S F V V Q C O F L A E U
H T W S T E K C A R B L R
R R E T S E Y L O P Z A B
C Y T Q K K A S F K Z C Y
Y T E F A S I N G L E E A
```

BLACKOUT	POLYESTER
BLINDS	SAFETY
BRACKETS	SHOWER
CHINTZ	SINGLE
CLOSED	THERMAL
FITTINGS	TRACK
FRILL	VALANCE
LACE	VELVET
LINED	WASHABLE
NETS	WINDOW

Motorcycle Manufacturers

```
X V I D M B R I T T E N Q
Z Q X K N Z Q S P Q O A X
J W I T A C U D U C E T W
L A K M M S D F U Z B I D
I C W V F X A X Q V U T T
N Z A A A B C W Q W E K R
Z E Z G D I R H A H L U I
A R H U I I L I E K L L U
T I U S G V V I W E Z X M
O D U T G O A I R T T V P
M L J A A N T B S P I A H
I E I V D T O O H O A R H
B Y R Y N T X Z M A V P B
X F G C O L O N C I N S L
J Y F W H U S Q V A R N A
```

APRILIA	KAWASAKI
BIMOTA	LONCIN
BRITTEN	MERCH
BUELL	MOTO GUZZI
CAGIVA	MV AGUSTA
CHEETAH	RIDLEY
DUCATI	SUZUKI
HONDA	TITAN
HUSQVARNA	TRIUMPH
JAWA DIVISOV	ZONGSHEN

Fishy Tails

```
O H H D J H S I F G O D F
F S S X H S I F D U M F P
R I I C H S I F T A L F A
F F F A H G H J T H K H H
J L L C H S S R S Z K S B
H E L R T G I I J K I I O
S G E A L X F F Q F N F X
I N H Y B N D F D U G G F
F A S F O L L R B N F N I
L H S I F W O C A J I U S
I Y L S I W G W T G S L H
V M F H S G H Y F T H G B
E H S I F N U S I I L T S
D H S I F W E J S Z S O G
K Q C A T F I S H I I H T
```

ANGELFISH	FLATFISH
BATFISH	GOLDFISH
BLINDFISH	JEWFISH
BLOWFISH	KINGFISH
BOXFISH	LIONFISH
CATFISH	LUNGFISH
COWFISH	MUDFISH
CRAYFISH	SHELLFISH
DEVILFISH	SUNFISH
DOGFISH	SWORDFISH

Eight-letter Words

```
H Y V E T M A N A G I N G
H R J S B H K K J O K J Q
A O Y C O K R U S S B U C
C T C A N A V I P C X F P
I I H L V E Z Y L U M L A
E D U D N T X Y O L A A C
N U R I S F K E T A E G I
D A L N P E V C C T R R F
A E I G U L V D H E T A I
D E S R O D N E Y I S N S
H D H S S E N T R E P T M
O H S I W E R H S I U E W
N I L E P P E Z Q W T R D
D N C P S L E E P I L Y U
M X U P V P E T N J B M G
```

AARDVARK	PACIFISM
AUDITORY	PERTNESS
CHURLISH	SCALDING
DISSOLVE	SEVERITY
ENDORSED	SHREWISH
FLAGRANT	SLEEPILY
HACIENDA	SPLOTCHY
JUVENILE	THRILLER
MANAGING	UPSTREAM
OSCULATE	ZEPPELIN

```
X T Q B Z T V S M U M E C
L N I A H C N U N J P R P
D E D U H C T A W P O T S
A I V I P P R E D N I W U
D G A E V S S F E N O I X
C S O L R I T P A Y E Q J
J D N A H D N O C E S P K
T E K C O P M G G B A C C
S E Q U A R T Z A H K I R
P C Q E H U N T E R O T Y
R A S S N X T N U R S E S
I F V T T E S T N V B N T
N Z L E R U W D A O S I A
G D D Y H A U J F J H K L
Y B B B R E P E A T I N G
```

BATTERY NURSE'S

CHAIN PENDANT

CRYSTAL POCKET

DIAL QUARTZ

DIVING REPEATING

FACE SECOND HAND

FOB SPRING

HUNTER STOPWATCH

KINETIC STRAP

LEVER WINDER

Literature Types

```
T W C Y E R C I P E O H W
R G E S O R P X R E K N W
S U S P G U D C B B O O E
W A U T Z N P R Q R T O M
Y L T F Q N A O A K S P I
P L Y I V Y Z M L M M M R
O E A D R M X O O E A A C
G G G Y O E Q A L R M L L
F O U O U R G G I C G I M
Z R X A T A A J W G X B C
H Y T B S H R P J Y W R X
P T R I A D I T N O V E L
H I S T O R I C A L K T X
Y R T E O P S A E T G T D
B N M S I C I T I R C O V
```

ALLEGORY	NOVEL
CRIME	PARODY
CRITICISM	POETRY
DRAMA	POLEMIC
EPIC	PROSE
ESSAY	PULP
GOTHIC	ROMAN
HISTORICAL	SAGA
LAMPOON	SATIRE
LIBRETTO	TRIAD

Dickens Characters

```
W E M G R I P Y R K G W K
C I A G O J N P A Z R M O
R U N E X N V D F S Y P P
P A E K E G L L X Q X E E
V E T J L U U S O C R F A
M O T Y O E U S M E X S K
P X E M F K J D T T X B E
P B J O C Z H T J E Z P B
Z W N O S D O D F F R T R
B W P C S R M E Y A I H A
P R I A T I U Q R C G P S
R E P B B J K D S L N I S
I N O F U Z B R G R U A N
G J U P E E H U A E M G N
G J G J L D H G D B F F J
```

BARKIS	JOB TROTTER
BRASS	JUPE
BUD	MANETTE
DODSON	MOULD
FAGIN	NANCY
FIPS	PIP
GRIP	PRIG
GUSTER	RUDGE
HEEP	WINKLE
JENNY	WREN

Chemistry

```
N Y T L U Q S P I N H Q Q
E F A T T L E Z S A N A P
O L J R Y D A M S A L P M
N E E N X N U Q F D T R V
N N I C Q I F Z E A S E Z
I V R F T H F G L E A D M
C J V E T R M L V G B I D
K M T T Z R O H F O L F J
E U E M C T V L R J S N K
L L M T R F E O Y X A O V
X A R O B N N N O S R N M
H C P A B F C Q G E I F X
G Y P E D W F S Q A Z S J
A Y K G L O I S X U M E Q
S S A M R R N T I J P B Y
```

ALLOTROPY	MAGNET
BORAX	MASS
BORON	META
ELECTROLYSIS	NEON
EMF	NICKEL
FAT	PLASMA
GAS	RADON
INERT	SPIN
LEAD	VINYL
LUTETIUM	X RAY

Wines

```
C A O A T O L R E M H I W
T V P U N Q N I O Q N C I
Z A R I H S R W C S C B V
N C H A M P A G N E E A A
C O T E S D U R H O N E J
S P A R K L I N G P S B J
A X A C N A L B E Y V V S
U J O R N T B G R R I P S
K H O A K W U A Q Z N A F
A Z F I A O H Q A K E A I
U C H A R D O N N A Y R W
T N O L L I M E S G A L H
Z E C A S L A R D U R T M
I M D B X F B R F X D U O
X Q Y P M Y Y F L F S S G
```

ALSACE	NAPA
BLANC	PAARL
CAVA	RIOJA
CHAMPAGNE	ROSE
CHARDONNAY	ROUGE
COTES DU RHONE	SEMILLON
DRY	SHIRAZ
HOCK	SPARKLING
KAUTZ	SYRAH
MERLOT	VINEYARDS

Norse Deities

```
N A T B Q V I C K Q K Z O
L R A R I X W L V R N G A
D J N A L U U J D I Q A C
B X N G F Y A N C H L G R
H Q A I G Y I R A Q Q L X
F T N F E R U I E F U H I
L T P R B V X K G X I S F
P O F O R S E T I D K R P
G N E D D O Q P R Q O F D
G E T H O R V C V N O N O
Q G F F H W P Z J R N Y M
S T I J Z E P A P K S G R
O I Y R O S H S K A D I E
L W V R F N K E Q E Y S H
P U N J O R D W L Q T R J
```

AEGIR	NOTT
BRAGI	RAN
FORSETI	RINDR
FREYA	SIGYN
FRIGG	SKADI
GEFJON	SOL
HEL	THOR
HERMOD	TIW
NANNA	TYR
NJORD	VILLI

```
H O N E Y M O O N U F Y P
T R T H A L L O W E E N N
H O L Y D A Y S U Y I A H
A C Y D N R X T A J L H B
N H A T U G R D Q U A P L
K R D X S G I F H D W I A
S I H I W L P E A G I P V
G S T G O H K T R M D E I
I T R H L T S E V E O T N
V M I I N S N D E N X O R
I A B E H N E A S T E R A
N S V E F O M Y T D C S C
G D B O X I N G D A Y J M
A A E V E S R A E Y W E N
T Y A D R E M M U S D I M
```

ADVENT	HARVEST
BIRTHDAY	HOLIDAY
BOXING DAY	HOLY DAY
CARNIVAL	HONEYMOON
CHRISTMAS DAY	JUDGMENT DAY
DIWALI	LOW SUNDAY
EASTER	MIDSUMMER DAY
EPIPHANY	NEW YEAR'S EVE
FETE DAY	SHEBAT
HALLOWE'EN	THANKSGIVING

Animal Stars

```
N J W Z B S O T V C V V I
E Y E Q E N A I H O M H W
I N T F I M W L H C V Y O
J Y O U L Q F A E Z X B S
N P R B A I T C O M E T E
E P Y X H E P E U W D G L
B I M B E S B P M A R T U
O K N H J A I K E R Z L C
M S C T B O O W C R E V R
O U E C F L I C K A S D E
R L A S S I E Z Q L L C H
R Y N I T N I T N I R B E
I B R F U Y A R R U M I P
S G G U M D E R F J N H P
V U X O F J D F L O W J S
```

BABE	LASSIE
BENJI	MORRIS
BLACK BEAUTY	MR ED
CHEETAH	MURRAY
COMET	NUNZIO
FLICKA	RIN TIN TIN
FLIPPER	SALEM
FURY	SKIPPY
HERCULES	TRAMP
J FRED MUGGS	WISHBONE

```
R Y K K U G H R Y L I L P
O H A A H E F W E R E P A
B K I R A F O R D O C Y H
O T C O C X B A C J B S B
J Z H N S O N O S N L H R
U V E E A N R L O I C B I
S M N P O B D C E N N E D
T Y F D E A H R U A R T G
I E U T X A I M W S I W E
N S T L R C R K O D D S C
X A O L M E I R E K A N A
H C I Y J N T U M U T C R
D E E H I S S J Q U H W S
N R V R E V I L O M O T O
S G T C P A Y A M C N W N
```

BRIDGE CARSON   LEO CORBETT

CASEY   LILY

CESTRO   MAYA

CHARLIE   NINJOR

CORCUS   ROBO JUSTIN

DAX LO   THEO

ERIC MYERS   TIDEUS

KAI CHEN   TOM OLIVER

KARONE   TRINI KWAN

KIRA FORD   UDONNA

Emergency Treatment

```
D R M E G A D N A B E P K
D I C A T N A T S E E A V
E Z C O Z W E X Y Z R I H
V N N S A L V E U G L N S
W I I M X H D A D E A K C
C E Q D A R G S Y L T I I
O Z L T O P L E S O E L S
T A U P I I P P W S X L S
T T S L N A M F U G G E O
O D L G T O C T S O L R R
N S O C M M U T V P O S S
W J H N I R I P S A V L X
O C O D E I N E C L E C N
O B K S T N I L P S S Q C
L J D A N T I S E P T I C
```

ANTACID	LATEX GLOVES
ANTISEPTIC	NEEDLE
ASPIRIN	PAINKILLERS
BANDAGE	PILLS
CODEINE	SALVE
COTTON WOOL	SCISSORS
EYE DROPS	SLING
EYE PATCH	SPLINT
GAUZE	SUTURES
IODINE	TONIC

African Tribes

```
W Y M Z M L G V Q U S B Z
F S S H O N A U T F A V A
S V G S O T R U A N B G T
H K S L V E H N Y D N Q L
N A O Z M S G A S O T H O
V R S L V O R D S Q L T L
K Z M U K W E T H W S Z X
X T C H A G G A N P K I W
A M A N S H X P U G H C O
R E D E H I G R E Q N K K
P A O W A D U R M J G O A
Y X G E E B A U E Y P A Y
Z U L U M U G T J T G D A
R P F A T F I H Z I E W K
K M S W K V O T U S A B L
```

BANYARWANDA   ROLONG

BASUTO   SAMBURU

BETE   SHONA

CHAGGA   SOTHO

EWE   TESO

FANG   TIV

HAUSA   TSONGA

HUTU   TUAREG

MERU   YAKO

NAMA   ZULU

Rocks and Minerals

```
L A O C F C Q F Z E T Q A
E A X F C H E R T L U S E
T P U M I C E A I A S I T
A T G Y P S U M R H S R N
G A O E H Z E T Q S A O S
A M P B T S Z E X C R N E
B U F A T I F X H P T S E
B J N O T R H Y O L I T E
R N N E B I T C X Q I O J
O E O I T E T J A R X N C
I T K F J F X E O L C E A
Z M A R B L E I G H A B P
S K R F S I D N A W W M I
S M F U V N S L A T E J J
H Z T R C T K X W N X J K
```

AGATE	LIMESTONE
APATITE	MALACHITE
CHALK	MARBLE
CHERT	PUMICE
COAL	QUARTZITE
DIORITE	RHYOLITE
FLINT	SHALE
GABBRO	SLATE
GYPSUM	TRACHYTE
IRONSTONE	TUFF

Baby Words

```
S H T N O M E N I N Y M X
X C A M H N A T U R A L T
Q C K T O M M D E N N H M
S K R J O N Q V E U G Y A
O I J T R C I R M I N C T
B M H K R L U T E J R N E
N E I C E T R W O F O A R
R I L D A X H S I R B N N
W L F M W E G R O Y W G I
B B E P E I S E S U E E T
I R U U H T F A N J N R Y
P S W V C X S E R D G P Z
H E A R T B E A T E E S O
U Q Y E T T E Y A L A R K
R V B Y F O R C E P S N H
```

BIRTH	MONITOR
CAESAREAN	MOTHER
DELIVERY	NATURAL
FIRST CRY	NEWBORN
FORCEPS	NINE MONTHS
GENDER	PREGNANCY
HEARTBEAT	PREMATURE
LAYETTE	PUSH
MATERNITY	SCAN
MIDWIFE	WEIGHT

```
R E L T U B G W W F P F O
F G A M E K E E P E R N P
R S T A T I S T I C I A N
R E V B I O L O G I S T V
Y F F Y Q U J D R A P E R
X R R E T I A W I K U S R
N C A B R M E C H A N I C
P A F T E E T I S D D G B
A T M G E S E A J H E N A
R C D T I R I L S H R W I
B U T T S L C Q W I T R L
J O N O O O B E E V A I I
C E X R R A P D S J K T F
D V R E N I A R T S E E F
C U S U R V E Y O R R R Z
```

ACTOR	POSTMAN
BAILIFF	REFEREE
BIOLOGIST	SAILOR
BOXER	SECRETARY
BUTLER	SIGNWRITER
DENTIST	STATISTICIAN
DRAPER	SURVEYOR
GAMEKEEPER	TRAINER
JUDGE	UNDERTAKER
MECHANIC	WAITER

Nine-letter Words

```
Y L R E H T R O N J E Y L
F R A N K F U R T L L E A
O J Z O O P H O B I A S C
W A H A B I T A B L E T H
N I N H G F G V N Z N E R
E L N D A I U O T E E R Y
R H T D V J I S G T M D M
S O W A B T Z N C R O A A
H U N G A R I A N A G Y L
I S W L P R E V E N T E D
P E U X T U Q A E S K E V
F L J S Y G T S K M O V S
U M X L Y T I D N U C O J
X W R Q Q U A I N T E S T
D E T I M I L N U E T T D
```

FRANKFURT   OWNERSHIP

HABITABLE   PREVENTED

HUNGARIAN   QUAINTEST

JAILHOUSE   STRINGENT

JOCUNDITY   TRANSMUTE

LACHRYMAL   ULULATION

MAGNESIUM   UNLIMITED

NAVIGABLE   WINDBREAK

NORTHERLY   YESTERDAY

OBFUSCATE   ZOOPHOBIA

Novelists

```
J E H J F S Q G D U L G V
U J J Q M Z Z A J L B A X
L T N A K D U C E J C B K
D A D H J S T W Y W T P C
K A S S T S E F S E I Q E
P D W E O L R I I N R I B
V N N U L P R R T W E P N
N O J Y S E R E E T S C I
G A N E T A R U S H O G E
L K T R B Q I E S R C C T
E A A T J A W B N H Y R S
Y H U X L E Y W N E D U A
C Z K D L X E W W D R I R
N R N L D L C O N R A D E
B C C M L N O T L E H M Z
```

ADAMS	HUXLEY
ARCHER	LLEWELLYN
AUDEN	ONDAATJE
AUSTEN	PINTER
BARRIE	RUSHDIE
CHARTERIS	SCOTT
CONRAD	SEWELL
CORNWELL	STEINBECK
ELTON	SWIFT
HARDY	YATES

European Capital Cities

```
H A U D K A B E M O R U A
N P Q I P I T S T P A L V
R U E C R S I I S O F I A
I V U R A O P R O R K R L
G W N K G C W A T B S D S
A J S Y U I P P Z X N O I
L B D J E N D U B L I N T
O J A M S T E R D A M V A
S Z U B T I L E S D P I R
K N C B L I H Z A G R E B
O C R K L I S B O N B N C
P J S G S J Y X F E H N S
J L W A R S A W R V D A U
E O L S O Q A N S B R F M
V Y O R Y G H E A L P B U
```

AMSTERDAM	OSLO
BERN	PARIS
BRATISLAVA	PRAGUE
DUBLIN	RIGA
KIEV	ROME
LISBON	SKOPJE
LJUBLJANA	SOFIA
MINSK	VIENNA
NICOSIA	WARSAW
NUUK	ZAGREB

Greek Deities

```
C A U T O E E N E L E S O
S I Y D P T K R L Z U A D
D E R Q A I Z E N T R I J
Z G M C S D Y T S S T A H
T Y E R U O O E D L E G X
G H V U E R A M L H N C S
Z G M E H H U E R E A R I
M E F B P P D D M R X O M
K Q U E R A F Y T I H N E
A U H S O R H E K H K U H
F P D S M L M C E Q X S T
E L O F U I V S J H E O S
R I I L S T T N J R F C R
O R L T L I J F A P J W E
S Y G L A O N L T G U F J
```

APHRODITE	HEPHAESTUS
APOLLO	HERMES
ARES	HESTIA
ARTEMIS	HYGEIA
CRONUS	HYMEN
DEMETER	MORPHEUS
EOS	RHEA
EROS	SELENE
GAIA	THEMIS
HECATE	ZEUS

Clouds

```
Q N O I T C E V N O C S R
A H Y D R O L O G I C U N
L S S J S E T R C S R E O
T L U E U S L O W U S L L
O I T T R U Q G M B K I V
C A A S R T H R V M A P L
U R R T I A O A R I E M I
M T T R C M R P E N R G V
U N S E Y M S H D O T G N
L O O A C A E I N L S R A
U C T M L M T C U U L C G
S I L R O A A B H M L P D
X N A B N L I S T U A J T
Q I O M I V L A E C F Q J
N H B W C D S N E T I H W
```

ALTOCUMULUS	HYDROLOGIC
ALTOSTRATUS	JET STREAM
ANVIL	MAMMATUS
CIRRUS	OROGRAPHIC
CONTRAILS	PILEUS
CONVECTION	RAIN
CUMULONIMBUS	SNOW
CYCLONIC	THUNDER
FALL STREAKS	VIRGA
HORSE TAILS	WHITE

DOWN Words

```
U G K M T W A R D K T L P
E F D W F D N Q F N O H H
F E K O R T S S A U T V
A N D O U T P E D H R Y H
R I W G Z I O I D A Q Z T
Z D K R N C N W E I H Y T
C A S T Y G G O N U S U U
D O J G H A T S U S F T I
V N S B N Y S T A I R S Q
D E I N M I R I R Q I L D
S U D W S I Y E L E I D X
W H M X G S K A M B N T N
I S I H R X S Q L I E D R
N J T F C R C Z N P T A U
G R Z Y T R J M A R K E T
```

AND OUT	STAIRS
BEAT	STROKE
CAST	SWING
LOADING	TIME
MARKET	TO EARTH
PLAYING	TOWN
RIGHT	TREND
SHIFT	TURN
SIDE	WARD
SPIN	WIND

```
W Y V T W D K L A P V M Y
Z X D O E H T W S S T O G
V W L P T F D U U P A Y S
N L O Q Y I S B V H K F U
A R H I C T M P H R E R P
T Q E U A O E D E B A U P
C L P I T R N F A M W I O
D G N D M E F V R Q A T R
I S V I R U K K E Y Y F T
B V T U S D E A Y Y B U Y
N A D A S U B M I T H L Y
Q N T Q N I A T N I A M R
E G G E D D R W A F T L R
T O L E R A T E Y M C P A
X H B R I N G F O R T H C
```

ABIDE	PERMIT
ADMIT	STAND
ALLOW	SUBMIT
BRING FORTH	SUFFER
CARRY	SUPPORT
CONVEY	SUSTAIN
DEPORT	TAKE AWAY
ENDURE	TOLERATE
FRUITFUL	WAFT
MAINTAIN	YIELD

Shades of Green

```
B G X A S U F A O D E I N
C Q T Y H L V O A E M E T
E E M F A H I G R Y U N Y
L R P E M U V M R E R I C
A Y H M R N P T E E S P D
D L J E O T L X Y E I T A
O L D R C E Q Z V F E R N
N E T A K R F I H Z W U D
K K W L Z E L T T O B G E
N J A D E O C K H G N M L
F O X I G S M X N I A A I
D F H S T O S I C M G D O
N H G Z S S R A H W Y L N
R U P S O P R E V Q A Z N
O E G A S N Y P G I Z V K
```

ARMY	LIME
BOTTLE	MOSS
CELADON	MYRTLE
DANDELION	OLIVE
EMERALD	PEA
FERN	PINE
FOREST	RACING
HUNTER	SAGE
JADE	SHAMROCK
KELLY	SPRING

```
R Y L L O J S B B I D V L
E F H C L L R A E U S R E
C W D J E U S B A H E N U
N A T I V I T Y E B Y O N
A C G D A V U R M U I B A
R H O R N W R E A T H B M
P F S V O Y C H E E R I M
G F W A Z E G O D Z U R E
H O L I D A Y C W V Q P E
X G Y X R S A S I O K G I
F Z N L R N T Q N W A T H
R N A I D L C H E S N D T
B N N Y C H C R G W B A L
D M E S S I A H A I U Y X
U D U U S X S T A B L E Y
```

BABY	MESSIAH
CANDY	NATIVITY
CHEER	PRANCER
DECEMBER	RIBBON
EMMANUEL	SAGE
GARLAND	SHERRY
HOLIDAY	SLEIGH
ICING	STABLE
JOLLY	WINE
LIGHTS	WREATH

R Words

```
B J V R P W R U M G Y K A
L V K Y E T V D A T N S L
G U R O F M E R A B B I T
N R A Q R R I L A R U R O
I E W Q I W E T Z O D N M
R V N T V T R L T R A K E
E E E R E F E R A A J P F
E R S X T X R I A X N U G
T E S Z C E D P U Z T C G
E N L D H E H C C Y Z N E
K C D S R E N T A L A L K
C E A R A S P I N G F V E
A R U R J G G Y T F Y R P
R E S T I T U T I O N I V
E U G O R E C K O N I N G
```

RABBIT	RELAX
RACKETEERING	REMITTANCE
RAIDER	RENTAL
RAKE	RESTITUTION
RASHER	RETIRED
RASPING	REVERENCE
RAWNESS	RISK
RAZZLE	RIVET
RECKONING	ROGUE
REFEREE	RURAL

F1 Grand Prix Winners

```
J R U O B D N G F R J A V
H Y E G J F Y D K J I D I
S X E T A Q S P R R N U R
B W I N K U E U R T A A E
L F G B W C Z X E O M L H
V I L L E N E U V E S T C
O V W S X Q Q H L N D T A
U U S U T I J M C N U H M
E O E R P R A W I S L A U
B P N T F N A R Z H V K H
J O N E S G I W S J L K C
H U A E A N D R E T T I S
H I L S E M L U H T O N O
E L L V W J M K Q E S E F
O Y D L A N I R A F J N F
```

ANDRETTI	MANSELL
CLARK	PIQUET
FANGIO	PROST
FARINA	RINDT
HAKKINEN	SCHECKTER
HILL	SCHUMACHER
HULME	SENNA
HUNT	STEWART
JONES	SURTEES
LAUDA	VILLENEUVE

In the Post

```
C S L L I B O L H C G G Q
D O W L R E T T E L E V L
M H V S A P G R R A G I N
M I P E A E E E S I A X P
E W S R R F D S V M S E O
R X C S F N T V K F U E S
A E A O I E O N W O M R T
L Y B M K V U T G R M U A
U N E C R J E D E M O H L
C R I T N E S E R P N C O
R T O O B P S R T B S O R
I H X A W V O U C H E R D
C I N V O I C E L H F B E
T P I E C E R F I T T K R
C H E N I Z A G A M S G Q
```

BILLS	MISSIVE
BROCHURE	OFFER
CIRCULAR	PARCEL
CLAIM FORM	POSTAL ORDER
COVER NOTE	PRESENT
EXAM RESULTS	RECEIPT
INVOICE	REMINDER
JUNK MAIL	SUMMONS
LETTER	TICKETS
MAGAZINE	VOUCHER

Bend

```
U G U E M W V J C V T S K
I U G I V E W A Y Y Q U C
I N C L I N E G U W R B V
L M Y O K T C E L F E D T
W O B R E G R E V I D U T
C U W G T O B X F T I E B
P R Y E K N E E L V U I O
E E E E R L I E S S A R I
R G Z D F E A Q D S U T N
S S E N N N L N N G T M G
U W A B K A G J E F J W N
A E C N D Y E G B C N K X
D R D G G C R M K A S L C
E V R U C L S P E X E R T
H E Z D S D E V I A T E W
```

ANGLE	GIVE WAY
BEND	INCLINE
BIAS	KNEEL
BOW	LEAN
CURVE	LOWER
DEFLECT	MEANDER
DEVIATE	PERSUADE
DIVERGE	SUBDUE
EXERT	SWERVE
FLEX	TURN

Signs

```
N C S U K A N A B G P N Y
I O B T L T I H B L N X O
E L C Y A N W E C I L O P
M O N Y W E N A L S U B H
E O E Y C Q N M R F G K W
R H C N U L O T E N O G M
G C F Q T C I S T A I R S
E S D N U R T N O D M N K
N D B O E Y A B G R E E G
C A U S L R T N U S E O S
Y N S I O T S O C P V T I
S G S O B N T O O E N E F
W E T P R E V F N E U F F
Z R O W D O F V G S D C R
S N P U O N E W A Y R S J
```

BUS LANE	NO CYCLING
BUS STOP	NO ENTRY
DANGER	ONE WAY
DETOUR	POISON
DON'T RUN	POLICE
EMERGENCY	SCHOOL
ENTRANCE	STAIRS
GENTS	STATION
GONE TO LUNCH	WALK
KEEP OFF	WARNING

Harvest Time

```
B I N D E R E G S N F O N
Z N D X C G E H K U R I M
J M U G U B L A T I U Q X
L K U E D O Y T P I I E Y
L O S Q O P T E S I T B F
O K T W R U N I D A N T P
A S A O P I U C H A E G M
V C O R N H O P S E E F U
E O T G L X B M A Y R E H
S P O R C V O M R C O B E
P I I L S L L V Z V D A S
Y E R R A B U N D A N C E
H C A U L I F L O W E R S
X K W S D L A V I T S E F
S E L B A T E G E V I F Y
```

ABUNDANCE	HOPS
BINDER	LOAVES
BOUNTY	OATS
CAULIFLOWERS	PEAS
CORN	PRODUCE
CROPS	REAPING
FEAST	RIPENING
FESTIVAL	RYE
FRUIT	TITHE
HERBS	VEGETABLES

Ships' Names

```
N G D H K R A S Y T T U C
O O O C P N C U L Y F M U
I L O D N H F B R Z J C X
T D H T A R R E S T N O M
U E C U D C V R P I B M F
L N A Y D O A E D P A E T
O H P I C R A F B R R L B
S I T S N N A T F I C L I
E N I I A A Y U Z T A I S
R D K I T F T I G Y D N M
T H R H R A M I O N I I A
W O F A Z L N R S O A S R
N Z N P H E K I H U K V C
E C Y Q F R I X C T L A K
E E L G A E B E L F A S T
```

ARCADIA	FRANCE
ARK ROYAL	GOLDEN HIND
BEAGLE	HOOD
BELFAST	LUSITANIA
BISMARCK	MONTSERRAT
CUTTY SARK	ORIANA
DISCOVERY	RESOLUTION
ELLINIS	TIRPITZ
EREBUS	TITANIC
FRAM	VANGUARD

Authority

```
Y T S A U T H O R I T Y E
A S U N I K L W E F Z B R
W E P M P L O R T N O C I
S R R C R A E T S N Q P P
A E E S Y S G K A F E A M
P T M J N Z T H M R G E E
E N A E C R O A M J B C X
H I C P O N O I T C N A S
B I Y P P Q S A O R D E R
L G P X B S D P L U V Z P
R U L E I H Z O C L E Z O
S R L O N O I N I M O D W
Y C N A D N E C S A K W E
T N A R R A W L E P Q Y R
N N O I S S I M M O C P Y
```

ALLOW	ORDER
ASCENDANCY	PERMISSION
AUTHORITY	PERMIT
COMMISSION	POWER
CONTROL	RULE
DOMINION	SANCTION
EMPIRE	SUPPORT
INTEREST	SUPREMACY
LICENSE	SWAY
MASTER	WARRANT

Examination

```
R G S K W S I I D U C H Y
I E K L S D I P L O M A P
A I P T A I K G D J E N D
H B U A L N N S S E R T S
C D P T P I I P G W S M N
Y T I Y D G A F E R A K O
F A N A N C N F S N A Z S
L O E S C N O I A J C D S
W R I T I N G L T V F I E
S O Q I L L Y T L S I X L
U S T L U S E R I E E J U
R C B B I T Y N D E G T F
V I O S I R Y I C F P E F
E L U O E J R S U E M I F
Y A T N E M S S E S S A B
```

ANALYSIS   PAPER

ASSESSMENT   PENCIL

CHAIR   READING

COLLEGE   RESULTS

DESK   SILENCE

DIPLOMA   STRESS

FAIL   STUDY

FINALS   SURVEY

GRADE   TESTING

LESSONS   WRITING

Scottish Tartans

```
P X G O Z W R O L Y A T Q
R I C O Y A S M A R F G U
I O F A R Q U H A R S O N
N G B I M D A E N I V R I
G I S E O E O D X W E Z M
L L F T R E R N X T X H Q
E V E E E T N O N Y L G K
T I R J R P S U N T G V B
F E G A H Y H O D S J O R
R V U C W L D E N R L L A
A T S K E I W E N V R F N
S C O S K I L B N S X I D
E Z N O W E L S Q N O N O
R P G N N V R Y O J E N N
B V V H T J F R W N D K O
```

BRANDON	KERR
CAMERON	OGILVIE
FARQUHARSON	PRINGLE
FERGUSON	RAMSAY
FRASER	ROBERTSON
GORDON	STEPHENSON
HUNTER	STUART
IRVINE	TAYLOR
JACKSON	WILSON
KENNEDY	WYLIE

Engineering

```
R N S L E N N U T S D W E
A G K S D A O R S B M W K
I I S R E W E S R I S A O
L S O G O K I X E O K N D
W E F S N W B P V N C S W
A D T U L W C S O I O E V
Y M W G Z A T I Y C D N B
S R A Z N A N Z L S V I R
U B R L H I A A F B P L I
M U E D J O N E C R U E D
K E R E N P O N O S Y P G
G A B S V P T J A A J I E
H J I U Z E E F I L S P S
V T R I P C C G Q E P H Y
E T C E T I H C R A Q D I
```

ARCHITECT	ON-SITE
BIONICS	PIPELINES
BRIDGES	PLANNING
CANALS	PROJECT
DAMS	PUBLIC WORK
DESIGN	RAILWAYS
DOCKS	ROADS
FLYOVERS	SEWERS
HARD HATS	SOFTWARE
NANOTECH	TUNNELS

```
M G S M G U Y Z Q C F O R
V E N E Z A G D B S S E Q
E Y V T K J P U T U D E W
X T I U A E A U R I Q R V
Z C E S E K D V S F I A F
L E W P L Y E N H I T T G
M P D E P Y O I M T H S M
K S K B V C S R N C B I J
O N W Y C I G B T M C L B
B I P S Y R E A Z D E V Z
S S T B U K W C Q E A I B
E H O E U C R M R G A P E
R W Y T C H O G X E F O W
V E L G O Y Z F Z F P T R
E Z I E N I M A X E R E W
```

CONSIDER	OGLE
ESPY	PEEP
EXAMINE	PERCEIVE
EYE	SEE
FOCUS	STARE
GAPE	STUDY
GAZE	SURVEY
INSPECT	TAKE IN
LEER	VIEW
OBSERVE	WATCH

Pets

```
V V N H J B P J Z H F Z L
Y C E M T E R R A P I N G
W E A S P I D E R R G A Z
B C K T U G J H A Y S T M
N F R N O O S K B R J R R
T A R A O I M P B F O S V
K P T O F M Y J I Y V D E
K C U D G T X N T T Y T D
S V L R H O R S E E O V X
P O G O D D B S K R T K L
G U N P W M D I T R O Z S
U L P D Z G O O S E R T D
K L A P H G I Q Y F R T T
P O P J Y S Z H R Y A U Y
P G Y R E T S M A H P E E
```

CAT	MONKEY
DOG	MOUSE
DUCK	PARROT
FERRET	PUPPY
FROG	PYTHON
GOAT	RABBIT
GOLDFISH	RAT
GOOSE	SPIDER
HAMSTER	TERRAPIN
HORSE	TORTOISE

Pirates

```
I T S E N S W O R C I G Z
T S A M N E Z Z I M X E K
H N P A R R O T Z N P N G
G I O W U P S E O O A T V
I A E G Z E Z E C L R R E
E M D E H I L S P E V A S
F H W C P L E J A X N I S
O S A C A L U S E O F D E
S I R G E O U A N W Y E L
E N D T N R C N H T E R A
C A T S E I A E D L K L W
E P E G N C Q Y A E E Y S
I S A O T L S H H N R E O
P D C L C A P T A I N J K
H Q H D Z B Y U J Y E W T
```

CANNON	OCEAN
CAPTAIN	PARROT
CHEST	PIECES OF EIGHT
CROW'S NEST	PLANK
EDWARD TEACH	PLUNDER
GALLEON	RAIDER
GOLD	SPANISH MAIN
JEWELS	TELESCOPE
KEELHAUL	TREASURE
MIZZEN MAST	VESSEL

Timber

```
O J O M S Y R R E H C H H
B E D T R J P K S D G S H
Y C E C U A H R E D L A L
N S A E R N C E H C E E B
A X L A J Z L W M N N K V
G C N K W D I A I L A A D
O A H T U L I P W O O D Z
H A V E L T V N D Y A C E
A O A O S G F E U V C W K
M O W F M T R M E R B A U
V E B H P H N J C M I Y J
T C E D A R S U Z A T J B
L E L E P A S R T O B S C
A Z A Y B I R C H X Y E W
H H I K D C J N B T L B F
```

ALDER

ASH

BEECH

BIRCH

CEDAR

CHERRY

CHESTNUT

DEAL

HEMLOCK

MAHOGANY

MERBAU

PARANA

PINE

RED OAK

SAPELE

TEAK

TULIPWOOD

WALNUT

WILLOW

YEW

Chefs of the World

```
H K Y B T I I R P D K F E
B E A R D N N T N Y M S W
K T R M Y A L F S X S J E
I L U O P T K C H A C Z B
T F S H U A I A C V K O G
G S N E I X K U J H U A E
A F A R D I D C F L G B I
R A D I E O K O U T W I I
R A C C N T H D I P K N D
U C R R O O E R Z V O M C
M U V Q S M J V H T Z H B
M E N G L I S H L L Q H G
N A Y F I R G U Z A H M G
I D M T W O O D F O R D P
H P D F K M E B L A N C N
```

ADRIA	MOULTON
BEARD	PUCK
BLANC	RAY
BOULUD	RHODES
CRUM	ROUX
DUCASSE	SAKAI
ENGLISH	TSAI
FLAY	WILSON
HOM	WOODFORD
MORIMOTO	YAN

Books

```
Q M B Q T Y L S E C A F A
D O A M M E T G F T A X C
F O J S D W S U F N L G H
C L T I I H M D H E U N R
H B F H A K A Q X I C A I
R N B M D B X M B L A F S
I I L K T H E S E C R E T
S E U D E E N I E E D T M
T S B N R M A K S H A I A
I O B W E N A H H T M H S
N R E E N D I C G F O W C
E P R J N V L U B R E O A
I M X C E U Z A Y E K E R
C A R R I E D U W V T Z O
Y E Y H Y G O L O P A H L
```

A CHRISTMAS
    CAROL

APOLOGY

BLUBBER

CARRIE

CHRISTINE

DEENIE

DRACULA

DUNE

EMMA

FACES

HAMLET

INFIDEL

MACBETH

ROOTS

ROSE IN BLOOM

SHIVER

THE CLIENT

THE SECRET

WALDEN

WHITE FANG

```
Z T Y O E R E M S E L L E
C R E T E I R E L A N D X
G I N E Y H J O I M R I M
A N R J H Q F I G Y U K A
I I E A Y O W A F A T H U
R D D W J T B D V E B V R
O A L V F U Q D K T Q O I
T D A T R O G C E Z D U T
C X V A Y V U G A D M W I
I U M A L T A N T N S M U
V Z B O N V Z A D S K D S
J A V A Z I I R P L H B P
Z T N S B W N H H B A M I
D T M A A U C V S O R N I
V H R N O D G R P Z G E D
```

ALDERNEY	MAURITIUS
ARUBA	NANTUCKET
CRETE	NEWFOUNDLAND
CUBA	RHUM
ELLESMERE	SARK
FIJI	TAIWAN
IRELAND	TOBAGO
JAVA	TRINIDAD
KHARG	VICTORIA
MALTA	ZANZIBAR

Northern Ireland

```
L O N D O N D E R R Y S N
M C H G A N A M R E F E H
O D O O W Y L O H E W E B
U B E L F A S T N T L P H
R U Q L R H U I O I D G O
N C B N G Y A W S R A Q E
E T E A R R N B O M N Y V
N U M W E A U G R C E Y O
W O E L R R N A V S M X R
O N O D N A Z F Q I Y A G
D C S X B E R P R X L C R
M I R P V X J T X J L H E
R A T H L I N I S L A N D
I N O N N A G N U D B L L
E E O O Q E N O R Y T A A
```

ALDERGROVE

ANTRIM

ARMAGH

BALLYMENA

BANGOR

BELFAST

COLERAINE

DOWN

DUNGANNON

FERMANAGH

HOLYWOOD

LARNE

LISBURN

LONDONDERRY

MOURNE

NEWRY

NEWTOWNARDS

OMAGH

RATHLIN ISLAND

TYRONE

```
L A D Y M A D O N N A T C
H E L L O G O O D B Y E O
N B I E N A L Y N N E P M
F T H O K I N M Y L I F E
D I C D Y H W E M L L E T
A T E E R H E Y J U D E O
Y E L M E E G H H G Q X G
T L T E D N S E E D E Z E
R N T V O D I O T L Q Q T
I O I O V F S F L B P P H
P R L L G F W W L A A P E
P E X I O N A T M E M C R
E P R M I C H E L L E I K
R L L E F I F I L W S F T
N Y A D R E T S E Y J B I
```

COME TOGETHER	IN MY LIFE
DAY TRIPPER	LADY MADONNA
GET BACK	LET IT BE
GIRL	LITTLE CHILD
HELLO GOODBYE	LOVE ME DO
HELP	MICHELLE
HEY JUDE	NO REPLY
I FEEL FINE	PENNY LANE
IF I FELL	TELL ME WHY
I'M A LOSER	YESTERDAY

Religion and Religious Festivals

```
G L H S I B O V A U P F Q
U R O S H H A S H A N A H
T N E V D A R T C N I I I
M J R G O R J G O Y K D W
N Y E M B R X J N K O A H
C I D H E D A S F F K G Y
P C E T R A S H U R A U Q
D N S P U R I M C A L P S
Y A G J G I Q Q I E G O S
E G I T A J A Y A N T I I
C A O N N I X R N N R Q C
X R B E Q L T F I O A U G
X I O L S O X H S N V M F
T T N V U H S A M N R P U
W T N A T S E T O R P F A
```

ADVENT	PROTESTANT
ASHURA	PURIM
BODHI	ROSH HASHANAH
CONFUCIANISM	SADEH
EASTER	SEDER
GITA JAYANTI	SHINTO
HAJJ	SUKKOT
HOLI	TIRAGAN
LENT	UGADI
OBON	YULE

Nobel Peace Prize Winners

```
E F Q Q T A S E L A W D N
J O U H A U X S Z R L F A
S A K H A R O V E O K V N
T A L B T O R Z J R B W N
T A D A S Q T K O A E I A
K D E E J I S P N B G L B
O T J Z E R S W B I I L C
I B S W A B K P X N N I C
R A H M L S S M A D D A R
B C M I O I H U U T R M I
S A G Z E U C T L T J S R
H E H O C B L E E H T W J
A R A F A T A R C U U S G
B R A N D T T D T E K M N
E L B M I R T U I U S Y E
```

ADDAMS	JOUHAUX
ANNAN	RABIN
ARAFAT	ROTBLAT
BEGIN	SADAT
BRANDT	SAKHAROV
CARTER	SCHWEITZER
CECIL	TRIMBLE
EBADI	TUTU
HAMMARSKJOLD	WALESA
HUME	WILLIAMS

Hues

```
T A F B L E D U G W L J L
U V U Q T B P E L P R U P
R H C I K D W J K T J S I
Q D H X C H O C O L A T E
U W S R T N E W U F Y A B
O V I C X A X A F N J W E
I R A K R Y E R M A U V E
S T O D A C O V A P R G P
E N E S K N I E E P K E U
B E S A G E S N Q L L C C
J E U B L L U I I E Z F E
A R V J U D L R K K R U F
D G D B I N R Y Y G A B P
E M E R A L D A S Z K H R
T L J S T Q N H B J D K K
```

APPLE	JADE
AVOCADO	KHAKI
BAY	MAUVE
CHOCOLATE	PUCE
CYAN	PURPLE
DRAB	SAFFRON
DUN	SAGE
EMERALD	TEAL
FUCHSIA	TURQUOISE
GREEN	WHITE

Countries of the World

```
A L E U Z E N E V M N K B
A N G O L A U W H I L R O
M A L D I V E S G T E J T
T R Y B S J L E S I A O S
J E M C I C R I J A R Y W
E A A A J I O R B H S K A
G S Y M A C Q T O E I I N
A C T B C O S Y L R R T A
I O T O Z G S Y I A N I U
L M R D N V P B R Y N Y A
A O J I U I A S I I B D P
M R Q A I T A O W V A Q J
O O Z L I T U O B I J D X
S S S L P O R T U G A L D
Q M Z I M B A B W E T F Y
```

ANGOLA	LIBERIA
BOTSWANA	MALDIVES
CAMBODIA	MOROCCO
COMOROS	NIGERIA
DJIBOUTI	PORTUGAL
ESTONIA	SCOTLAND
GAMBIA	SOMALIA
HAITI	SYRIA
ISRAEL	VENEZUELA
KIRIBATI	ZIMBABWE

Famous People

```
N C I R U O C E I T A K L
A N T H O N Y G E A R Y A
J X E Z G D C Y V D O F R
I O H C G M S E L E N A R
M E A B N U O T I X H T Y
M C R N Q I T G E S O O F
Y I P W J R R C O W W M L
K R O P O E E P J L A B Y
I E M E F H T C S Y R R N
M N A L P C I T I A D A T
M N R E Y S U T M R T D R
E A X S W B S H P S N Y O
L I B E R A C E S A B N E
L S S A Y O K O O N O H A
E T H I W B T Q N B T A P
```

ANNE RICE	LIBERACE
ANTHONY GEARY	O.J. SIMPSON
BONO	PELE
CHER	PRINCE
FERGIE	ROD STEWART
HARPO MARX	RON HOWARD
JIMMY KIMMELL	SEAL
JOAN JETT	SELENA
KATIE COURIC	TOM BRADY
LARRY FLYNT	YOKO ONO

Fractions

```
F L A M I C E D R E D R O
C A J A B R E J O Y T E H
U I C T H I R D P T E T T
S N V T G U R M W R D R E
E C O H O Z G Y A E H A N
V M T M C R S P R E T U T
E H Q X M I M D E L E Q H
N R E L X O N W D P I H W
T C K T C U C E M I T X B
H N H P H J X E T T N H S
X G A Y G I W F A L E N I
E R L I M A S M I U W I M
E G F I F T H K R M T N P
K O I C B L U C N I Z T L
A M F R A C T I O N W H E
```

COMMON

COMPARE

DECIMAL

EIGHTH

FACTOR

FIFTH

FRACTION

HALF

HUNDREDTH

MIXED

MULTIPLE

NINTH

ORDER

QUARTER

SEVENTH

SIMPLE

SIXTH

TENTH

THIRD

TWENTIETH

Occupations

```
R E P E E W S D A O R F N
E M C L A P M M M V H I W
A K A N A M A E S Z N C O
J D R S E N D O C T O R L
T J E T O S N R P N Z G C
W B R L R N R E S V S Y Y
R N O L M G K U R K E E V
I E D S Z J L A N J K T N
T R L F U T D J I C Z A B
E T A I A N A W O R M K L
R A F N T U W J X R M M G
E S T A T E A G I N T A K
P D I H R O T A M I T S E
P R O T N E V N I R R X B
Z R D A N C E R X C H E F
```

AIRMAN	INVENTOR
AUTHOR	JOCKEY
BOSUN	MASON
CARER	NURSE
CHEF	PLANNER
CLOWN	ROAD SWEEPER
CONSULTANT	SEAMAN
DANCER	TILER
DOCTOR	VET
ESTIMATOR	WRITER

Christmas

```
I R D N G F V R Y T A S V
B R U D O L P H E J J D K
C E J P R E S E N T G R O
Q D L F F N N F M X P A X
G M O L R E T T I L G C E
N Q D N S L L L H G P G N
G K S L K F X Q C S R B B
R H G Y R E P E A C E L Q
E H N U A K Y N X I F Y C
G S I L E N T N I G H T F
N T K N N A G G O B O T G
A T O B N C R E P V J H H
M N A M W O N S L L S G P
R Z R A T S G N I D I U G
B W F X T S V L D H O L Y
```

ANGEL	KINGS
BELLS	MANGER
CARDS	OXEN
CHIMNEY	PEACE
DONKEY	PRESENT
FRUIT	RUDOLPH
GLITTER	SANTA
GUIDING STAR	SILENT NIGHT
HOLY	SNOWMAN
INN	TOBOGGAN

Dentistry

```
T S X U E C S Y J I Y C T
M A K S U C D A N Z N O Q
D O R J Z J F C G Z O Y E
E U L T F U T E P R V L T
N Z L A A Y S D I F V G R
T U D T R R I L T Z Q E S
U M T K G S T M O R H T R
R D E N T I N E O H F T O
E G H L D K E J T X Q E S
S Z R D K H D U H L R Q I
C A N I N E O I P L S N C
G B E N A M E L A I S O N
U I I C J H U X S R O R I
M D Q T J L C D T D L A S
S V X T E E T H E G F L C
```

BITE	GUMS
CANINE	INCISORS
CHAIR	MOLARS
DECAY	MOUTH
DENTINE	NURSE
DENTIST	ORAL
DENTURES	ROOT
DRILL	TARTAR
ENAMEL	TEETH
FLOSS	TOOTHPASTE

Summer

```
S J P R P A R A S O L J Q
E T H G I L F E T F K U L
A S B A R B E C U E M L W
S U N G L A S S E S Y Y W
I A N I A H C Y S I A D J
D J N G S P K X N I N P S
E G P D C R E Z Q X A S T
T N L I T K B K W A V I Y
E R E H B A N D S T A N D
F J C L R G T S X A R N G
C A J G L E N A H H A E I
Y Z S L G O G L E O C T O
D A Y T R I P A U H R R Q
T C L A R U F D L C J T F
W T W P P O S G Y B D N S
```

BANDSTAND	PARASOL
BARBECUE	PLAY
CARAVAN	POLLEN
DAISY CHAIN	SALAD
DAY TRIP	SAND
FETE	SEASIDE
FLIGHT	SHORTS
HEAT	SUNGLASSES
JULY	TENNIS
LAGER	YACHT

Nursery Rhymes and Fairy Stories

```
M S Y D N E W M F D R J W
L H G G R E T E L P E Y K
P E T E R P A N I U D B O
D R S W N L O N R S R K T
R A I N Y I O A L S I W A
F C X N A C E L G Y D A R
O Y Z E C H R I I C I D P
S R K H W E S C A A N Y S
T Q I I N U S E N T G R K
E O T N B W S S T F H E C
R C S K C O L I D L O G A
H P D Y U Q P O N K O R J
K K D C L H G E Q B D A H
J A C K H O R N E R A M F
A D T R E D H E N P U D P
```

ALICE	MARGERY DAW
BO PEEP	PETER PAN
DR FOSTER	PINOCCHIO
GENIE	PRINCESS
GIANT	PUSSY CAT
GOLDILOCKS	RED HEN
GRETEL	RED RIDING HOOD
HANSEL	SINBAD
JACK HORNER	WENDY
JACK SPRAT	WITCH

US States

```
W M L R L H T Z H B F K U
G E O R G I A S S S R R E
B X Z N L O N Q W L M R S
E S O U T H D A K O T A T
R W Q A D A V E N O O M T
I D A H O X N H I R X O E
G P E A E G Y A A E H H S
N Y W T P E I M K G S A U
I E D U D G A I S O A L H
M N K M N O N S A N S K C
O I D V H I O S L W N O A
Y A V I F A Z O A H A O S
W M O J A S I U K W K H S
T E X A S N R R O P R L A
G Z D S H J A I E Y A K M
```

ALASKA	MISSOURI
ARIZONA	MONTANA
ARKANSAS	NEVADA
GEORGIA	OHIO
HAWAII	OKLAHOMA
IDAHO	OREGON
INDIANA	SOUTH DAKOTA
IOWA	TEXAS
MAINE	UTAH
MASSACHUSETTS	WYOMING

Chinese Towns and Cities

```
A V P Q G B E D T I A K Z
N X V U C H A N G C H U N
L H C A Y A N G Z H O U N
E O U N B K G U K D F X A
S P H Z Y Y O A A I O D N
H G C H L H Y T W H S Q J
A N N O Z U O K I A H I I
N A I U G N A H C N A N N
K I S S G O N O U G N G G
U J H D U F U O G Z Z D V
N U O E Q U H E S H J A C
M I N H S Z S G G O L O M
I J X L N H N U R U M Q I
N D C A N O A G Y L P Q Y
G V L B J U W N M O V Y X
```

ANSHUN

CHANGCHUN

DATONG

FOSHAN

FUZHOU

HAIKOU

HANGZHOU

HESHAN

HSINCHU

JIUJIANG

KUNMING

LANZHOU

LESHAN

NANCHANG

NANJING

QINGDAO

QUANZHOU

SUZHOU

URUMQI

YANGZHOU

```
E O Z H U O N F V E R P R
M H E A T I L R M N H I S
Y D O T M S L A X I U B E
H C E E W O A H K H B T L
R H D E Y H X W U W A R A
G L U H Q B E N E R R O H
H O Q C G N T L A N B H W
D R S K Q S I L P H R X W
B O P E O P I F A H G E B
W P A H M H W A Y Q E F L
P H G V X A H T V H Q E A
M Y I E E X H A U S T M A
H L O T C M H T R D W Y Y
E L B Q E T E J O A B H S
E T A L I H I N N A S T G
```

AFGHAN	RHYME
ANNIHILATE	RHYTHM
CHEETAH	SARAH
CHLOROPHYLL	THAMES
EXHAUST	THYME
EXHILARATE	WHALES
EXHORT	WHARF
GHETTO	WHELP
GHOST	WHINE
RHUBARB	WHITE

Spain

```
B A C H H E K Y I S L R M
N C A I R O T I V B B O F
O B Z N I K P N I K X Q A
N Z M E W W I L A Z W X I
O Q I V U O B N E C M H S
R O I S D A L L A A I H U
G G C E O C L D J S G L L
O D I E I I A O I B I Z A
L V J N V N R M A D R I D
O C H E A C A S T I L E N
J A S R A A R B M A H L A
E D G Y D N O D E L O T R
R I D P R M F C T N G Y P
E Z X P X M A L A G A C G
Z R E D N A T N A S Q Y O
```

ALHAMBRA	MADRID
ALICANTE	MAJORCA
ANDALUSIA	MALAGA
BILBAO	OVIEDO
CADIZ	PYRENEES
CASTILE	SANTANDER
GRANADA	SEVILLE
IBIZA	TOLEDO
JEREZ	VIGO
LOGRONO	VITORIA

Greek Islands

```
K V D O U H M L E M N O S
Z A K I N T H O S M T H L
F Q E K A S O S R K G V G
Y O O D Z N O S J C B S R
S K L D X X I A E U F A Q
K O K E A Q V G S U O N F
K E R N G Q L O E P L T C
Y D F Y F A S D E A W O S
T S K F K S N L T R C R O
H O N H A S A D E O C I N
N M L H M L Q F R S S N I
O A T J I F O F C O B I T
S S J P L J U N I Y S O Z
C S E D O H R H I A V B S
K Y O T S T C Z C A N L S
```

AEGINA	MILOS
CHIOS	NAXOS
CORFU	PAROS
CRETE	RHODES
FOLEGANDROS	SAMOS
KASOS	SANTORINI
KEFFALONIA	SKYROS
KYTHNOS	THASSOS
LEMNOS	TINOS
LESBOS	ZAKINTHOS

Tennis

```
A N I K S Y M N R N G H H
L W E S E G B I E I G F U
B E M G R J U W R P U B R
C K H F V A S A I S K L T
T U O E E J C V P R S A X
D A V E I T N E M E D K I
I E K A Y E G L U D G E E
G C C Z B L P R E N R G C
C H O P B D Y U I U S G I
A L L E Y G C J K P U E V
Z R B P H E P V C I G J R
K A V O S T E N Z U K V E
S K L S A V O P A R A H S
A M R Z E F K H B L T Y J
T V K A Y T R O F K Y J J
```

ACE	LET
ALLEY	MYSKINA
BLAKE	OUT
BLOCK	SERVE
CHOP	SERVICE
DEMENTIEVA	SET
DEUCE	SHARAPOVA
FORTY	UMPIRE
GRIP	UNDERSPIN
KUZNETSOVA	WIN

```
E V H Q P Q L E W Q F O I
K C R S O M B R E R O G P
A S T O R M Y E N T N S O
S J S S W O R D F I S H N
T D N A V Y P Z W S A W N
F S I L H O U E T T E D S
A C K A P A S U M X D H E
H H S U S W R S Y E S G A
S D E E S L S A T A J L M
S E N T R Y S L F S V K S
F K T W B U W E I L S M T
Q O I L M P T S H K H I R
Y T N M Z Y V O S R I I E
H S E D I M E N T A R Y S
K R L T J P U J R A T V S
```

SAFETY	SEWING
SAHARA	SHAFT
SAID	SHIFTY
SAKE	SHIRT
SALES	SILHOUETTED
SAWN	SOMBRERO
SEAMSTRESS	STOKED
SEDIMENTARY	STORMY
SENTINEL	SUMMER
SENTRY	SWORDFISH

Words Ending in END

```
K F U D D E Y W G I S E D
B D I M N N X D C D F T N
S X J E W E E T I P N Z E
T S A U N S P R E R Y T T
I A N P C D D E T N R G N
P D N E P S U S D A D O O
E Q N J E R M L N I C D C
N D E V G E E S D N N S D
D N E P U V C H N T N E N
N F V Q O E U Q E E L N E
E E A Z N R G K T N X D T
G Q T D L E F O T D D H E
E D N E B N U I A P V P R
L I N G I D D S W E N D P
W X T W D N E D I V I D C
```

APPREHEND	LEGEND
ATTEND	PRETEND
CONTEND	REVEREND
DEPEND	STIPEND
DESCEND	SUSPEND
DIVIDEND	TRANSCEND
EXTEND	TREND
FIEND	UNBEND
GODSEND	UPEND
INTEND	WEND

British and Irish Racecourses

```
J J E F H A O Y O J Y U W
Q Y R X M O S P E O K D X
N Y C H E S T E R S E Y I
A G V I H T L K Q L M Z X
A S C O T E E E O E P M E
S G V C M E L R X K T R P
R N O T R T A U N T O N F
E V R T P T H W D M N F A
D A N P M P O E A L G N K
C I A P K D G R I T O W E
A D H P N A T B K J C W N
R N W A L W M F A Q H C H
V A S W B H T S E T M O A
P W A F E K X F O N H R M
O Y D V S M G P Q N K K Z
```

AINTREE	GALWAY
ASCOT	KELSO
AYR	KEMPTON
BATH	LUDLOW
CARTMEL	NAAS
CHESTER	REDCAR
CORK	SANDOWN
EPSOM	TAUNTON
EXETER	TRAMORE
FAKENHAM	YORK

Architecture

```
B B F P E P V C Y E O O B
B M I R O N C M I Y E M J
B A N X U G R G J N U G N
Q J I Z R M I E Z E O D O
I X A Y L C D V I P V I V
M A L Z I E R H E L C O S
P V R R T E M E T O P E Y
O Q O Z N H K Q R N O F K
S D I E H C I N F E I Q E
T T A J L E A R C H D L I
V T E D E L K R P E P O P
K S S C T F T A V N H I S
B R A E N I L I T C E R J
M M R I I A J B P A O F B
U U Q D L O L P I L L A R
```

ARCH	LINTEL
DADO	METOPE
DORIC	NICHE
FINIAL	OGEE
FLECHE	OGIVE
IMPOST	PILLAR
IONIC	PLINTH
JAMB	RECTILINEAR
LANCET	REREDOS
LIERNE	SOCLE

Australian Tour

```
B G L A R Z E V Y T W F R
A C B Y Q U N R P N O F A
R A H W N F O U O U C C S
O I N T Y W O T T F A D G
S R V B R I S B A N E F N
S N I I V E A N B W L U I
A S C G C C P E A Y O D R
V M M N K T R C B B O A P
A D U I O R O S H A R K S
L A S F A F U R W L A A E
L R Y R H W Z G I L G K C
E L D U L U R U S A N B I
Y I N S B E F W Y Y W A R L
X N E T A D N A R U K U A
A G Y N I W R A D A M B R
```

ALICE SPRINGS   LAUNCESTON

BAROSSA VALLEY   NOOSA

BRISBANE   OUTBACK

CAIRNS   PERTH

CANBERRA   SHARKS

DARLING   SURFING

DARWIN   SYDNEY

KAKADU   ULURU

KANGAROO   VICTORIA

KURANDA   WALLABY

T Words

```
Q A Y T E I Y Y J R S U I
H T K A M S Y T U A Z I T
T O C S O Z T T Y F A X I
T U A S S T X A S C J V H
R R T E O E L T E R O D A
A N E L W A N G S H I O T
D I M B T S N R T P T H N
I Q U E L I S N E T R W T
T U T T T N S T S D A U C
I E W S T G G E T X N F M
O T E X U T F T F B C E V
N T L V C L U F R A E T T
M V F Y K C N A H E Z V N
I Z T B E T R D T O X I C
W R H L D D V A O Q I T I
```

TACKY	THIRSTY
TAHITI	TOURNIQUET
TASSEL	TOXIC
TATTY	TRADITION
TEARFUL	TRANCE
TEASING	TSETSE
TENDERNESS	TUCKED
TENSILE	TWELFTH
TEPID	TWOSOME
TESTING	TYCOON

Discreet Words

```
G P S E N S I T I V E W T
N S R P Y H S U V K J N R
I T H O U G H T F U L X U
M L L E T A C I L E D C S
U U U M T E E R C S I D T
S F F O O B C O H T A D W
S E T L Q D F T I Z E S O
A R C X U C E L I N N U R
N A A R L F O S I V Q O T
U C T O E P D A T U E I H
N X S R X T R N I X S T Y
I E K H O T I E I M Q U L
M I G X S R T V C M B A Y
M O D E R A T E E T W C G
X L R T E M P E R A T E F
```

CAREFUL	QUIET
CAUTIOUS	RESTRAINED
CLOSE	SECRETIVE
DELICATE	SENSITIVE
DISCREET	SHY
MINDFUL	TACTFUL
MODERATE	TEMPERATE
MODEST	THOUGHTFUL
POLITIC	TRUSTWORTHY
PROTECTIVE	UNASSUMING

Friendly Words

```
F T E T A C O V D A F A N
W E L L W I S H E R C A E
R T P S E Y T E B Q S R H
E N K A T V T W U I D A E
H Q B U A A I A T A H O L
T R Y M M D I R P P O A P
O J L M I N A M O T P K M
R S O Q T P O U V N T C A
B O O A N C P A E T R I T
R A N U I Y O P X S O K E
H C S V L Y C M R P H E P
E Y L L A M D H R M O D J
C R O N Y Z A D U A C I X
L O V E R Y A T U M D S C
T S I L A Y O L E B W E Z
```

ACQUAINTANCE	HELPMATE
ADVOCATE	INTIMATE
ALLY	LOVER
BROTHER	LOYALIST
BUDDY	PARTISAN
CHUM	PEN PAL
COHORT	ROOM-MATE
COMPADRE	SIDEKICK
COMRADE	SOUL MATE
CRONY	WELL-WISHER

O Words

```
D K J U Q R O Z R E K O S
R X O P A Q U E C J P K U
D F L K R E D N A E L O O
U L I M A C O M R O N L N
T Y V E Y Y Y A L O H B I
T M E E J C T N Z T L I M
X P L U Z I T N E M D D O
G G O T O X T F F Z L B N
O P Q N I J J P E V L O S
P U R K T F R F E O I Q R
O D T R C O O X N S Y I E
F O L W U N U G A L B O F
T Y A U A C F C Y W E V F
E E J T Z R C M S O Q Z O
N Z K F H O D O O D B N S
```

OATH	OLEANDER
OBLONG	OLIVE
OCCASION	OMINOUS
OCCUR	ONCE
ODDMENT	ONTO
OFFERS	OPAQUE
OFTEN	OPERATION
OGLE	OUTWARD
OHIO	OWL
OKAY	OYEZ

Dog-related Words

```
S N I X Q S D B O E E A O
P A Y S D C P I U D C R K
I I D B C F L Z N G E O I
T T G Q A V T E G G W Z G
Z R F R N H Z T N E O H Z
D A N D I E D I N M O N T
O C F H N X R B I T C H A
B K S W E P V C I G U N I
E I X G S H T S F Z A F X
R N N K P L D H T J I A Q
M G G L T Q W O Q E K O C
A H E A O F X U P Q M V O
N H V U Y I P G D S P C M
W A L K S E O H U E U U B
V I A C T P P M K R C G G
```

BITCH	SHIH TZU
BITE	SHOUGH
CANINE	SIT
COMB	SPITZ
CUR	SPRINGER
DANDIE DINMONT	TOYS
DINGO	TRACKING
DOBERMAN	WALK
PET	WHELP
PUG	YAP

```
K I L I B E R A T O R R W
L A N R E T A R F S O X A
C M E K O A C R N E T T P
C X T X P R Z C O R A E B
I S J X P E P K H R R E O
T C E N L L A F T A R P K
A R T D J E O S A T A J E
R A A A I C O R R E N R R
R T R S B C U A A D E C A
E C E P E A G O M T Q Y T
J H A I R W A G A U O Q I
K M O R A T O R I U M R N
X G R A T I C U L E X Q Y
F J Q T E V I T A R U C T
R Z N E D O P E R A T I C
```

ACCELERATE	KERATIN
AERATE	LIBERATOR
ASPIRATE	MARATHON
BERATED	MORATORIUM
CRATER	NARRATOR
CURATIVE	OPERATIC
ERRATIC	PRATFALL
EXPLORATORY	SCRATCH
FRATERNAL	SERRATED
GRATICULE	STRATA

Astrology

```
S E J C N H J R I O W P Y
E S C A L E S X A P O U R
H U L P G F E O S P I E H
S O F P P N H E T O N L L
I H N H J O G W E S I L X
F M B R G I Y Z N I M L F
O O E G O T G O A T E I R
P O R E H C R A L I G B J
S N I W T N I E P O S R M
U U H R M U F R A N Z A I
C D A O L J W L P D R V K
R H R S T N H T R A I P E
C Z A X K O E Y B R C N Z
W C X H B C E D G T I J G
G Y W H Q X L O H C G O C
```

ARCHER	LIBRA
CAPRICORN	MOON
CHART	OPPOSITION
CONJUNCTION	PLANETS
CUSP	RAM
FISHES	READING
GEMINI	SCALES
GOAT	TWINS
HOUSE	VIRGO
LEO	WHEEL

Collectibles

```
F Q K J S M Q Q P R Z W E
M S R A E B Y D D E T H R
M U G S P S T O P A E T V
Y R D E I V V L I S L O R
E J P K C X N L R P C Y K
F E U O E P I S T O L S R
W L I B R S I H M O D M Q
T N A K U L O I Q N K S L
S F P G V T C Y Y S O N N
M S G E S S S T E K C I T
O V R S D R A C T S O P V
T U K J L B Y S M G K T A
H S T A M P S M T B Q A S
S W S E N I R U G I F H E
G X M E D A L S G D V W S
```

COINS	POSTCARDS
COMICS	RECIPES
DOLLS	SILVER
FIGURINES	SPOONS
FLAGS	STAMPS
HATPINS	TEAPOTS
MEDALS	TEDDY BEARS
MOTHS	TICKETS
MUGS	TOYS
PISTOLS	VASES

Photography

```
R S P B X F S P U K M E K
N X S H U T T E R I M F N
B E L L O W S O R R S P A
N I D E U T A R G T R Q T
N P R I S M O A F W J D T
A I A T L R E G R Z P H H
P F K Z L P S N R B D E G
O W R O F E A C P A O S I
E N O T N L H N K T M C L
N S C N S N A E N S H B Y
I B W R I I S U L I W N A
E Z M I Q M T I F L N S D
P E X H A U D C H A T G P
C U V V D E O S E D W S L
E D E S O P X E D V D E P
```

APS	NIEPCE
BELLOWS	NIKON
COBRA	ORWO
DAYLIGHT TANK	PANNING
DIN	PHOTOGRAM
EOS	PRISM
EXPOSED	SHUTTER
LEITZ	SLIDE
MIRROR	TONE
NEOPAN	VECTIS

```
J T P U R R O C I D Z T P
D E V A R P E D S O B V G
I N J U R I O U S D L A J
L T U B J Y O U O A S U D
A Y T A A I W G R G Y Y L
T P S B X Y O O V T L L U
N E E O T U M I H I H L F
E R N M O M L G V U J A E
M N O I I E U E R H B C N
I I H N M A S T W A H S A
R C S A N B F I L R B A B
T I I B G U C E N M G R A
E O D L L K F T U F H V G
D U N E E U Y O O U U L Z
B S F D L Y Z K Q L D L H
```

ABOMINABLE	HURTFUL
BAD	IMMORAL
BALEFUL	INJURIOUS
BANEFUL	NAUGHTY
CORRUPT	NOXIOUS
DEPRAVED	PERNICIOUS
DETRIMENTAL	RASCALLY
DISHONEST	SINFUL
EVIL	VILE
HARMFUL	WICKED

Bible

```
V O W E O G W G I F Y I E
C J B C S T O J B L O M S
N I M E E D E R N O A P A
N G M Y R F H U X D C Q U
L A H C D E D R A T S A U
J E Y A L K L F O O T M J
G U I L T Q O M A R K A T
D F I S L E G N A A J R N
Y V F L B D L V M H K Q L
E G O T N E M A T T H E W
M C T X U F H U S T W X B
J D P M A S A U K F I I O
D L A N O R A A Q I A Z M
D S U S E J V X I L J O J
E T I N A A N A C Z E V E
```

AARON	HELL
ADAM	JACOB
ANGELS	JAMES
CANAANITE	JESUS
ESAU	MARK
EVE	MATTHEW
EVIL	REDEEM
GOD	SAMUEL
GOLD	STAR
GUILT	TORAH

```
E J C N Q O U H S L Y P P
N M I X T U R E R R R O A
B N T K Z M K T E F R U T
L O I C I N G Y R V E N M
A O Q R M N A X K A H D Y
C R V J I L T U N O C O C
K A H C O M Y U I D K O N
F C N F S R M C B U H F R
O A F A S E A M G N A S E
R M N G S T N N E D R L G
E A O I N C V O G E I I N
S R Q E S E E H C E E V I
T B F R U I T A I S D E G
Y L U Z M F A I R Y A D M
E E E Q K L V R V Z M S P
```

BLACK FOREST	LAYER
CHEESE	MACAROON
CHERRY	MADEIRA
COCONUT	MARBLE
DEVIL'S FOOD	MIXTURE
DUNDEE	MOCHA
FAIRY	ORANGE
FRUIT	POUND
GINGER	RAISIN
ICING	SCONES

Circus

```
S C C T M F T U F B O P N
U T G N I T I C X E G J Y
C R S U S K C U R T R U N
R A I T G S Z E Q F E M N
I P N E L N K D J A N Q U
C E U V R I R C O T I H F
M Z V S A T T O I R A B G
Q E H O R S E S C R R B N
T S X V T E R N J P T Y I
C L M K V E G U S Y O G N
N A K A D D G I W I I P N
E E G I U G J I T Z O G I
T S R E L E P H A N T N P
F K U E S U A L P P A I S
N F R V D F L F N V O N X
```

APPLAUSE	RIDERS
CAGES	SEALS
CANVAS	SPINNING
CIRCUS	STILTS
ELEPHANT	TENSION
EXCITING	TIGERS
FUNNY	TRAINER
HORSES	TRAPEZE
JUGGLER	TRICKS
POPCORN	TRUCKS

In the Shed

```
J P A M S N U J V R K O L
R I N S E C T I C I D E E
E L A W A S W O B M S E W
W O N G U E E M I T L L O
O O T A R K O S D H E T R
L T K L A O K H C J B S T
B G I R G C W H H D A E Y
F N L N A R A B D C L R C
A I L S A R A I A L T T Q
E G E Q C C B V A G N U O
L D R O A B L M E D A X D
V E A S E V Z I K L L P K
E L H R Y J B B O B P R K
E P H V P L A N T F O O D
N A C H O P P E R F X K N
```

ANT KILLER	INSECTICIDE
BOW SAW	LEAF BLOWER
CHARCOAL	MALLET
CHOPPER	OIL CAN
DIBBER	PLANT FOOD
DUTCH HOE	PLANT LABELS
EDGING TOOL	RAKE
FORK	SACKS
GRAVEL	TRESTLE
GROW BAG	TROWEL

Words Containing END

```
B F R E D N E L B W G W E
G T T Q X V K J T F I L S
G Y C N E D N E T V B M C
R E D N E G E G R A R A I
S E N D I N G F D G L H N
R M M I W R R N E E K B N
A E E A E E E L N N H K U
I T D S D P L D L D D S E
G V T N X V A L N A L S N
N G E E E R F T R E N D D
I R K N N T Q E N P V S O
I L D I J D E D N E M A W
L O R E D N E M T D J X L
R B B V N R S E H G E V W
L G N I D N E B U W P D B
```

AGENDA	INNUENDO
AMENDED	LAVENDER
ATTENDEE	MENDER
BENDING	RENDER
BLENDER	SENDING
CALENDAR	SLENDER
DEFENDS	TENDENCY
EXPENDABLE	TENDER
FENDED	TREND
GENDER	VENDOR

Admirable Adjectives

```
D Q U D J S X E P H T S E
U M O D E S T J G N K V C
H O L A Y O L N E E I Y T
G C T Y D Z I L E T N T J
H O N E S T L L C S D S R
K O X H I E T A U U L U E
P Y I C C N R O Q P Y R L
E L X X E T L J R R S T I
E E E G T U G E A E I I A
R V W A B M C E W M K Q B
L O K A S I I O N E K R L
E L F Y O I R T Z I E U E
S Z U U F T N J Y P A A T
S R S A H N Y G U X I L A
V G L Y Q I R S N V Z D U
```

ATTRACTIVE	LOYAL
EXCELLENT	MODEST
EXCITING	PEERLESS
FABULOUS	PLEASING
GENIAL	PRECIOUS
GENTLE	RELIABLE
GOOD	SUPERB
HONEST	SUPREME
KINDLY	TRUSTY
LOVELY	WORTHY

Desserts

```
C U A K S A L A D E K A B
H R S C R E A M P U F F I
A T I I Y M I N C E P I E
R S R A M C J M C B A P W
L E R A L A W I G Q S L S
O I I O T C R K Z U M U E
T P T C Z D E I N T E M I
T B K D E C R D T V R D N
E R H K S C A A O I I U W
R A A B C E R R T W N F O
U B M O U S S E A S G F R
S U P A V L O V A M U K B
S H O R T C A K E M E C U
E R E I P E L P P A K L F
C O C O O K I E S V A T W
```

APPLE PIE	ICE CREAM
BAKED ALASKA	MERINGUE
BAKED RICE	MINCE PIE
BROWNIES	MOUSSE
CARAMEL	PAVLOVA
CHARLOTTE RUSSE	PLUM DUFF
COOKIES	RHUBARB PIE
CREAM PUFF	SHORTCAKE
CUSTARD TART	SUNDAE
ECLAIR	TIRAMISU

Dinosaurs

```
S U R U A S O C N O L A Y
S U H C U S O D N I N J S
D I R A C O D O N A N U N
G A W I Q K A U T R R S O
E Q G X M S B O B U S U D
R C E W A E S I A A A R O
A P E U I A T S T S I U S
N I R R U M O I A O C A Y
O U S R A N N L F I H S L
S A U A A T O I O S A U B
A S G N A C O N M E N D U
U J J N O R O P R L I N A
R O I D N D F Z S P A A R
U U O K O Z A E T O N Y X
S N H N I T R A P A T O R
```

AETONYX	ITEMIRUS
ALOCODON	LONCOSAURUS
ANATOSAURUS	MINMI
AUBLYSODON	NANOSAURUS
CERATOPS	NOASAURUS
CIONODON	PLESIOSAUR
DIRACODON	RAPATOR
EFRAASIA	SAICHANIA
GERANOSAURUS	TANIUS
INDOSUCHUS	YANDUSAURUS

Deep

```
C E V A R G E B E S I J F
Y E W H A Q V M S M N A E
R L I P E J R E M J T O R
F D I U N P L U M B E D V
D N E X B M F A Y D N P E
G U J A O P R A H I S A N
Y O J T R D W V H T E T T
V F T Z E N S J D A C G S
P O N N I U E R E V E S U
B R T N O W K S Q A P S O
Y P G I E M E R T X E N R
S T R O N G E T U T S A O
L E A R N E D V I V I D N
S U L I V I G O R O U S O
E V F R E S O N A N T T S
```

ARDENT	PROFOUND
ASTUTE	RESONANT
BOTTOMLESS	SERIOUS
EARNEST	SEVERE
EXTREME	SONOROUS
FERVENT	STRONG
GAPING	UNPLUMBED
GRAVE	VIGOROUS
INTENSE	VIVID
LEARNED	YAWNING

Charities

```
Y V A R I E T Y C L U B J
Y G R E E N P E A C E M M
A Y N R E C N O C E G A A
T S U R T R O H C N A L F
E H A I G H O M E S B T X
R E D C R O S S B H D D O
T R G N T R I C Y C L E H
S A M Q I Q D P F A K A E
A U O V E M F X S E C F V
M O S I B R O F H R Y D I
U Y T I L I B A T O M I R
N O I S I V D L R O W R H
S O D R A N R A B T L E T
D I A N A I T S I R H C C
F C I S A F A U Y V M T T
```

AFASIC	NUMAST
AGE CONCERN	ORBIS
ANCHOR TRUST	OXFAM
BARNARDOS	REACH
CHRISTIAN AID	RED CROSS
DEAF DIRECT	SCOPE
GREENPEACE	THRIVE
HAIG HOMES	TRICYCLE
MIND	VARIETY CLUB
MOTABILITY	WORLD VISION

Ancient Peoples

```
I A J U N O N I K G S G R
R A O R A A Z U Q N Y U H
A H C Q O T T O M A N J J
Z M R N B M N I I H O Z L
T O I F I A A S X S D E M
E M M N E H U N P C E X S
C D G A A M I L Y D I A N
O H N E E E M T W M B P N
A I K R G P A H T A X W A
M N I X K Y A D E I T I E
N A I S R E P A L Z T K A
N W L N I J N T O A P E M
A S S Y R I A N I T H Q A
N A Y A M B H Q U A D C R
B Z N A B A T A E A N J A
```

ARAMAEAN   MINOAN

ASSYRIAN   NABATAEAN

AZTEC   OTTOMAN

CHALDAEAN   PERSIAN

EGYPTIAN   ROMAN

HITTITE   SABAEAN

INCA   SHANG

LYDIAN   SUMERIAN

MAYAN   XIA

MINAEAN   zHOU

```
D D M T T M C D F O A M P
Y R E K A F A I E Y I A R
C D E C E I T V R L Y Y Y
H P G U H O M E F Y U G E
I U J N C Y H E R D N D M
C P M U O C G U Q O C O E
A M D B A I J G S G D D X
N U R E U R T A L D T Y A
E R R D E G E P H O N E Y
R T J P R R P R E T E N D
Y T K J T V B F R C F V Q
T R I C K E O K R H E B H
D R E F P U G E A A O D D
S K F U F K U G I N U A V
E L D N I W S W V A K D X
```

BOGUS	HOAX
CHEAT	HUMBUG
CHICANERY	PERJURY
DECEIT	PHONEY
DECEPTION	PRETEND
DELUDE	SWINDLE
DODGY	TREACHERY
DUPE	TREASON
FAKERY	TRICK
FRAUD	TRUMP UP

Rodents

```
R E H P O G O H E G D E H
C U H L R L E V E R E T G
H A M S T E R R T M R B N
I R E V A E B I L Q M A I
N M F Z M I B L H P A P M
C B T K L B K S W R R P M
H O Z X A Z A J U A M D E
I Q Y R S U W A E I O V L
L N W P Q N Y X M R T L E
L I D S U Z K U M I B Z C
A C U S I V S O Y E K O E
C M V I R K U V S D A H A
H A R V R S C H I O K V F
I P V A E I T U O G A E D
U I T Y L Q M I C E E V Q
```

AGOUTI	JERBOA
BEAVER	LEMMING
CAVY	LEVERET
CHINCHILLA	MARMOT
COYPU	MICE
DORMOUSE	MUSKRAT
GERBIL	MUSQUASH
GOPHER	PRAIRIE DOG
HAMSTER	RABBIT
HEDGEHOG	SQUIRREL

```
M N P A N E L X M T Y S D
M W S P I F S Q D H T S O
U S E R G R O U P I R E N
R S S T B T S M R N A R Y
O E U P S Z V Z E K P G S
U E C R O F K S A T G N N
Q F U O F H Y R A A N O O
G Z A C M O S R X N I C I
S F C B M M G K U K K O T
J D V P A D I N R J R U A
E Q R B E Q H S A O O N T
L E G A T I O N S U W C U
P O D J O Y C Q Z I Q I P
A S S E M B L Y Y J O L E
P U O R G S U C O F H N D
```

ASSEMBLY	PANEL
BOARD	QUANGO
CAUCUS	QUORUM
COMMISSION	SYNOD
CONGRESS	TASK FORCE
COUNCIL	TEAM
DEPUTATION	THINK TANK
FOCUS GROUP	USER GROUP
JURY	WORKING PARTY
LEGATION	WORKSHOP

Sold in Boxes

```
S W M O L J J S F R S F X
H O R I S D Y U G D A M Y
O S A E K E Y Z N F S O G
E G A P G Q L A U S W X J
S A I A T S B I P D E L S
F B O E M R L L T A R Q Z
L A E R E C A I O P C S T
U E L B N S I R A G S E C
G T B F T S V G S N Z K S
C U W E O L L E A I Y A T
R U R W S I H P Y R Q C E
W S C L X C E A P U S N E
I S U E T N P P X O Y G W
N F B A S E V E R C G H S
E E M F T P Y R U S Y Y G
```

CAKES	RUBBER BANDS
CEREAL	SCOURING PADS
CIGARS	SCREWS
EGGS	SHOES
MATCHES	SOAP
NAILS	SUET
PAPER	SWEETS
PENCILS	TEA BAGS
PENS	TILES
PLASTERS	WINE

Religions

```
P K M C R B N U W O C Q X
C T D E N N O D V C S A R
I L M J T S M N F V I E I
L S M U N H R I L R K P I
O H L D N Z O H L A H I A
H I P A P A M D U H I S H
T N R I M A R Q I W S C A
A T O S V A R E E S M O B
C O T M F L N S H K T P Y
N P E O T W L G P T G A X
A A S T N E L B L A U L D
M R T I Y J A D O I R L V
O S A A M S I O A T C S I
R J N M S I H D D U B A I
T Z T A U N I T A R I A N
```

ANGLICAN

BAHA'I

BUDDHISM

EPISCOPAL

HINDU

ISLAM

JAIN

JUDAISM

LUTHERAN

METHODIST

MORMON

PARSI

PROTESTANT

QUAKER

ROMAN CATHOLIC

SHINTO

SIKHISM

TAOISM

UNITARIAN

WESLEYAN

Boys' Names

```
Y R S E U C M J O K S T P
L L N R I O T Y Q H Y F T
L R A R E E H P L O D U R
A F D N B T R N S W Z Y Z
W E E G C T E S I C R R V
C K L A U E O P X R S M L
P E J R R R N O T S N I W
N R Y E H G N M T E J D W
A E C I A A L B A S I L
M D E H D K B L M M H L D
R J D N U M D E F T A O T
O E E O K C S W K S N R B
N R H A R O L D Z A E R X
B K P L X B L S L B Z E E
W I C D X W M D D M T Q R
```

BASIL	HAROLD
BRENDAN	JAMES
CEDRIC	JETHRO
DEREK	LANCE
DONALD	NORMAN
EDMUND	PETER
ERROL	RUDOLPH
FEARGAL	SHANE
GARETH	WALLY
GLEN	WINSTON

```
Y A C E P G S B V G P D P
R D A D W D N L N R Y C V
T V R I I X E I R A I U O
E E O S S A G G C N G J L
O N L A N N M W Y N D W D
P T S E I S E O I Y A R F
S C M S V S E M N L E D I
U A O Y N I M I K D X Q L
R L Z E R I S I R Y S Q M
P E C D W E N I B O Q O S
R N E S M G S G O D T O H
I D S W E E T S L N J S U
S A A U W K G R A N D P A
E R A V G O O D F O O D G
S S I B U B B L E B A T H
```

ADVENT
  CALENDARS

BUBBLE BATH

CAROLS

DANCING

DIAMONDS

GOOD FOOD

GRANDPA

GRANNY

HOTDOGS

INCENSE

OLD FILMS

POETRY

SEASIDE

SINGING

STORIES

SURPRISES

SWEETS

SWIMMING

TELEVISION

WALKING

Apple Varieties

```
Y Y R E V O C S I D O T I
C R I S P I N J Y K U S N
J H X W O R C E S T E R G
D O K C R A M S I B A W R
C Y G S S D E R A D I K I
F I E S T A E X D M S C D
B G A N A T R A P S Z K M
G J X L I F O R T U N E A
M S O P Q N L D O D O P R
O C U N B R E P U S T I I
N J C T A T E S N U S C E
A V R Z K G P T X N N U M
R H G A V M O R X U I R C
C R E V V W I L K S W E D
H M V G R E N A D I E R U
```

BISMARCK	JONAGOLD
COXS	JUPITER
CRISPIN	KATY
DISCOVERY	MONARCH
EPICURE	REV W WILKS
FIESTA	SPARTAN
FORTUNE	SUNSET
GRENADIER	SUPERB
IDARED	WINSTON
INGRID MARIE	WORCESTER

```
E A S R G R D C R L G E E
R D T H A E I V L U F V T
U V E S I L A M I C R E Y
C I B A T I L D L E B S L
S S D V E E E Y S A P J T
N E U E A V S E R N P R G
J E T F H E O T S O O B Q
M E A S E P E R P P U X A
U L H P G G L G P V P N Y
E A D R U C R U I M R M D
P V X O K V S M R L I K F
B Y E M W I C E H Y B C N
A E R O T S E R B E E O L
C R F T A L L E V I A T E
K I B E F R I E N D C L J
```

ABET	HEAL
ADVISE	IMPROVE
AID	OBLIGE
ALLEVIATE	PROMOTE
BACK	RALLY ROUND
BEFRIEND	RELIEVE
BOOST	RESTORE
CURE	SAVE
EASE	SERVE
GUIDE	SUPPORT

Airlines of the World

```
G M O Q B O R Z K O T R L
U W A A V D B E E U J E T
L G T K P V Q C I M A E N
F M E X I C A N A D L N M
A L J M K T V A U X A V B
I Q Y A L E L R G R G Q M
R H S B M Y A F A P S B I
I N A U E G I R A V I R B
A L E R F E I I E Q N I A
N I Y N T A M A J A G T B
A S R I P E D M I Q A A Y
Y A H E M U X W H K P N G
R A P Q B S B C R Z O N I
D E L T A I F D E R R I U
A B G I V O H U H L E A H
```

AIR ARANN	FLYBE
AIR FRANCE	GARUDA
BMI BABY	GULF AIR
BRITANNIA	IBERIA
BWIA	KLM
DELTA	MEXICANA
EASYJET	RYANAIR
ETIHAD	SINGAPORE
EU JET	VARIG
EXCEL	VLM

```
E N B C T S E I R R E H C
C A R R O T S V A O U S R
B O R C H A R D S S F T T
J E P P D Y B M K Y N A U
D A E R B S O Q I O A O Z
X U M T W R K E G H O I U
R F P P N H Z A E W Y T E
I R Q R W S W R T H O P S
A O A E S G B B J S I C E
R B B S H S F X V R Q J F
I Y M E S T N A R R U C U
R Q E R P V N Z H M K D B
P Q D V A E L K Q X H K H
L R L E E Y A M W A R C H
V I R S R S X S Y P C D A
```

BARN	JAM
BEET	OATS
BREAD	ORCHARD
CARROTS	PEAS
CHERRIES	PRESERVES
CURRANTS	REAP
HAY	RIPE
HERBS	RYE
HOPS	STOOK
HUSK	WAGON

Green Things

```
K E G A G N E E R G Y N T
O W I A E G V T S H I R U
F L V N A I C S N A E B R
L N U B L P G F V I L Q F
Q J B O E F E Z Q Y M Z T
J A A E B D L A R E M E Y
C Q F D U S L B S L G M T
Y V N E E D V F Y C R C O
S R E W O L F I L U A C D
E L E T T U C E K P S X I
V E B C D V M H P T S X R
A B P D U E Q L E H R Q E
E B O T T L E J G V T X P
L H C A N I P S A Y M P K
K M J E A L O U S Y O N L
```

APPLE	JEALOUSY
BEANS	LEAVES
BOTTLE	LETTUCE
CABBAGE	MINT
CAULIFLOWER	OLIVE
EMERALD	PEAS
ENVY	PERIDOT
GRASS	SAGE
GREENGAGE	SPINACH
JADE	TURF

```
F P V W J O Y Y W L U H B
A Y Y F M U T H A O B C L
Y N D T O O D M R M V N B
G E Y N O Z B Y C L S U G
U B K S A C Z T H E P P O
Y D N W H P E I I B R R N
S N I O J D Y F E M E M Z
M A P H D C R D A B W R O
I L D Y N J G H N X E H T
L L R S P R S G D A P A F
E I T Z O C S G R R P W R
Y B E V T I M R E K E D R
O H E M V P E E W S R U I
R R T F I U T R S Z K U L
Y P H R O W L F F J Y C B
```

ANDY PANDY	JUDY
ARCHIE ANDREWS	KERMIT
BERT	LAMB CHOP
BILL AND BEN	MR PUNCH
DR TEETH	PERKY
ELMO	PINKY
FOZZIE BEAR	ROWLF
GONZO	SOOTY
GROVER	SWEEP
GUY SMILEY	TEDDY

Potato Varieties

```
O R E D N O W N E D L O G
C H A R L O T T E E S T X
N A D I N E N U T P C A V
A P D A A N O F R A M K A
M C M C L A F E E K I E C
A O O Q N S Y R O N A T C
R O C K E T E A G D N N O
I U W H N I M E A R N A R
S A M Q M I D C A R A S D
B W V E T W P U N F I Z A
A L R S A I S S N O F N A
R P E R B L I U R D X P G
D Z D Y T J E U V R R A Q
Y N O M R A H I B X E O S
D H R X F Y Y F I W R K D
```

ACCORD	MARFONA
CARA	MARIS BARD
CHARLOTTE	NADINE
DUNDROD	OSPREY
ESTIMA	PREMIERE
FIANNA	ROCKET
GOLDEN WONDER	ROMANO
HARMONY	SANTE
KERR'S PINK	SAXON
KING EDWARD	WILJA

```
G X Z D G S T Q L S H I R
R E J L G T I A D Q D E N
A M Z O U K R O C K P R S
E Y L U L L A M Q P O H S
P O N W R D O D A H G O E
T U E D E W F N T O U N B
E N V Y T B K I I D E E N
N G C L A R E T E W O Y W
G H D R W W T N B L R D O
Y E N S E U Y R V K D E R
C Y A O B P I N C L E W B
T D L B X D M A O N U L L
Q O R F G D S U I T G M C
M N A E G I N P T X S B Y
Z T B C I P H R O U S P Z
```

BARLAND	NEWBRIDGE
BROWN BESS	OLDFIELD
BUTT	PINE
CIPHROUS	ROCK
CLARET	SACK
CYGNET PEAR	STONY WAY
GIN	THORN
HONEYDEW	TUMPER
KNAPPER	WATER LUGG
LULLAM	YOUNG HEYDON

Containers

```
V E T N R I M I T E I M I
V T I G B W L A L A B C I
G A N B V J K A I A Z S H
O R C T S C U T T L E B F
B C A U A X L H E S B V L
L H N Z U O C B U E N A A
E N Q Y U M B A S K E T G
T N C H B T F Y M V T C O
L W O B E M T L V E J T N
I S M K U I S E A A R U P
N H S R N E V C K S R Z U
Y A D T W I H N W C K G R
C A R R I E R B A G O X S
D A D U S A C H E T Y L E
Y K J T H R E T N A C E D
```

BASKET   GRAVY BOAT

BATH   IN-TRAY

BOWL   LOCKET

CARRIER BAG   MAILBAG

CASKET   PURSE

CRATE   SACHET

DECANTER   SCUTTLE

DRUM   TEA CHEST

FLAGON   TIN CAN

GOBLET   VACUUM FLASK

```
Z V X K X O T S M G L J L
I B F U A K S T C J U F H
S M W B X A E O E A G L W
A A B D V O I R M M H L C
M S C O E L R I G S P S E
H Q E R L C P E H D S L R
A V D C I C E S C L M O E
I O M T R F F N A R C B M
N H L A G E I U A Q C M O
D E R J G X T C A T S Y N
C A M X N I R S E B L S Y
J L Y T R G C G Q H E E I
L I N C A N T A T I O N B
A N Y L L O H S E V O R G
T G W I S D O M E O C P Z
```

BELTANE	MAGIC
CELTIC	PRIEST
CEREMONY	RITUALS
CLOAK	SACRIFICE
GROVES	SAMHAIN
HEALING	SECRETS
HOLLY	STORIES
IMBOLC	SYMBOLS
INCANTATION	TEMPLE
LUGH	WISDOM

Moons of the Solar System

```
E V P K D X B B D Q N G H
N Y J L A Q Y S Q O I A H
C H V K E F L T T L H N Z
E C Y N E I M I Y I X Y V
L T O P B S R I U W I M X
A I E B E T S A M S Q E N
D A U T O R P X A A O D S
U O E R H Y I L F E S E A
S O U H P Y T O W W U D S
L B R J R A S D N K A U I
U E O U M B R I E L T J G
N R P A N D O R A E O S L
A O A S U N A J P T V E F
G N Q E T I T A N C D A R
I S M N P D I Q X A C A C
```

ARIEL	LUNA
ATLAS	MIMAS
DIONE	OBERON
ENCELADUS	PANDORA
EUROPA	PHOEBE
GANYMEDE	RHEA
HYPERION	TETHYS
IAPETUS	TITAN
JANUS	TRITON
LEDA	UMBRIEL

```
D A E H S N A V O G T S I
B C K I L R M D O V Y Z N
R I A T N E W P O R T C T
E U X R E T E P M A L O U
C B L E D N W X S S M L Y
O A B Y I I A E S N A W S
N D G W H T G Y S O H Y A
B G W Y V R A A M W X N N
E W Q W H A P P N D E B G
A Y T A K M L T F O R A L
C N N Q S L A E P N W Y E
O E L T U F G H P O W Y S
N D B F F I D R A C Y D E
S D U A L L E G L O D Y Y
D A E H S D I V A D T S R
```

ANGLESEY	POWYS
BRECON BEACONS	RHYL
CARDIFF	SNOWDON
CARDIGAN	ST DAVIDS HEAD
COLWYN BAY	ST GOVANS HEAD
DOLGELLAU	SWANSEA
EBBW VALE	TAFF
GWYNEDD	TINTERN
LAMPETER	USK
NEWPORT	WREXHAM

Tennis - Female Stars

```
G I E H Z O I N G E F G R
I B D G D L O U I L I F T
J Z N N B V B T B B F Z S
C I U Y O R F X S R J U V
K O C T O Z Y M O A S B R
R R N U X E H W N M S N V
H A G U T D W L A S I E N
I H W K A A Z N O Z G L N
G B L G R W F A R G N G D
C O N N O L L Y C O I N N
O Y D T V X O A C O H E P
X N F F X J W S Z A U L X
F R E Q R L D O R T F R V
Y O P U E E U T X W E U T
J W D Y B M E S S U A B F
```

AUSSEM	GRAF
BETZ	HART
BROUGH	HINGIS
BUENO	KING
CAWLEY	LENGLEN
CONNOLLY	MARBLE
COURT	NOVOTNA
FRY	ROUND
GIBSON	SUSMAN
GODFREE	WADE

Trees and Shrubs

```
L E F Q W O Y S T Q Y H Y
B I I F A I S V X R S R S
G D E Z T Y T P I A R S S
X D D T T C T C G E A Z Y
C A L I L Y X N H R O O T
O Y A E E P I C G E I K Y
X S M J X R R E V P L K U
Q O S Q E E I Z A O Y M E
N G I W T S L I U Q F W N
A I O N A S X I K H Z J I
Z L I M N X U J C E A O M
F W V D G D T R U Y Z Q S
Z H G J H U I R B D H D A
Q R O N I B S H E A A R J
K K S N N T N L Q E Q S V
```

BIRCH	LILAC
CYPRESS	ROOT
FIG	SHEA
FLOWERING ASH	TANGHIN
GRASS	TEIL
ILEX	TWIG
IVY	WATTLE
JASMINE	WAXTREE
JUDAS	WINTER CHERRY
LEMON	WITCH-ELM

```
S P P Y H B R M W G A U X
H K S S E V O R I M S Z N
G E A U P O T W S H Z W R
A L M Z S L A U C S L E X
F Q F A D V R D T N D G I
W I F I N I T Z D I M D N
G S C E V N S S P R C V U
W W T U G E I S C I X K L
N E Z I T E N A P P A N W
R B H L J M I J M D O X T
J B D T R A M Y N O U P R
R O D M M I D A A C D Y O
Q T S G D L A P L S T J L
P P L J B Q V B S D F R L
G N I D A R T E N I L N O
```

ADMINISTRATOR	NETIZEN
ASP	ONLINE TRADING
DOMAIN NAME	POP
DSL	RSS
E-MAIL	SPIDER
FLASH	TROLL
GIF	UNIX
HTML	VIRUS
ISDN	WEB BOT
ISP	WI-FI

Botany

```
T F E W E X U N B V B R A
D Y Q T N R A D I C A L H
X K F E I M S Y Y O L T E
C C K R L S M O N M O L S
E A H E U A O L N O W K O
P L A T A S A P M S I I M
H L I E C I I S P E L E Y
L U B X R A C E M O S E C
O S T E A V T Z J M X M N
E D A L Y A A D B A S T V
M A A E L G S S P I K E V
C R R L M G K J C Z N P I
O S U O L L E P R A C A M
R B I F I D C A B U C E M
K R O F Q D G R D N Q F B
```

ACARPELLOUS	COMOSE
AERIAL	CORK
ALAR	CYMOSE
AROID	OPPOSITE
AXILE	PHLOEM
BAST	RACEMOSE
BIFID	RADICAL
BULLATE	SMOOTH
CALLUS	SPIKE
CAULINE	TERETE

Words Starting with ARM

```
L A I R O M R A G M B J H
D H Q P E A R M A G N A C
G N I M R A F D G M D Q H
N X R T A R D R C D D T J
O A E A R M B A N D I T R
D A R Q M A T F K P Z E Q
D R U W I D E S M K G D E
E M T S L I B R E I E L E
G E A F L L A A M R O F T
A D M O A L U R T H M M I
M A R M S O A E M S Z R L
R Y A L U F M R A F N I A
A H M V W R A R M A D A M
X B B R A R M A M E N T R
F W P O A R R E V S K O A
```

ARMADA	ARMFUL
ARMADILLO	ARMHOLE
ARMAGEDDON	ARMIGER
ARMAGNAC	ARMILLA
ARMALITE	ARMING
ARMAMENT	ARMORIAL
ARMATURE	ARMPIT
ARMBAND	ARMREST
ARMED	ARMS
ARMET	ARMY

Risky

```
H P I R S C I R T C E L E
R U S T Y N A I L L F Q I
S J R T Q J O Y R I D E R
T H P R R V E S J R E U O
O E E L I G H T N I N G A
N D X E H C N A L A V A M
E I P T I D A L W A V E B
T L L P R J M N T N L S U
H S O E R P G O E T Q V S
R D S E I E R R D U Q M H
O N I T T N S O A Z N Y Y
W A V S A C W L R O C K S
I L E D N N L V O R T E X
N L O Y T V V T G L A S S
G Z E D A L B R O Z A R W
```

AMBUSH	MELTDOWN
AVALANCHE	RAZOR BLADE
ELECTRICS	ROCKS
EXPLOSIVE	RUSTY NAIL
GLASS	SQUALL
HURRICANE	STEEP
IRRITANT	STONE-THROWING
JOYRIDER	TIDAL WAVE
LANDSLIDE	TORNADO
LIGHTNING	VORTEX

Counties of England and Wales

```
S X G T E S R O D H T D L
L H R U T L A N D Y D I L
U I R A C V I T T E D F A
I B N O I G I D E R E C W
D J T C P R D I Q R N H N
A N O Q O S B B S U Y E R
C O N W Y L H M W S W S O
C V T C R W N I U K G H C
U E I Q R O K S R C J I I
U D U G R J M L H E V R P
O J S F W U X A O I F E O
L K O G L E L G H F R L W
D L O H S G K Y L R F E Y
K T E S R E M O S J U U S
F X E S S U S K E N T D S
```

CEREDIGION	KENT
CHESHIRE	LINCOLNSHIRE
CONWY	NORFOLK
CORNWALL	POWYS
CUMBRIA	RUTLAND
DEVON	SHROPSHIRE
DORSET	SOMERSET
DURHAM	SUFFOLK
ESSEX	SURREY
GWYNEDD	SUSSEX

```
D J H K H S E H W Y M E Z
I A J J Z H L I C C L Y A
S U G F X W B F F F H Y E
Q D Z I X R U L F X Y U T
U E I D T U O U N B P E I
I K H S O A R T X T Z M C
E A U K T Z T T P W J A X
T E R R O U S E O A N E E
I Y R G O B R R R V F S K
R G Y M C K K B A S L U A
C W I S C U Y S S U U F H
F X T O P A S O V R R N S
N I R V E Q T N N O R O B
R Q X V E Q O J P F Y C H
O F B S N C Q C J Z W C H
```

AGITATE	JAR
CANVASS	MIX
CONFUSE	ROCK
CONVULSE	ROUSE
DISQUIET	RUFFLE
DISTURB	SHAKE
EXCITE	STIR
FLURRY	TOSS
FLUTTER	TROUBLE
HURRY	WORK UP

Fund-raising

```
R G G I R H I K I N G G Y
K O K N F A A Y O Z N K R
Q U S B I Y A I P I Q G E
E P O N J V T Z N M N U T
L I S V O C A N A I E F T
A D Y I U P U H T B O E O
S Y T A L R S N S S F D L
T K I C A E I L W D L I O
O C R M V A N I V L A R L
O U A W P R M C E F G E U
B L H E A M B B E E D K H
H E C F I F I H V T A I G
L A F N Z N X N J E Y B J
F L G B G O O D C A U S E
E S M O G N I C N A D I F
```

AUCTION	GOOD CAUSE
BAZAAR	HEAD SHAVING
BIKE RIDE	HIKING
BINGO	LOTTERY
BOOT SALE	LUCKY DIP
CHARITY	RAFFLE
DANCING	RUNNING
FACE PAINTING	SILENCE
FETE	SPONSOR
FLAG DAY	SWIMMING

Dances

```
P K V J F U U L G O K O A
O G N A T S E U I Y B K J
B P G H A E J K J M R R M
I E U M R I T Q I U H L D
V G B W W N J L Z Y O G E
O A R N A C N A C V R Q J
G V E K I F M A Y B N G N
N O T N S Z A Y B I P T G
A T T B X K C M Q S I Q Y
D T I O L A J M S O P I O
N E J O Z L I I T J E I B
A P P G J N V H M C G Y M
F Z C I U O E S L W A C A
V E L E T A P P C L E V M
C D T F J N D D W A L T Z
```

BOOGIE	MAMBO
BOP	MAZURKA
CANCAN	MINUET
FANDANGO	POLKA
GAVOTTE	REEL
HORNPIPE	SAMBA
JIG	SHIMMY
JITTERBUG	TANGO
JIVE	VELETA
LIMBO	WALTZ

Rank and File

```
A L A H S R A M R I A L H
M R L G O G E N E R A L E
I I E J R W P G H R N C L
D E A C E U R O I C O E L
S M D J I M S M H M N A L
H C I J D F D G M O R I C
I O N S A A F O L O E A D
P M G E G F D O P U P J U
M M S R I O C R T T G P Q
A A E G R Y O E A O R O K
N N A E B C N I V I L Z H
V D M A K A N E V I K I Q
S E A N N X M A X S S F P
L R N T R O T C E P S N I
Z P A B L E S E A M A N D
```

ABLE SEAMAN	GENERAL
ADMIRAL	INSPECTOR
AIR MARSHAL	LEADING SEAMAN
BRIGADIER	LIEUTENANT
CAPTAIN	MAJOR
COLONEL	MIDSHIPMAN
COMMANDER	PILOT OFFICER
COMMODORE	PRIVATE
CORPORAL	SERGEANT

```
B Q U O I S L E D U E R M
D U T C H H O E L R E O Z
E Z I C G A J L A M I M C
K B N R U N E U M S J L P
I U G G A P Q A C R V S L
P Q E T L S H Y C O N H I
S R M A T E T G U T E D E
D R C W G H W S H A V E R
N S A D E A P U K V R M S
A U E E S C Z C H I S E L
H L M D H K E Q F T U G L
S X N Z B S I C K L E O M
M A V E X A B C Y U N U V
B P I P E W R E N C H G S
P Q T L W A D A R B F E Y
```

AUGER	PIPE-WRENCH
BAND SAW	PLIERS
BRADAWL	PUNCH
CHISEL	SCALPEL
CULTIVATOR	SCYTHE
DRILL	SHAVER
DUTCH HOE	SHEARS
GOUGE	SICKLE
HACKSAW	SLEDGEHAMMER
HANDSPIKE	T-SQUARE

Olympic Sports

```
W D O G S B G G G T U I T
D O Q N H O L N N Q I D L
X I D I O X O I I X N A S
P C S L T I N C L V S J S
E G G C P N G N I L I C N
N N N Y U G J E A N I D I
T I I C T S U F S T T L L
A E L L H A M M E R L Y E
T O T R O K P L Z A B E V
H N S O E P H S B O Q K A
L A E W B T M D J C C C J
O C R I A T N A Y T U O J
N I W N Q A G X R S J H C
W E I G H T L I F T I N G
S I N N E T E L B A T H E
```

ATHLETICS	JAVELIN
BOXING	LONG JUMP
CANOEING	PENTATHLON
CYCLING	ROWING
DISCUS	SAILING
DIVING	SHOT PUT
FENCING	TABLE TENNIS
HAMMER	TRAMPOLINE
HANDBALL	WEIGHTLIFTING
HOCKEY	WRESTLING

Picnic Hamper

```
V R U P L R A E F H K H V
Y W F I G E X N U C V L E
P W Q W K P G X A I U V T
I V E I T P N M E W G P A
C L O T H E W H T D H W P
K J B C K P O Z A N M E C
L C J C R N L K G A T R R
E T I U R F I A Q S O C A
S H D B O T V R T R R S C
C F S R K A E U E E C K K
C I L E X K S P T N Y R E
W Z J A K J M A L Y N O R
Y I W D S A W Z A O A C S
W E N W H K C C S A L A D
A U C E W F J V F R D U Q
```

BREAD	OLIVES
CAKES	PATE
CHICKEN	PEPPER
CLOTH	PICKLES
CORKSCREW	PLATE
CRACKERS	SALAD
FLASK	SALT
FRUIT	SANDWICH
GATEAU	WATER
HAMPER	WINE

Not on a Diet

```
R K K J M Y L W K O I F O
H O P U D D I N G S Q R Y
H G L N E N I W V W B K L
A X A L F Q U R S E I Q L
M C X N S T K N C E I F E
B E E R R S U O T T O I J
U I R I C B V C F S P G A
R M S P O T A T O E S A N
G A L C O H O L A G R Q R
E S U E U S P E O Q E P S
R P X J E I U D S A M Y M
S I L K B H T G T E R A Z
P H A J H O L S A U E Y K
D C A L H F W X P R W H K
A I S E T A L O C O H C C
```

ALCOHOL	HAMBURGERS
BEER	HOT DOGS
BISCUITS	JELLY
BUNS	POTATOES
CAKES	PUDDINGS
CANDY	ROLLS
CHEESE	SUGAR
CHIPS	SWEETS
CHOCOLATES	SYRUP
CREAM	WINE

```
N O I S R E V E R N U X N
C B D R T W C L A I M O F
X N T M O E E B E D I E S
P O N U C T S N D T X T A
O P E I Y O S S C N D O R
L R M M T Z M E A T C N E
I O T E R A T P V D T R D
C F S R F O J Y A N N E N
Y I E P R D S R E N I V I
B T V P H T L A E H Y O M
B S N L I N S U R A N C E
V O I A E N I T N O T Y R
Z T N E D I C C A G M U I
E E A U Z T C A R T N O C
N J A S S I G N M E N T O
```

ACCIDENT	INSURANCE
ACTUARY	INVESTMENT
ASSETS	INVESTOR
ASSIGNMENT	POLICY
BONUS	PREMIUM
CLAIM	PROFITS
COMPANY	PROTECTION
CONTRACT	REMINDER
COVER NOTE	REVERSION
HEALTH	TONTINE

IN and OUT

```
I Z P Y T O E K A T T U O
I N C E N S E N U P M V G
E H V P W T Y A O V A J N
R N G E T A N R A C N I I
I O N Q S V C T L S I O D
N U I P S T F U U N O U L
L T Y R U T A O D Y U T I
A W L O E H H E R T T W U
N E T H T F P C R V S O B
D A U U W E N T K W I R T
M R O F N I Z I C K Z K U
F Y M D I N S A N E E E O
X Z E X O F W C Z Z S R K
Y N A Y R A I D N E C N I
T H C T E R T S T U O G I
```

INCARNATE	OUTBUILDING
INCENDIARY	OUTCROP
INCENSE	OUTHAUL
INDEPENDENT	OUTLYING
INFERIOR	OUTRANK
INFORM	OUTSIZE
INLAND	OUTSTRETCH
INSANE	OUTTAKE
INSECT	OUTWEARY
INVEST	OUTWORKER

Bobs

```
C M R U C E L O O T C J W
X V Q W D G K M A N Z H F
T E A Y K K F W L N L J O
Q H L H M X G R A Q R H D
S A P H P A L E S H O P L
N T O E U S R D Z S A F E
Z A W W P J A L K M O O G
S K E K A V Y I E V L I S
I I L N I A N U H Y A T T
R L L D S S D B O T X F E
R T O D L S E E L C T P R
A V N J E J N H N Z O A W
H I B Y Y E I T E H N Y M
L H X B O P R U S S E L L
J P K I T V O I S H Q I O
```

DAVIDOV	LINDSAY
DE NIRO	MARLEY
DYLAN	MATTHIAS
GELDOF	MOOG
HARRIS	PAISLEY
HAWKE	POWELL
HOLNESS	RUSSELL
HOPE	SHAW
HOSKINS	THE BUILDER
LAXTON	WEIR

Double T

```
B S Z Z X N K Y R S R W T
O G T R E T T N G G D C H
T R H T E T L G B L Q N O
T I O M I T K U E F X Q P
O H N D E J T I U L F E E
M M A T V T F O T I Z V R
A H M K E E D I T T O I E
T X O R L R B J V T E T T
T F T T G G M W L L D N T
E L T T E K Z I E E L E A
R A O G A Z E T T E S T C
B T K O O T T A T T Y T S
Q T M K U D C A U A E A Z
P E P N O T T O C A D N H
K R H P H M J Q E I P I T
```

BATTLEFIELD	KETTLE
BOTTOM	KITTEN
BUTTER	LETTUCE
COTTON	LITTLE
DITTO	MATTER
DITTY	OPERETTA
FLATTER	OTTOMAN
GAZETTE	SCATTER
INATTENTIVE	TATTOO
INTERMITTENT	TOTTER

Canada

```
O H M O N T R E A L A O Q
R X N G O I R A T N O Y E
G E P I N N I W I V A A Y
L K V C Y M B G B B H I Y
L A P U I R E D N A G T B
B U K L O R I O Y N K O O
Y O Q E T C S N G O L C Y
N S X S L D N Y L T O S A
A O N A U O Q A J N N A B
Q L T H F D U Y V O D V E
U E B T O I B I U M Y O S
E L G E A J L U S D K N O
B V F R R W T A R E E W O
E Z D X W T A S H Y O E G
C L C A L G A R Y M P O A
```

ALBERTA	NOVA SCOTIA
CALGARY	ONTARIO
EDMONTON	OTTAWA
GANDER	QUEBEC
GOOSE BAY	REGINA
HALIFAX	ST JOHNS
HUDSON BAY	SUDBURY
KLONDYKE	VANCOUVER
LAKE LOUISE	WINNIPEG
MONTREAL	YUKON

Sixties Musicians

```
C Z R O U Q S U T A T S O
M F O U N D A T I O N S H
U U M M N A L Y D B O B W
Y O R O Q L J E I G F S E
Q A M A Q F I C H E R E H
H S J O H N F R E D K C T
O K Y M A L D O N O V A N
U L U L M O O E J Z P F M
S R E K A M E C A P S L S
I M H Z I K S Q O D N L P
V N F L C Y O K R R A A Z
L K L D K K J Y N M P M E
E I S N B J B O I I J S H
E E D I K I K N F E K G J
A N C I L L A B L A C K J
```

ANIMALS	KINKS
BOB DYLAN	LULU
BYRDS	MELANIE
CHER	MILLIE
CILLA BLACK	OSMONDS
DONOVAN	PACEMAKERS
ELVIS	PROCOL HARUM
FOUNDATIONS	SMALL FACES
JOHN FRED	STATUS QUO
KIKI DEE	THE WHO

```
E C U A S Q B B T Y U I K
B U N E M P K Q S V N R E
P U Y F G Y R C K O U L D
T O E M N A A A R L S B P
D R R S O P S E W O Z A S
I A I E E Z P U N N Z C E
C C X R G P Z E A U S O I
E L S I E A P A K S F N V
D E E P P A N C R U S T O
P S J O L O L O M E H A H
O E N A X A Y O Y H L G C
R E J O G A R L I C U L N
K H C H I C K E N O Y O A
N C W H V N G Y D I U Q S
M A H D E K O M S Q U U U
```

ANCHOVIES	JALAPENOS
BACON	MOZZARELLA
BBQ SAUCE	ONIONS
CAPERS	OREGANO
CHEESE	PEPPERONI
CHICKEN	PRAWNS
DEEP PAN CRUST	SAUSAGE
DICED PORK	SMOKED HAM
DOUGH	SQUID
GARLIC	TUNA

V Words

```
V L L E X A V X U H Y S O
Y E L D K E E Y Z J U E C
I I G E T I L R V O H V I
V F U E O V O T I N G R Z
E I M N T S S R V P K E Q
D D N B O A O A A I M V J
E I E E R L B E N T P A V
K L D Y G W M L K K S E V
W I I N M A I B E D N I R
V L I T W I R M U U C A V
R A V P A E L S S E E T G
V R Y V A L L E Y V I S A
A P I E U G O V O R T E X
M Q N E W S C V Z U B F B
A Y G P B D T O X P U Y M
```

VACUUM	VILE
VAINGLORIOUS	VINEGAR
VALLEY	VIPER
VAMPIRE	VISA
VEGETABLE	VISTA
VENUS	VOGUE
VERVE	VOLATILE
VET	VORTEX
VIDEOS	VOTING
VIE	VYING

Commonwealth Countries

```
U T A U N A V A S K T G S
Z A M B I A I X U N W W O
R I A Z L D O I I U A M D
D B V S N I O O T Z H C A
I I F I S H F G I G G H B
K M T U T G S L R H I S R
S A M O A B A E U T L E A
H N S R E N N V A A B D B
G E U L D A M M M N O A A
L H I G D S A D F Z T L G
F Z A A A L Y I T A S G N
E C P N T N W N D N W N O
J K D A A I D I R I A A T
S U R P Y C X A N A N B D
S Z A I L A R T S U A W J
```

AUSTRALIA	MALTA
BANGLADESH	MAURITIUS
BARBADOS	NAMIBIA
BELIZE	SAMOA
BOTSWANA	SWAZILAND
CYPRUS	TANZANIA
GHANA	TONGA
GRENADA	UGANDA
INDIA	VANUATU
LESOTHO	ZAMBIA

Armistice

```
A J T S A M F L A H J B N
G W J G H B O S N I A U A
Z O A R Y T X L V S D L L
L R R N E M A U U R G I I
A L M A N Y C E E W G H M
S D I J M I A V R I Z A Q
T W S S E V V R V W H R Y
P A T O A C E E P M O N S
O R I M L B I T R Z P Y B
S O C M M Y R V B S P O N
T N E E M E Q A R P A B Q
J E V R N O T Y O E M R I
A O A C S T V P V J S K Y
N W H J L A X R O L I A S
H D R E N S D A S P T T V
```

ANNIVERSARY	POPPY
ARMISTICE	PRAYER
ARMY	SAILOR
BATTLE	SERVICE
BOSNIA	SOMME
HALF-MAST	TRENCH
LAST POST	VERDUN
MONS	VIGIL
NAVY	WORLD WAR ONE
NOVEMBER	WREATH

```
E L K E L G N I J K G H X
L N K T O A T F T Q S C E
V L O H E L M E T U T N U
W H E L K B O E L A A O X
N B C S A Y Y I O H M C J
E E I Y S B T R Q O M E Y
N I E T C U A W W G O T K
C S E D A H M O K C N V C
R R D N L U I C J J I X O
I A K Y N E V T N W T E D
N O Z D Q V S E O Z E R D
I S X O F M W H H N N U I
T Q T U R B A N E B O M P
E R U A E R T I U L C T N
B S U K R J M F F V L A Z
```

ABALONE	MUSSEL
AMMONITE	NAUTILUS
CHITON	NEEDLESHELL
CONCH	OYSTER
CONE	PIDDOCK
COWRIE	QUAHOG
ENCRINITE	RAZOR
HELMET	STAR
JINGLE	TURBAN
MUREX	WHELK

Indoor Games

```
P C S D R A I L L I B D C
F L S O L I T A I R E H H
I O Y M C M A R B L E S R
L O D H E T A Q S C T O E
R P E I S O Z E K R U O E
I S R A K G V E T L T L I
S S N C G I R B E C B V I
G A P M F S A T A B S M M
C G M Y E C T T A D E I P
B G O V H E C R V I D G J
N R E O D I C H J A A I A
G N I L T S E R W M R A C
S N T D N X F P B D A T K
H M R S G K H J Z L H Q S
I A T O L E P A K O C G X
```

AIKIDO   JACKS

ARM WRESTLING   MARBLES

BILLIARDS   OLD MAID

BRIDGE   PELOTA

CANASTA   POOL

CHARADES   ROULETTE

CHECKERS   SCRABBLE

CHESS   SEVENS

FIVES   SOLITAIRE

I SPY   TIC TAC TOE

Artists

```
S D T C A N A L E T T O J
T W S X T R C J F U T V G
E V E R M E E R B R U Y N
E C W T I N I N R E B M Y
N U O I A Z C G O D S F N
A Y Q T W Y H I N I I B I
I C N I M V O B W X R N U
R B T A V A A G A U G I G
D V N N D L N H N J S C U
N A Q O T U R N E R V Z A
O Y V H L O W V A G N X G
M E U I D D J I B A C O Z
Q S X I E I E B M W O D N
Z B N F H S V T X K Y L D
L E N I E B L O H S N A H
```

BALTHUS	MANZU
BERNINI	MONDRIAN
BRUYN	NOLDE
CANALETTO	RENOIR
COTMAN	RODIN
DAVIES	STEEN
GAUGUIN	TITIAN
GOYA	TURNER
GRIS	VERMEER
HANS HOLBEIN	WEST

US Presidents

```
F G A N R Z X T A S V X K
W K P O Q G E I N W E N W
A C H S U B L C J A O O V
S X L I V S W Y R S R O G
H E S R Y D E N N E K G M
I E Y R V N P H P Z I O D
N R R A O P O H R S N P U
G O S H H J N I O R O E A
T M M A T O H B O I S W R
O L A I A G K E S R K R T
N L D N A L E V E L C O H
J I A P O L K A V E A L U
T F A T Q N G J E E J Y R
X P O N L A V W L L U A R
N O X I N N E P T O Y T G
```

ADAMS	KENNEDY
ARTHUR	MONROE
BUSH	NIXON
CLEVELAND	PIERCE
FILLMORE	POLK
GRANT	REAGAN
HARRISON	ROOSEVELT
HAYES	TAFT
JACKSON	TAYLOR
JOHNSON	WASHINGTON

```
Q R C O F X U B L Y E G G
C H I T I N Y I A C C N S
A R S D F C A L B R I Z G
G E E Q R T Z I F H A N Z
N U F R N A T D C T I C B
U X B R U I G T I L O Q S
A I O Y N O I O Y C Q B E
R H F G L F P A N L E G S
T E M Q O A R A I F I L N
Y L F D A G E L V P L N R
L P L I D Y Q M N R F Y S
E M P U S S M O T H H P W
P I C C Y L F E N A R C A
E S L I A T G N I R P S R
O G A M I T H I X L U U M
```

BITING	ITCHING
BOT FLY	LEGS
CHITIN	MEALYBUG
CRANEFLY	NEST
DRAGONFLY	PUSS MOTH
ELYTRA	SCARAB
GADFLY	SIMPLE
GRAYLING	SPRINGTAIL
HORNTAIL	SWARM
IMAGO	VAPOURER

Ironing

```
B O F Z B V M N N Z Y E C
H T O L C P M A D A A C G
W O N A A W B H X G S D T
Y U J V L T I V C E O V E
P L E A T S T U V R C C R
X X N E N I L E I A O X U
S N E H U W E S N L T C S
W O N T O L R R O A T Z S
C P L Y S Y O E A I O D E
U S W E L D H S V R N N R
F M D F P O C U W E L A P
F A L R M L N O P T R T S
S E T D K B A R N A B S P
X S T E A M S T R M K Z E
O P V X S E S A F R C H J
```

CHORE	PLEATS
COTTON	PRESSURE
CREASES	REVERSE
CUFFS	SCORCH
DAMP CLOTH	SEAMS
FLATTEN	SLEEVES
FLEX	SOLEPLATE
LINEN	STAND
MATERIAL	STEAM
NYLON	TROUSERS

Party

```
N P U S E E N K H F S P W
I H N O I S A C C O E A O
E U C E B R A B N A S T H
V B A L L R O O M S V O E
O D A F O T I B A X A E N
L E E N L A V I N R A C N
E E F N Q S L L B A Q D I
E R W G G U S H I N D I G
R I E R G A E X T B R A H
O O D J I A G T A K Q L T
B S D A H I U E A K T A P
M E I Y N B Y Y M T H T C
A K N E P C R E V E L R Y
J C G G H O E D O W N V T
A I L A N A H C C A B T K
```

BACCHANALIA   HOEDOWN

BALLROOM   JAMBOREE

BANQUET   KNEES-UP

BARBECUE   LOVE-IN

BIT OF A DO   OCCASION

CARNIVAL   REVELRY

DANCE   SHINDIG

ENGAGEMENT   SOIREE

FETE   WASSAIL

HEN-NIGHT   WEDDING

Stars

```
C R U H P G Y X T L J B A
M A F U T P C F K T W E T
E V N J P R J A L L J N L
R P K O C S O P P D F E V
A D P V P G U T B E G D S
K D E V W U I I S I L U E
X G C I P P S U R A K L R
A X U L L O P D S I C B A
N O Y C O R P O S E S M T
N R P X A K M Z A L H W N
F I I C S I R A L O P T A
D P I A M A R C T U R U S
C P X I T Y K R A Z I M Q
S R E G U L U S L Q U J W
M F N G T U A H L A M O F
```

ALTAIR	MIMOSA
ANTARES	MIZAR
ARCTURUS	POLARIS
ATLAS	POLLUX
CANOPUS	PROCYON
CAPELLA	REGULUS
CASTOR	RIGEL
DENEB	SIRIUS
FOMALHAUT	SPICA
MERAK	VEGA

Gold and Golden

```
F L A C S W Q S P V B G Y
H A I R O D Z N O O I N T
V R A L E D R O H F U I I
W E G R N I E I T L S R N
Y A P T B O L N P O J R U
S S T B W N G I F T D A T
K Y O T U K A P L O V E R
O N R M L D E O K F Z E O
C I B U A E Y T H B T V P
S E K E P M H E S R O K P
R N R W E A U L I I I X O
A H Y D X K R E W L Y L K
T F A N N I V E R S A R Y
S L O B G E B O Z Q U Y J
Y U S P R V I O F P G V Z
```

ANNIVERSARY	OPINIONS
CALF	OPPORTUNITY
EAGLE	PLOVER
EARRING	RETRIEVER
GIRLS	RIBBON
GLOW	STARS
HAIR	SYRUP
HORDE	THREAD
MEDAL	WATTLE
NUMBER	YEARS

Furniture

```
T W P Z R T Y T N C X U L
B R Y H E B E A G U R O G
R X V K I P C J N R E P I
G E H F R C H E S T V P K
H J A A D E S K U A R I X
F Y C D N Z O K A I A A H
R O B Y I J Y M M N C N T
E B U Q P N N J B S B O T
E L N R S S G A S F I R E
Z L O Q P K E L B Q D H S
E A O S C O C T A H G C O
R T Q O S V S Q T M R U L
W R L O T M R T B E P O C
J C F L G S O V E N E C M
S A X P U R A N O R R D T
```

CARPET	GAS FIRE
CARVER	OVEN
CHEST	PIANO
CLOCK	READING LAMP
CLOSET	SCREEN
COUCH	SETTEE
CURTAINS	SOFA
DESK	SPIN DRIER
FOUR-POSTER	STOOL
FREEZER	TALLBOY

X Words

```
X J I P W F O J N H X X O
V E C O G Y X H N E Q I N
X B R X Y L O G R A P H Y
A M S O L Y X O T R E X X
P S I I P C P Y L U F E Y
O C U C R H G W D A X B L
C L E C I Y Y L S E E E O
O Z N L I B X T R R N C P
L X E X X N O X E E I G I
Y Y L A X E E H X M A S A
X L Y V Y S N X P S L V Z
Q E X I L Z S O O O V M H
W M E E A H N H N R N D I
J H Z R N O X U I Y G E J
T B C I H P A R G O R E X
```

XAVIER	XHOSA
XEBEC	XMAS
XENIAL	XYLAN
XENICUS	XYLEM
XENON	XYLENE
XENOPHOBIC	XYLOCOPA
XEROGRAPHIC	XYLOGRAPHY
XEROPHILE	XYLOPIA
XEROPHYTE	XYLOSMA
XERXES	XYRIS

Uniformed Personnel

```
A T C E D H X R N N U T Z
I M A F U R A E A L D H Q
R L P I L O T T M Y O E T
S A T W R R C R R D O W N
T R A D R E R O I L R F A
E I I I Q P T P A E M N M
W M N M Z E D I I S A O T
A D I S V E X D A J N E S
R A M A Y K L X F W N G O
D E A I V O G B N I I R P
B R I L S O B R W U R U U
U C D O Y Z A L M Q R S Y
R J H R C M U T L R H S M
A E D E I R E N A E L C E
R W S U F R C E R D B O P
```

ADMIRAL	NURSE
AIR STEWARD	PILOT
AIRMAN	PORTER
BELLBOY	POSTMAN
CAPTAIN	SAILOR
CHEF	SOLDIER
CLEANER	SURGEON
DOORMAN	USHER
MAID	WAITER
MIDWIFE	ZOOKEEPER

Famous New Zealanders

20

```
I T B M F B C B S H Y P G
A L D A H R H V J U E E I
I Y W J T I A C P J L A L
P L P U I T L M O X L R L
A T A C K T E J E D A S I
D I R M J E L N I T R E E
L N K A D N Z M S W F U S
E S C H D I R I B S A R M
I L U P N A H T A N J K E
F E B U I B W W G C C D E
S Y W D O L E X N K L Z S
N R C W N O S D U H L Q Q
A A E Q S N O D R C L X Q
M N Y D D Z E X P Q I V J
H D L E I F H C R U B F R
```

ALDA	HUDSON
ALLEY	MACDIARMID
ATACK	MANSFIELD
BATTEN	MURDOCH
BOWEN	NATHAN
BRITTEN	PARK
BUCK	PEARSE
BURCHFIELD	TINSLEY
FRAME	UPHAM
GILLIES	WAKE

23

Bible Books

```
N Y V T D T B A I F A B L
S O Q J I Q X S C D P X E
H A I T X I G G N V C J O
A S U T A S H E V A A P J
C S M F A M C C N X M H U
I R U T H L O M A E O O G
M J L Z X A E G J L S I R
N J T Q R S F V R A A I Z
M X U U E P H R E H M M S
M V A D G H S A O R U E Q
G J S K E A N S I H T U S
H A G G A I E N A D P B H
S N O I T A T N E M A L X
H A N O J S K N U U N B M
P I T S A I A U H S O J O
```

AMOS	LAMENTATIONS
GENESIS	MALACHI
HAGGAI	MICAH
HOSEA	NAHUM
ISAIAH	OBADIAH
JAMES	PSALMS
JOEL	REVELATION
JONAH	ROMANS
JOSHUA	RUTH
JUDE	TITUS

Account

```
Q Z N D Q E M N S H B T Y
V D E D R D R E U C S L T
S B E W U E L O T M L I I
T X Y P X S K T C A B P R
A L D R O C E R T S M E T
T B I L L R E T S I G E R
E O Z C V I T G W A J C E
M R L S N B S R R I O U C
E E E U S E T D A M S R H
N C Z M Q H L R P Y E B A
T I M M K W X U O D R R R
Y T M A O T T K I P L T G
T A X R I E K T X L E R E
J L T Y T I D I N G S R D
S H B I M E P R O F I T O
```

BILL	RECORD
CHARGE	REGARD
COMPUTE	REGISTER
CREDIT	REPORT
DEBT	SCORE
DESCRIBE	STATEMENT
NUMBER	SUMMARY
PORTRAY	TALLY
PROFIT	TIDINGS
RECITAL	WORTH

Russia

```
V Y B O R G V M V G Z G D
F F N C R U O D U O R X K
M U G E H T T E W U L K D
I J E S L I S A B T S G M
Z R B G I I O S A T H D A
S D K N R N R A U N E I E
M I D U D E Z K J F R A S
O X B J T U B H I K M M A
L T H E A S T A J R I O R
E Q P Y R V K L F E T N A
N T Y B M I T I C M A D K
S U Z D A L A N C L G F S
K W T H E D U M A I E U X
A E S E T I H W U N E N O
H M W O C S O M C L F D I
```

DIAMOND FUND	SMOLENSK
FABERGE	ST BASIL'S
HERMITAGE	ST PETERSBURG
IRKUTSK	SUZDAL
KARA SEA	THE DUMA
KREMLIN	THE GUM
MOSCOW	VOLGA
ROSTOV	VYBORG
SAKHALIN	WHITE SEA
SIBERIA	YAUZA

Famous Redheads

```
N O T L E K S D E R J A V
Y O L A N R Y M H A A R Y
M A R K T W A I N E M T R
J D Z D S I G Q C V E A R
B K X N Y L D N B Z S P A
E E R U F Q E R P H J O H
T R X O K R Y H A N O E E
T I M P W I E R Q H Y L C
E K P A E L N V O U C C N
M T L R T L I G A B E I I
I H Q Z U I Q N D L R Y R
D E K E N Q T V G A D O P
L R F H K M T I I S V O Y
E E Z C N R E D A D A I R
R D L E Y A K Y N N A D D
```

BETTE MIDLER	MARK TWAIN
CLEOPATRA	MYRNA LOY
D H LAWRENCE	PRINCE HARRY
DANNY KAYE	RED ADAIR
ERIK THE RED	RED SKELTON
EZRA POUND	RICHARD I
J K ROWLING	ROB ROY
JAMES JOYCE	ROD LAVER
KING DAVID	TITIAN

Coins

```
W N I O Z J B I F N S F E
C K B K G U I N E A C O V
R O A O X L T P H V O E U
O P S B X Y N G U F B T S
W O A O V T N A Z E B A W
N N D L L I G S J A U T V
O U N R H O O J N K D S W
B P A T E H Z G V L I E H
L T R O P P E T Q L M C R
E A R G K L P U E D E N E
F C E D K W J O N W O E L
Q U G R O A T U C X R P A
C D U E X D O I J N B X H
T H R E E P E N N Y B I T
O C K D O U B L O O N S C
```

ANGEL	KRUGERRAND
BEZANT	NOBLE
COPPER	OBOL
CROWN	POUND
DIME	REAL
DOUBLOON	SIXPENCE
DUCAT	SOU
FARTHING	STATE
GROAT	THALER
GUINEA	THREEPENNY BIT

Customer Service

```
J T C E U E U A Z M A T N
Q K G A N T C R D B F G O
P K P A V O S N Y U V N I
E L P O E P H U E Z Q I T
V N H H F N K P R I H D A
S T H G I R O Q T T T N R
A H F Z B C L I E N T A E
Z W N E T S I L T N I T P
L G N I N I A R T C O S O
L P L E H M E A B S A R O
I E V P A F C C O A R E C
K C K E W T O H Z C M D R
S A T I S F A C T I O N C
P R O D U C T H U F G U P
W E L O Y A L T Y S W A E
```

CARE	PRODUCT
CLIENT	REACTION
CO-OPERATION	RIGHTS
FOCUS	SATISFACTION
HELP	SKILL
LISTEN	TACT
LOYALTY	TEAM
PATIENCE	TRAINING
PEOPLE	TRUST
PHONE	UNDERSTANDING

Dragons in Myth and Story

```
H V I I G S I H P O P A T
A A Z A P A L A L A L I G
P N H X F H G H A C A U N
F F C T U L A U G M H S O
L A L A A Y X K A S V I L
A L F V L C M T U M P R D
D K U N Y A S M A R S G N
O O G K I C G L D J Y N A
N R R F F R E O V R M U L
O C A R D F Z M N J E U Y
L V V S I T M D A N N Y A
V K O C L E W A W R N D M
I V E J C F G R I A U L E
G N U R U A L G H C N U U
T B E S R B I B Y Y C M M
```

ANCALAGON	GRISU
APALALA	HAKURYU
APOPHIS	LADON
DANNY	MALEFICENT
DRACO	MAYLAND LONG
DUCY	MUSHU
FAFNIR	SCATHA
FALKOR	SMAUG
GLAURUNG	TIAMAT
GRIAULE	WAWEL

Mathematics

```
K U C I T E M H T I R A R
S U C A B A S H T A M G C
U M L O I Q I N T E N K L
E S U M S R N I O Z J A Q
V T F L D I O N P U T L S
K H A N T N N U A O B L C
P T V L A I N E T E R J I
O B I L U U P G T I M E T
I S G M M C K L C U R E A
G I M B E L L O Y E L X M
L B E G R S M A W U P C E
L R G Z V P T O C A C T H
P L U S L E P A K U L C T
Y R O E H T U X B K E N A
O F X Y I N T E G E R I M
```

ABACUS	NUMBER
ARITHMETIC	PLUS
CALCULATE	POWER
COMPLEX	RATIONAL
COSINE	SUMS
CUBE	TAN
INTEGER	THEORY
MATHEMATICS	THIRD
MEAN	TIMES
MULTIPLY	TOTAL

Growing

```
C G A A T K T S O E W U D
I N C R E M E N T A L E A
B Y Z I I K Y R E D D E E
M F G D X S L L P M T R R
I E K E N G E G D A G I P
L E E X P A N D N F W U S
C G N I S I R I Y A T Q A
P G Z W R E M N D R H C P
T R E U G R E M J M C A M
L L T R E G H G P I F Y Q
L A U G O S P R I N G U P
M S J T W P N O E G R U B
B O N L A P N W K A G U J
W O O K G N I T T E G O A
U N Г B O F I H E I G H T
```

ACQUIRE	GROWTH
ARISE	HEIGHT
AUGMENT	INCREMENTAL
BOOM	MATURING
BURGEON	ONTOGENY
CLIMB	RISING
EXPAND	SPREAD
FARMING	SPRING UP
GERMINATE	SURGE
GETTING	SWELL

Babble

```
J T E T A R P F N B C C D
Q O A V P X F E A H C J V
B H F T K U J B Y N M H B
A E E L T Q B M D S O L E
L N L S U L Z R Z H A S J
D I T R E M E P S B S V A
E H T J E O M A P O R S B
R S A R S V W E R E F T B
D N R U R H A D R G O A E
A O P E S E W L F Y N H R
S O E I H H T R A S H C O
H M W G Y T O T S P I T V
S W B E D T A M A K E I Y
X W J Z H U T L V P S H U
R E B B I G F M B D M C E
```

BABBLE	JABBER
BALDERDASH	MOONSHINE
BLAB	PALAVER
BLATHER	PATTER
CHIT CHAT	PRATE
DROSS	PRATTLE
FLUMMERY	STUFF
FROTH	TATTLE
FUDGE	TRASH
GIBBER	WISH WASH

Noisy

```
Q N I Y W L S O A O P U C
G G N W Z T H G A W U L L
Y N N Z A C F N G M R E A
L B I I E I Y I Q Q R N T
D F R G M A L G F M I I T
M U I A N M T N C B H H E
A U H E Y I U I A A C W R
L X J T K F P R L W F O T
S M A C K M K A D W B T U
M A A U C H I M E R O M C
V R Y A J Q T U U T X H X
C L X Y D G F M R D I P L
S C R E E C H B V N X F A
W G F W V L H C T A R C S
V X Z Q Z C P M C X J X J
```

BARK	PINGING
BRAY	RINGING
CHIME	SCRATCH
CHIRRUP	SCREECH
CLATTER	SLAM
CRACK	SMACK
DRUMMING	THUD
ECHO	WAIL
FIZZ	WHINE
HOWL	YELP

Boats

```
G C E T T D W E D O U C R
P O L A C R E O A U H Z L
R V J S L N Q T D G A E S
E C O S N L A Y M B L H M
S P N C L T R T I V I U S
I M U N W O Y Z R P R Y K
U N L V D C B W A A G T H
R A B R I G F E L U T Z O
C Z G N G I X L T C M O Y
R A F T M A R P Y E S A G
E C C B V E C E B E X I L
V E S S E L S O A T G Y E
I N Y D K I A Q R T M N U
R C I V A T Y S G E L M K
G G C V Y O V P E S K B A
```

ADMIRALTY BARGE	PRAM
BRIG	RAFT
DORY	REED
DOW	RIVER CRUISER
E-BOAT	SETTEE
FLY	SHIP
GIG	TARTAN
HOY	TUG
MTB	VESSEL
POLACRE	XEBEC

Ample

```
Z E U S U O I C A P S K J
L U F I T N E L P G U I S
X R I C H L L D H S O S U
H D A O F U A Q G D R U O
P E M P F J Z R V L E O I
E D P I M R X L G E N E C
S N L O K U A X V E E T A
O E E U A R O I C G G N P
I T V S E C S I X R F E A
D X Y B Q N M W C E O L C
N E I I E O E H D A B P H
A L R T E S Y A B T P I W
R F X Y M O O R S E O N G
G E D I W R L A V I S H D
M T E F B F P U F S R I I
```

AMPLE	GREAT
BIG	LARGE
BROAD	LAVISH
CAPACIOUS	LIBERAL
COPIOUS	PLENTEOUS
EXTENDED	PLENTIFUL
EXTENSIVE	RICH
FULL	ROOMY
GENEROUS	SPACIOUS
GRANDIOSE	WIDE

Countries of the World

```
B A I N O D E C A M R H R
U P Z T V N E N G L A N D
L A S Q N A L L B S Y B U
G R S M W L H X I A A Q Y
A A U P Y E M E N H O Y S
R G R Y Y C Z R A C C D T
I U P U C I V M I S N M G
A A Y E S E A F R A N C E
I Y C T C S U A L O X T V
R L B Z R E I R N X U C M
E Z I L E B E A U N G O K
G J J Y L H B R I G N A J
L F P P T E E S G A U C X
A W L E L E I S C T Q A Y
F K N Z W A J O R D A N Y
```

ALGERIA	JORDAN
BAHAMAS	LEBANON
BELIZE	MACEDONIA
BULGARIA	MONACO
CHILE	NETHERLANDS
CYPRUS	PARAGUAY
ENGLAND	RUSSIA
FRANCE	TUNISIA
GREECE	URUGUAY
ICELAND	YEMEN

Holidaymaker

```
G Y Z F S I K V T L P N G
R L V P A R E M A C D U Y
O K A A L S P T Z I I R S
U M V O Y A G E N D E Z E
P G N I P M A C E N W M T
H Q T E E W P G E H B O L
S C L O Q W A C O A R U N
Y L A A U G S L R M P T D
A E K E G R I K K A M I U
B T Y U B D I W S I Q N T
Y O L Y A N T S C R N G Y
E H C Y G R P A T A I G F
D V S T R O P R I A D U R
N W T M R J O U R N E Y E
D X R T T I G T O S Q C E
```

AIRPORT	JOURNEY
BEACH	LUGGAGE
CAMERA	MAPS
CAMPING	OUTING
DUTY FREE	PASSPORT
EMBARKING	SCENERY
GROUP	TOURIST
GUIDE	VIEWS
HOLIDAY	VOYAGE
HOTEL	WALKING

Words Starting with RED

```
R  T  Q  F  K  R  S  M  E  D  U  A  W
C  R  E  S  C  E  N  T  X  R  C  N  F
O  A  P  L  C  E  B  D  W  A  R  F  L
A  E  W  E  U  O  S  J  N  C  M  E  H
T  R  O  Z  K  P  Q  D  B  H  D  D  N
W  T  O  P  I  H  K  M  A  Y  V  S  H
N  N  D  D  K  C  I  R  B  E  L  D  V
D  A  E  E  G  A  B  B  A  C  H  H  S
E  R  G  A  L  F  P  E  R  L  X  Q  S
D  R  B  A  D  E  A  R  T  H  U  F  R
O  U  S  H  P  M  S  T  A  I  D  R  T
O  C  J  P  O  N  I  E  R  A  N  N  O
L  U  E  J  L  P  F  R  C  A  I  Z  H
B  R  R  Y  L  D  E  P  A  A  T  Q  V
B  S  R  N  F  L  X  G  C  L  F  S  Q
```

ADMIRAL	FACES
BLOODED	FLAG
BRICK	HEAD
CABBAGE	HOT
CARD	PEPPER
COAT	POLL
CRESCENT	SPIDER
CURRANT	SQUIRREL
DWARF	START
EARTH	WOOD

Summer and Winter Olympic Venues

```
N I L R E B D Y E F N N S
E C Q U J S S R M Q Y A G
G Y Q P E T S A D E L V Z
D W V O O N D G L T U M R
O Q U K E R S L L P A L L
R L Y H E T A A H T A O A
O O T T L V K C L E Y H N
P A S O W E K A H E K K T
P M U A C M N L N N M C W
A I U I P T U D O F I O E
S Q T N A H Y N G N L T R
S Y Z W R S W F I F D S P
E Z A N I T R O C C L O L
I K N I S L E H C A H J N
R Y U S N O Z M I T I N G
```

AMSTERDAM   PARIS

ANTWERP   ROME

ATHENS   SALT LAKE CITY

ATLANTA   SAPPORO

BERLIN   SEOUL

CALGARY   SQUAW VALLEY

CORTINA   ST LOUIS

HELSINKI   STOCKHOLM

LONDON   SYDNEY

MUNICH   TOKYO

```
C E T U B E R O S E D O Y
V R N E C T A R I N E U K
S X Y G I L Y Q O Y M R E
T K C O L M I M O S A Y T
H S F J O I L U E W S O A
A U R K R A S A Q K C I L
I M C E E A G H E N N N O
C E B D N R I E R E O A C
O T N E A I V S D O I J O
C I P S R V M R E S S G H
O H S E I G A S H E N E C
N W C O O G R C A A R R K
U E L G A N U I M J P F R
T E N Y M F Y T S D S N A
T U B E O T E L T S I M D
```

ALMOND	MIMOSA
AMBERGRIS	MISTLETOE
DARK CHOCOLATE	NECTARINE
ENGLISH ROSE	NEROLI
FREESIA	PEONY
FUCHSIA	SEA GRASS
GARDENIA	THAI COCONUT
JASMINE	TUBEROSE
JONQUIL	VIOLET
MANGO	WHITE MUSK

Indian Towns and Cities

```
I  A  N  N  E  H  C  F  Y  G  P  A  G
A  A  E  C  B  H  O  P  A  L  P  S  S
B  R  D  V  K  M  I  O  K  A  Y  J  A
M  G  F  O  A  H  M  V  X  G  T  P  B
U  A  C  R  L  R  B  E  R  O  D  N  I
M  H  I  D  A  B  A  R  E  D  Y  H  E
I  B  H  T  H  U  T  N  I  R  M  C  N
X  K  L  S  T  P  O  J  A  C  U  I  K
K  A  E  X  U  I  R  H  A  S  J  T  A
N  O  D  N  N  R  E  L  B  I  I  B  N
A  J  L  Y  U  T  A  U  R  R  P  X  P
G  I  Q  K  I  H  Q  T  F  T  Z  U  U
P  A  T  N  A  R  A  D  O  D  A  V  R
U  F  Y  M  S  T  M  Y  Z  P  U  N  E
R  D  A  B  A  H  A  L  L  A  T  A  R
```

AGRA	KOCHI
ALLAHABAD	KOLKATA
BHOPAL	MEERUT
CHENNAI	MUMBAI
COIMBATORE	NAGPUR
DELHI	PATNA
HYDERABAD	PUNE
INDORE	SURAT
JAIPUR	VADODARA
KANPUR	VARANASI

```
D F K Q E F I F E I K Q W
N F X R X H O N T I L O Y
I Z F X U X U E H K L N D
W U P R Y T S Y G F L L O
G D U G E O K M I O A L L
O T E B P S Y K T E Y A E
P N D X S U H R R I E S M
E L E F X P U E I S F W J
N H D L F Q H K A A W U O
N Z I E H T A E R B C N W
E E S S E N T H G I L O Y
S P P D X J G B X P L Z U
S H L T U B E L B B U B G
L Y A V V E N T I L A T E
I R Y V V L E V D C X I W
```

AIRTIGHT	LIGHTNESS
AIRY	MELODY
BLOW	OPENNESS
BREATHE	OXYGEN
BUBBLE	SEAL
DISPLAY	TUBE
ETHEREAL	TUNE
EXPOSE	VENTILATE
FLOW	WIND
FRESH	ZEPHYR

Greece

```
C N W Z A O Z I X X E R E
E U T X B N C N G Q M S R
E T E R C O I L W O D K A
S U E Z V N H G U N A R U
E R A O S R M N E P E T Q
N H O P L N T G L A T E S
A O U I O A E A R B I E A
C D Z H T L K H F K D J M
E E O H I A L A T O O S G
D S O K V Q A O R A R E A
O S A K V M R E T A H V T
D R E T S I N A G S P I N
K H L J Y C W P L E A L Y
I O A N N I N A I Z A O S
Z R A C R O P O L I S N C
```

ACROPOLIS	MOUNT ATHOS
AEGEAN	OLIVES
AEGINA	OUZO
APHRODITE	PARAKALO
APOLLO	PLAKA
ATHENS	RAKI
CRETE	RETSINA
DODECANESE	RHODES
IOANNINA	SYNTAGMA
LEGENDS	SQUARE
	ZEUS

Camping

```
M G H C T I P U R A I N J
A O G P Q F T F L A P E C
R H S C T N L B T O F U M
S P A M E D Q C L I Q S T
H B O T T L E E N E H G E
M T V F L U S K M B R K D
A R V S R V T I D J B K O
L I R O P E S O U E X U C
L A E V K W A D U H J Y Y
O N V C O M P A S S C E R
W E O S U R H T M G T S T
S P T G F I R E W I T V N
J O S V L E A L S A N S U
P M F O A M Y K M J Y W O
M Q V M K U R F Y X B R C
```

BOTTLE

COMPASS

COUNTRY CODE

FIRE

FLAP

MAPS

MARSHMALLOWS

MATS

MUGS

OPEN AIR

PITCH

POCKET KNIFE

POLES

POTS

RAIN

ROPES

SITE

STOVE

STREAM

TENT

American Countries Capitals

```
B E B H A V A N A O Z U T
V Z L O Q K W A E O A D M
S A C O G J C D M T I B Z
A P A T T O I W A I A U S
N A Y S R V T U S U L E A
T L E E H G A K Q A N N
O S N T S A N J O S E O S
D R N A T M B U A T S A
O O E A I N R N W N C A L
M T M A H A C A V J A I V
I L G H S I T X M U R R A
N O Y I O T O L H A A E D
G E L N O C J P D N C S O
O I Y T I C A M A N A P R
A C D N O T G N I H S A W
```

ASUNCION	MONTEVIDEO
BOGOTA	OTTAWA
BRASILIA	PANAMA CITY
BUENOS AIRES	QUITO
CARACAS	SAN JOSE
CAYENNE	SAN JUAN
HAVANA	SAN SALVADOR
LA PAZ	SANTIAGO
LIMA	SANTO DOMINGO
MANAGUA	WASHINGTON DC

Grape Varieties

```
V Y N P T U A S N I C X O
Z I Z W I B O A Y A O Q J
U O D Z U N K P R R R D E
Z N I A M C O E T U A G D
U I L O L A P T R I I H R
T R N X N B L M N N M V E
O A C F F A L V O O E A V
L B E V A R G A A Q I R R
R L B F H N I E N S O R S
E A L S I H D E T C I Y M
M A A J Z A N E S R L A P
T E M P R A N I L L O O B
H Z L S B E F O N Y I V E
E H R E N F E L S E R N P
Z T P I N O T B L A N C G
```

ALBARINO	ORTEGA
BUAL	PINOT BLANC
CINSAUT	PINOT NOIR
EHRENFELSER	RIESLING
FIANO	SYRAH
KERNER	TEMPRANILLO
MALBEC	VERDEJO
MALVASIA	VIDAL BLANC
MERLOT	VIURA
OPTIMA	ZINFANDEL

Kitchen Items

```
G H T C C Q J B Y C N P L
R S O E V T W K U W A U W
A I P R A M E K I N P C O
T D A E O T U A T X E A B
E N E A T L E J P S C E P
R I T L G D L A Y L U T U
L T E B U H W I S P A Z O
A A V O L O K W N P S T S
L R D W H I S K G G O C E
U G P L C O F F E E P O T
T N Q E E Y P I P Z T I N
A D E S S E R T B O W L N
P U C E E F F O C F X R T
S T W A F I S H F O R K H
A I P I E D I S H A K G T
```

CEREAL BOWL	RAMEKIN
COFFEE CUP	ROLLING PIN
COFFEE POT	SAUCEPAN
DESSERT BOWL	SOUP BOWL
FISH FORK	SPATULA
GRATER	TEA PLATE
GRATIN DISH	TEACUP
KETTLE	TEAPOT
LADLE	TEASPOON
PIE DISH	WHISK

Ladders

```
S Y T T L R G F T V D L B
C Y F S O E N K R E X A A
A O I B S T I C T O T I A
L D O X S R L A R X B R G
E R D T Y A L J S K V E F
P W E H C U O H B I Z A K
V R V G C Q R G O T L O Z
N E N I U O A B C C O L E
O J T A P D M Z A H V G I
F R L R M N Q P J E Q N U
A O M T I K A O A N E I R
Q Z O S V E A F M N L D Y
O B T R X K R O P E I L V
R E W E R B N A T H T O U
P L Z Y Z E R I H Y S F N
```

AERIAL	QUARTER
ARTICULATED	ROLLING
COMPANION	ROOF
ETRIER	ROPE
FOLDING	SCALE
HOOK	SIDE
JACK	STEP
JACOB'S	STERN
KITCHEN	STILE
LOFT	STRAIGHT

Electrical

```
X S E K S C T D L L V J I
S N L W A M I I U N I T S
Q O O A T R G E R D J V G
S B C I G H C H A S E U E
Z L K K T V S A N L L T U
G W E N E A E B B P X R V
N J Y E N T L G E L G D Z
I K C V V B I L W A E G D
T E R R N E U U A Y R S O
C U R R E N T L D T V T E
U U T R E W O P B N S S H
D L O H C T I W S P O N B
T U B I N G T X U R U C I
P M X N V F Z R I R V J L
T N N H G Q A Z Y I L B E
```

BULB	LIVE
CABLES	PLUG
CHASE	POWER
CONDUIT	ROSE
CURRENT	SLEEVE
DUCTING	SOCKET
EARTH	SPUR
GRID	SWITCH
INSTALLATION	TUBING
LIGHT	UNITS

Make Words

```
Q W K Q M S P K B R M R O
M O Y D K H D H A P P Y E
E S O E R U S N E R J S V
E O S M R X I J E S E B O
G P W R Y L T V P M Y T L
U E M U C H O F O M A D T
R A Y R R E M U O D O F Z
J C L E A N S U H I U R A
A E Q R Q W Y R W N O I E
F G N X F V N A O M H E C
A P O I N T B F O N Y N G
C F R K I W O N U I A D A
E N D S M E E T F L M S W
E S N E S Y Q X M N H S A
R D L O B O E C J I W D Y
```

A FACE	LOVE
A POINT	MERRY
AMENDS	MONEY
BOLD	MUCH OF
CLEAN	OVER
ENDS MEET	PEACE
FRIENDS	SENSE
FUN OF	SURE
GOOD	WAY
HAPPY	WHOOPEE

Muscles

```
R Q D S U I D E P A T S S
A D C I S P L E V I U S Z
E B S M O P Z F L I X V E
F Y D C S Y Y D R T P L C
C P E O A Z H O Z E O A N
E O A S M L S O R H R I R
A S M H T I E O M D O G D
M M X P R R N N I O T L E
S M L G L E I A U D A U T
Y E L F A E C N L S N T R
T X F L U N X X G O O E U
A B I C E P S U X L R U S
L S P E C I R T S E P S O
P S P L E N I U S U J L R
X S U T C E R C Q S Q V W
```

ABDOMINAL

BICEPS

CARDIAC

COMPLEXUS

DELTOID

DETRUSOR

EYE-STRING

GLUTEUS

OMOHYOID

PERONEAL

PLATYSMA

PRONATOR

PSOAS

RECTUS

RISORIUS

SCALENUS

SOLEUS

SPLENIUS

STAPEDIUS

TRICEPS

```
P L K M Y P P O P Y L O P
U C P G P E W Y C T B F O
P B O Y N A P P Z E U M S
U Y T D W I R Y C N P L P
H L A P T O L A L A O A H
P N S M M N L I G O M S T
T I H P N P R I A R N P U
D A T P T E N S G V A G P
C L M A T A G E P P E P X
Y P E N T E N K P H G R H
L M I I C Y L I C N E P P
I A O C D H C G W Z G D G
P N Y R A N I M I L E R P
Y B R Q I X B R G P O G F
P D B C E L P R U P P D P
```

PAGINATION	POLYP
PAINTER	POPPY
PANIC	POTASH
PARAGRAPH	PRELIMINARY
PENCIL	PREVAILING
PENDANT	PRIZE
PICNIC	PROMPTLY
PIGLET	PSALM
PLACEBO	PURPLE
PLAINLY	PYLON

Art Words

```
P C T E X T U R E I O O H
D A B A R O Q U E D A V I
K N T R D T N E M G I P I
P V Z T G D U A N I S S X
Z A S I E U H S A K I P O
P S S S N R M E A T O G H
A F I T T M N L T S V R F
I G O L E B D I E K X A O
N P S C U L N F B S E D E
T P R C O G S V E F L A M
I W A S H C Y K N K S T U
N Q T P Z O O T E J H I M
G W U Z E R O R A T R O Z
E Q Z Z T R O L J E C N L
Z U F S I L E D O M D H A
```

ARTIST	PATTERN
BAROQUE	PIGMENT
CANVAS	POSE
DESIGN	ROCOCO
EASEL	SCHOOL
GRADATION	SITTING
MODEL	SKETCH
PAINTING	STROKES
PAPER	TEXTURE
PASTELS	WASH

Miserable

```
C R D H C D D D I S M A L
G V O E M A I E P S B B D
B L U E S N V M S I I H D
R Y V M M O U E J D D F E
G P H A Q D L V O E W T T
L P L V E Y C A S P R N I
U A X H O R G P T R E E R
M H T J U L E R Y E T D I
L N V S O R R Y D S C N P
I U H O A X D R U S H O S
F E M T X Y E R I E E P W
D Y E V Z A C I A D D S O
N R O L R O F B C S F E L
T X Q Y D E J E C T E D V
N G S O R R O W F U L H G
```

BLUE	GLOOMY
CRUSHED	GLUM
DEJECTED	IN THE DUMPS
DEPRESSED	JOYLESS
DESOLATE	LOW-SPIRITED
DESPERATE	SAD
DESPONDENT	SORROWFUL
DISMAL	SORRY
DREARY	UNHAPPY
FORLORN	WRETCHED

Car Manufacturers

```
A V Z V S D C Q R Y J R W
N K O K B S N J D V A B T
W A O L M P S U Z U K I R
U D S A V U Q M G G L K E
A R R S T O Z A O G A H N
S T A O I O J U H O N D A
E A Z B L N Y F S L C A U
Z X A Z U L I O B I I I L
P Y E B Z S S T T F A M T
A S T O N M A R T I N L K
Y P B C P H O Q O A S E Z
B E N T L E Y O L Y G R Z
P I M V N Y F F Y X C U U
R E L S Y R H C E H M E B
O A R W D J K W Y U O I A
```

ASTON MARTIN	NISSAN
BENTLEY	RENAULT
BUGATTI	ROLLS ROYCE
CHRYSLER	SAAB
CITROEN	SKODA
DAIMLER	SMART
HONDA	SUBARU
ISUZU	SUZUKI
JAGUAR	TOYOTA
LANCIA	VOLVO

Astronomy

```
A S M B N R U T A S U I R
P M S U W O Z G F Z N A A
O O G C L R I I F C T L I
R N V P U W Q R L S N U C
U R M A C A V I O C O B N
E Q E V Z V N S E T I E E
K Q Z T V A U U E S T N P
N N U F T N G S R O A B T
E O I I E A P A X W R A U
H P O V N I M C H M R R N
F N O M L O H K O V E C E
S H Y C B L X I R M B Y X
S U E Q H T R A E A A Q A
M D N J K U A G N Z D J W
Y K X S O P B Q Z B J N O
```

ABERRATION	INCLINATION
AGN	MARS
COMA	MOON
CRAB NEBULA	NEPTUNE
DARK MATTER	ORION
EARTH	SATURN
ECLIPSE	SETI
EPOCH	STAR
EQUINOX	SUNS
EUROPA	VENUS

Trucks and Vans

```
C T G V R D I J S A A R S
S I K H R U A I F P M S W
H F I C G A E D V R V U R
L N P C F A S U R E T Y R
O I A V C I P C J H C H Q
Y N T S O N A A A S U O S
A G R E M A C T R L B U D
R D O M M C E O T E Z A S
A K L A E S S R D U I I H
T R L H R H A F K H N T Z
I G T T O F O I A N D A D
V S J G I R T T E O P O J
W T U C D I S D D N F E T
O N J Z E U S G L U E Y E
X K B M U F E A M P Q V X
```

BEDFORD

COMMER

DAIHATSU

DENNIS

DODGE

DUCATO

ESPACE

ISUZU

IVECO

JEEP

PATROL

RASCAL

RHINO

SCANIA

SHERPA

SHOGUN

SUZUKI

THAMES

TRAFIC

VITARA

Aim

```
P E B G B N H G L F R L K
O P Q O Z O G O V E J E C
P B R P G T T I D N V M O
C U J E U A E R S U B E L
O N R E T W G L A E Y H L
U I O P C A L A W I D C T
R N B I O T R O K M N S E
S V Q F T S I G H T Q Y N
E M Y T I N E V E O P A D
P Y N H B F E S E T K T E
P N O S A E R T M M W T N
M O H T S F Y Z N L F E C
R A I D I R E C T I B M Y
I F R N E F F O R T H P L
L E T K T F L D R X U T O
```

ATTEMPT	OBJECTIVE
COURSE	POINT
DESIGN	PURPOSE
DIRECT	REASON
DRIFT	SCHEME
EFFORT	SIGHT
GOAL	TARGET
INTENTION	TENDENCY
LEVEL	TRAIN
MARK	VIEW

Arrest

```
I  P  B  H  T  W  J  S  R  F  Z  Y  C
O  V  K  T  V  P  L  L  W  P  A  H  D
W  B  G  L  R  B  G  T  U  L  E  E  K
B  J  S  K  X  K  S  K  E  C  J  M  H
I  Z  N  T  T  E  C  D  K  I  N  X  A
X  I  F  A  R  I  D  N  G  Q  Y  P  N
S  G  Q  R  P  U  A  I  J  O  O  B  D
E  T  A  V  N  N  C  A  G  T  R  D  C
Q  R  A  N  I  A  R  T  S  E  R  R  U
I  W  U  Y  D  Z  H  E  P  D  H  L  F
Y  D  O  T  S  U  C  D  L  I  A  J  F
Q  A  I  X  P  A  V  O  H  C  T  A  C
O  R  A  L  V  A  H  E  N  G  A  G  E
P  S  E  I  Z  E  C  X  E  A  K  Q  M
B  J  S  E  C  U  R  E  L  Λ  E  R  Q
```

ARREST	HOLD
CAPTURE	JAIL
CATCH	OBSTRUCT
CHECK	PICK UP
CUSTODY	RESTRAIN
DELAY	SECURE
DETAIN	SEIZE
ENGAGE	STAY
FIX	STOP
HANDCUFF	TAKE

Farm Animals

```
F Y F S P S P I N N B R C
B O G S K C U D X C S U F
Y I A T M H W H H G S S S
P S O L K J O I Z X T G K
D K U K S R C I R D E S X
A C S N S K S B M A L N E
S I E E H S U C N G U L
A H S N K S S L Q S I V T
M C S L E A W X H H P C T
A X E I D S R E T X S W A
L F N N G C E D Q W E W C
L O Y O Q P A E S S V X B
P L A J P L B S G M L B T
O T F S X H Z C S T A C N
S I S D I K D O G S C R V
```

CALVES	GOATS
CATS	HORSES
CATTLE	KIDS
CHICKENS	LAMBS
CHICKS	LLAMAS
DOGS	PIGLETS
DRAKES	PIGS
DUCKS	PONIES
FOALS	RAMS
GEESE	SHEEP

UP Words

```
W E L L I N G K T E M B H
C O Y D F I V A K F S C E
F X L R P W E A D Y E P D
D E E D T B T I C B T B L
H G N I D N A T S V T S G
B A D W D H U Y H C I T V
L B E I E T O O L A N I F
Y E D G T R E L C S G O L
N J I F F S U V S T U P Y
N D U I I E S S A T E T Q
R N A E L C W W U E E J H
Z U D L G P A X K U H R X
C O S D K R B T S U R H T
M B F H D R D S W J I Z J
E Z R G N I G N I R B U J
```

BEAT	KEEP
BOUND	LAND
BRINGING	LIFTED
CAST	RUSH
COUNTRY	SETTING
ENDED	STANDING
FIELD	TAKE
HEAVE	THRUST
HELD	WARD
HOLSTER	WELLING

Environment

```
C F C G O M S W T F F A V
Y P F S Y M E E L K W U O
L O O B M A B K W R E Q S
P U T C E A O R G A N I C
P T S C A D S M X P G Q K
U E E M R W R W O L H E M
S L R C T E I P R A I F E
R C O R H N U W A N O O T
E Y F T D L M E C O E O S
T C A F A D X O I I L D Y
A E A T Y T M W D T N C S
W R I T I P F I R A I H O
M O L N O H J R A N N A C
N G C S Z L M K I J O I E
R T T D O O L F N S H N Y
```

ACID RAIN	FOREST
BAMBOO	NATIONAL PARK
CFC	ORGANIC
COMPOST	POPULATION
EARTH DAY	RECYCLE
ECOSYSTEM	SEWAGE
EL NINO	SMOG
EXTINCT	WATER SUPPLY
FLOOD	WEATHER
FOOD CHAIN	WIND FARM

Shades of Yellow

```
X Q H E G O B M A G T U S
V L E M O N C M W S A M A
C O G G C H J O A D P C F
B H S B A J E A R I U A F
K O R P I M E N T N Z T R
Z P B O A S U B S Q M E O
A B E R M Y U O B Z U R N
L L G S O E M O G C Y P R
X A L F U N L U H E R I Q
N I U Y U N Z A S T A L T
X I P W L H S E H T N L S
S E L P A N R E B M A A P
D A F F O D I L T K C R X
F H T W E G G Y O L K D D
R A W O L D G O L D S P R
```

AMBER	LEMON
BRONZE	MAIZE
CANARY	MUSTARD
CATERPILLAR	NAPLES
CHROME	OLD GOLD
CORN	ORPIMENT
DAFFODIL	SAFFRON
EGG YOLK	STRAW
FLAX	SUNSET
GAMBOGE	XANTHOUS

```
T L O B R E E D C E E S H
R Y K W E W T U J T N T Y
E D S X Y D H G K P O R E
T L P P L C F K U W T A L
S K L Y I I S O E M S N D
E H H W R L N I R X D G R
H W R O S U V C Z D I E O
C O C E L N B D O N A W F
N H N E W L R R C L M A S
I D W O A S O Y E V N Y M
W E D S N R B W E T R S L
S D U R H A M U A H N P E
N O D N E R G L R Y I A H
B Y E L M L E A E Y K L C
N O T X I R B J A Y I N L
```

ARMLEY	HOLLOWAY
BEDFORD	LEWES
BRIXTON	LINCOLN
CANTERBURY	MAIDSTONE
CHELMSFORD	NORWICH
DEERBOLT	RYE HILL
DOWNVIEW	SEND
DURHAM	SHREWSBURY
ELMLEY	STRANGEWAYS
GRENDON	WINCHESTER

Double M

```
Y M M U R I C P N J P C J
O L I G J E W L H A A Y F
U G P N P Y M E R V M J P
I Q C I Y M I M N E K M J
M M O M E M Z M A Y F H A
M D M M F I P U M H G S M
E L M U T H Y P T E K N M
D A E R N S V F Q V N I E
I T N H L O Z Q I D M S D
A N C T D G L G Z M E B E
T E E Y U A J O A C M N D
E M H M M S C T G M Z U E
X M M M E N U M M I M T M
X E A E Y R A M M U S O K
D S E J E M X Z G M O T N
```

AMMAN	IMMUNOLOGIST
COMMENCE	JAMMED
EMMENTAL	JEMMY
GAMMON	LAMMAS
GUMMED	MUMMIFY
HAMMER	PUMMEL
IMMATURE	RUMMY
IMMEDIATE	SHIMMY
IMMENSE	SUMMARY
IMMUNE	THRUMMING

```
O T G N I G N I S I R S S
J P N O P G N I V I D S C
U A L M S A B A D D E I H
D I A R Y S G I C H B F B
O T G T E R N O C Z E D A
Y B N W A G V V Y S E A L
I G I A M U S I C M K N L
N N H N W R Y W B B E C O
G I C T Y O A R I S E I O
S K T I K W O S M T P N N
P I E Q X I U K A R I G I
M H K U D N G I G A N O N
A G S E W G V I I D G C G
T S R S K O V N R W C X K
S Y L H E L T G O P I J R
```

ANTIQUES   MUSIC

BALLOONING   ORIGAMI

BEEKEEPING   RIDING

CHESS   ROWING

DANCING   SEWING

DARTS   SINGING

DIVING   SKETCHING

EMBROIDERY   SKIING

HIKING   STAMPS

JUDO   YOGA

Group Nouns

```
W O V B Y A T P I I K E Y
E B A L E I H U A S H U M
R X U B E O G A G P X Z I
C C I F L R P W U E T I M
D R R Q T O O I G S R V N
T U Y P D T C L A S S P O
S S T P Z Y Z C X Z S A I
I Z O Y A K T W B I E R T
B O M R S R L A O L N L A
L H R I S N T E C Q I I T
P A C K H C T Y B F S A L
C Z E C H E R E D R U M A
L R A F T E R H T F B E X
A J L I V M H D H D V N E
N F J V Y P O K K I T T N
```

ARRAY	MOB
BALE	MURDER
BATCH	PACK
BUSINESS	PARLIAMENT
CAST	PARTY
CLAN	POD
CLASS	POOL
CREW	RAFTER
EXALTATION	SURFEIT
HERD	TRIBE

Wedding Anniversaries

```
Y I H D N M T I J Q F P K
R S A P P H I R E U A Y K
E I R O N E N I L P N C A
T X E X D N A Y E U O O U
T G H H K I K R S Z T R P
O O T R E U A P L Q T A V
P L A T I N U M G V O L O
Q D E G I U L C O X C E S
C R L A X A L T H N D M S
Y G G Y T E U D C I D E L
K F B S E I Y T J L N R A
D U Y T K K O O O W E A T
R R S M Y I X O Q O T L U
C L A C E G W I K O J D C
U S I S G T A V I D N T I
```

CHINA	LINEN
CORAL	PAPER
COTTON	PEARL
CRYSTAL	PLATINUM
DIAMOND	POTTERY
EMERALD	RUBY
GOLD	SAPPHIRE
IRON	STEEL
LACE	WOOD
LEATHER	WOOL

Double S

```
A  I  S  T  F  B  P  M  C  H  J  Q  V
N  N  E  H  R  L  S  G  D  K  U  P  O
L  G  S  E  L  E  U  Y  E  F  X  S  E
L  N  S  T  T  S  S  F  S  N  G  M  S
E  I  I  E  S  S  E  S  S  O  A  I  S
S  S  K  E  E  E  S  I  E  I  L  M  E
S  S  T  M  B  D  S  D  R  T  Z  P  N
E  E  F  V  C  S  I  G  D  A  P  R  C
N  U  E  I  E  K  O  C  B  S  I  E  E
I  G  F  R  N  L  N  K  U  S  U  S  V
L  T  U  P  I  E  B  S  S  E  Y  S  E
G  D  S  J  J  Z  S  O  O  C  N  S  S
U  A  S  S  E  S  L  S  E  Q  B  B  S
S  E  Y  A  B  E  Z  Y  E  F  L  S  E
F  T  Z  V  V  Z  H  U  N  A  W  Q  L
```

ASSES	HUSS
BLESSED	IMPRESS
CESSATION	KISSES
DRESSED	LESSEN
DURESS	MESSY
ESSENCE	RISSOLE
FINESSE	SESSION
FUSSY	TRESS
GUESSING	UGLINESS
GUSSET	VESSEL

Writers

```
J L C M J Q I K S A H R D
O R Z A O Z C A Z A A I H
E S Q N M L A D A N T E L
H E Z N C U I E B X Y D A
I K L E B E S E S U T M W
L I P R U K I F R O K U R
L J T I O U L H L E P N E
U C T C N A G S O M P D N
C I D E U T T B R M X B C
I C A B U O E M N I E U E
A E E A Y P Z R U R P R Y
N R L S T I N E M G D K D
T O R R E B R U H T G E R
K N V Z B Y Q U H Y V W A
W J E D H C R A T U L P H
```

AESOP	HH MUNRO
ANNE RICE	HOMER
CAMUS	JOE HILL
CICERO	LUCIAN
DANTE	MOLIERE
DH LAWRENCE	PINTER
EDMUND BURKE	PLUTARCH
FLAUBERT	RL STINE
GRIMM	THURBER
HARDY	TOLSTOY

Canadian Lakes

```
K W O L L A S T O N W L G
A M A D J U A K G P T E L
T N U E L T I N R Y R S L
L U E D F F C I E U A S I
A R O F H M U P A S U E H
C O R R W R L I T L T R C
S I U E T L K G S O S S R
T R N Y E G Z O L U C L U
J A O K Y D I N A I W A H
E T S M J J N B V S P V C
A N I G C K H I E E B E L
N O R A B E R D E E N D A
O G R E A T B E A R S Z I
W Q A I W I N N I P E G R
M E H A T H A B A S C A E
```

ABERDEEN	LAC ST JEAN
AMADJUAK	LESSER SLAVE
ATHABASCA	LOUISE
BIG TROUT	NIPIGON
CHURCHILL	NUELTIN
CLAIRE	ONTARIO
CREE	REINDEER
GREAT BEAR	STUART
GREAT SLAVE	WINNIPEG
HARRISON	WOLLASTON

Herbs and Spices

```
E M Y H T Y E L S R A P N
N R O S E M A R Y O E Y G
N J G S A N D D V P A U C
O N I J N V V N P W B E O
G N I D Y T O E A G A G R
A S A G E C R R T T S A I
R X O F E M A N Y N I V A
R E M L I C I C X G L O N
A I E N N M K F H B L L D
T R T U R E K G E I A U E
Y Z V A T N K X L N V L R
G S E E U Q Y A L V N E M
I P H C H E R V I L H E S
S X Z Z D P L Z D S E F L
M A R O J R A M C A Z G C
```

ANISE	LOVAGE
BALM	MARJORAM
BASIL	PARSLEY
CARAWAY	PEPPERMINT
CELERY	ROSEMARY
CHERVIL	SAGE
CHIVES	SAVORY
CORIANDER	SPEARMINT
DILL	TARRAGON
FENNEL	THYME

Newspaper Names

```
O  I  U  T  E  A  S  I  H  R  N  F  N
A  A  E  L  C  I  N  O  R  H  C  S  W
L  S  T  D  I  P  R  E  S  S  F  P  T
K  K  W  U  O  F  C  X  X  J  O  S  E
R  S  E  N  V  O  T  B  L  S  P  I  L
E  T  Q  Z  R  F  N  B  T  O  P  A  E
S  A  F  D  T  G  E  S  R  X  O  R  G
I  R  C  G  W  L  Y  T  E  T  R  G  R
T  E  S  O  I  S  K  E  T  C  H  U  A
R  K  E  A  U  K  S  B  R  E  Y  S  P
E  R  M  N  X  R  I  K  O  G  Z  E  H
V  O  I  L  W  G  I  O  P  R  K  A  E
D  W  T  H  K  D  B  E  E  Q  U  C  G
A  D  L  A  R  E  H  H  R  J  H  H  K
D  R  A  D  N  A  T  S  D  O  I  H  S
```

ADVERTISER	RECORD
ARGUS	REPORTER
CHRONICLE	SKETCH
COURIER	SPORT
ECHO	STANDARD
GAZETTE	STAR
HERALD	TELEGRAPH
MAIL	TIMES
POST	VOICE
PRESS	WORKER

Lepidoptera

```
G C A B B A G E W H I T E
N U M N M C A R D I N A L
N I S M G R A Y L I N G S
E B O T E L G N I R V D N
U C U A Z T W F N E A F J
L G A T E K E E P E R C R
B U F F T I P T H U T H E
S S X M M E I D T D A R D
A K D P R M R I O T P Y A
L P U R R I B F M C O S D
T P O E Y M V G L T E A M
A J H L W A S U H Y L L I
P R F R L G D Y L O C I R
U S G R B O R P Z E S S A
C S S A R G T O N K T T L
```

APOLLO	GATEKEEPER
ATLAS BLUE	GHOST
BUFF TIP	GRAYLING
BUTTERFLY	HERMIT
CABBAGE WHITE	KNOT GRASS
CARDINAL	MOTH
CHRYSALIS	PUPA
CLEOPATRA	RED ADMIRAL
COMMA	RINGLET
DRYAD	RIVULET

Paper Types

```
K U Z V O E N X W T C M D
N N E G P T E F H O X U K
G B F U V K H Q I I D L B
G R B Y S A C L T L L L B
R O E W X S T L E E O E F
E W F E R J I H A T Q V W
A N A V N I K T T G U K B
S W P S U M T I L E E N A
E R T R C X N I E E E L K
P A R L A G K L N W A H I
R P A K R Q B S S G A S N
O P C J B Y P E W P S L G
O I I L O F Q M H F P F L
F N N P N D E X A W E I N
V G G P A R C H M E N T T
```

BAKING	PARCHMENT
BLOTTING	TISSUE
BROWN	TOILET
CARBON	TRACING
GREASEPROOF	VELLUM
GREEN	WALL
KITCHEN	WAXED
LEGAL	WHITE
LITMUS	WRAPPING
NEWS	WRITING

Forenames

```
Y H O N Z U I G J M D W R
M M H Z W R A T H X O M J
A Q Y L O A T F I L U E I
B C Z R M A D E L E I N E
P E L T R E B L A M G C Q
B T R E K E C A R O L S E
A N I T M E J S Y K S Y E
P R H A R E Q J M Y A U X
E A Z S C A N O I F D F R
N X O I R Y M T A R A M O
E Q N L F I L Z I A K F P
L J A C Q U E L I N E E H
O Y L N T O S K O A E I O
P Q Y I Y J K X N D H K C
E A D E A N N A N Y B X O
```

ALBERT	FAYE
AMY	FIONA
BERTRAM	HILARY
CAROL	JACQUELINE
CLEMENTINE	JERRY
DANA	LISA
DAWN	MADELEINE
DEANNA	OMAR
DOLLY	PENELOPE
DYLAN	TINA

Cheeses

```
A B L T R O F E U Q O R Q
D C E I R B H I U D V K Q
U A G W M G R A B E T T O
O B O E O B R D F R F O I
G E R N Z K U M Y E T E N
R C G S Z T P R T T P N I
E O O L A E I A G S S O C
B U N E R I D L S E R P N
S F Z Y E Q Z A S C R R O
L U O D L Y J K M I R A C
R U L A L U T U P E T C C
A O A L A F R S L L T S O
J C H E D D A R J D X A B
Y L E T A H C F U E N M V
I U C A M E M B E R T Y B
```

BOCCONCINI	JARLSBERG
BRIE	LIMBURGER
CABECOU	MASCARPONE
CAMEMBERT	MOZZARELLA
CHEDDAR	NEUFCHATEL
EDAM	QUARK
FETA	RED LEICESTER
GORGONZOLA	ROQUEFORT
GOUDA	TILSIT
GRABETTO	WENSLEYDALE

Ice Creams

```
T U T T I F R U T T I F I
H C A E P T F C U Y C R C
T Q Y P O X A N E A R D Q
E M V F C R D E P B E V U
B P F C A N F P A Y L V Y
R E K M A F U N O X P U A
E K E C O C O N U T P N G
H L O C C F H K W N A E B
S H R I F S A O O N E N I
C H N E Y P Z M A A N I L
R O E J D C E B D X I L B
S V A N I L L A E V P A E
K S F C E L N T N F F R R
Y R R E B E U L B U N P R
R O I H C A T S I P T M Y
```

BANANA	LEMON
BANOFFEE	PEACH
BILBERRY	PEANUT
BLUEBERRY	PINEAPPLE
CAPPUCCINO	PISTACHIO
CARAMEL	PRALINE
CHOC AND NUT	SHERBET
COCONUT	TOFFEE
COFFEE	TUTTI FRUTTI
HAZELNUT	VANILLA

Coffee

```
N C V Y O D Y I U X Q M J
A R A B I C A M O C H A L
I N S T A N T Z O O V M D
B T G F I D Y J S A A P D
M S U Q P B N B L C U E F
O A J R W U P U C A C L I
L O E F K Z K H O I T M L
O R T L T I I I P R K T T
C T I P T A S E R E G F E
C H H X T D N H N I S Y R
Q G W O B S M Y N K S H E
R I O N I L A H J D N H D
X L F R E N C H R O A S T
B L U E M O U N T A I N G
O S S E R P S E B L A C K
```

ARABICA	IRISH
BLACK	JAVA
BLUE MOUNTAIN	KENYAN
COLOMBIAN	LATTE
ESPRESSO	LIGHT ROAST
FILTERED	MACCHIATO
FRENCH ROAST	MOCHA
GROUND	NOIR
ICED	TURKISH
INSTANT	WHITE

Q Words

```
Q E Z I C N X S X P Y O L
U A V K L N M T B K Q D P
I Q U A I L E D R U I U I
C D C O A N Q I O J C A Z
K G U U J P U T G L R Q T
S Q Q W E Q A V X E U E T
I A D E V T R B V E T N Y
L Q Q I I S T D E N I D F
V W A O U Y Z R I A S Y Y
E Q N W R Q E U U I T W O
R O U R C S Q Q U I L T Q
L I A E T U G H L M O M U
T U R H E R R A T A Q T A
Q M P U L N U K C A U Q S
Z S E K U Q U A K E R L H
```

QATAR	QUEEN
QUACK	QUEEREST
QUAILED	QUEUE
QUAINT	QUICKSILVER
QUAKER	QUID
QUALITY	QUILT
QUALMS	QUINTET
QUARRY	QUIRKY
QUARTZ	QUOIN
QUASH	QUOTATION

Sustainable Energy

```
D N A M E D L D B K Z B C
H E A T I N G A E D X I H
W E I X F E T B Q O L O E
I B A M E T H A N O L M R
P N Y T E X T I U I J A N
L A M R E H T R A L O S O
U T Y T N X Y O G F U S B
T R R B H N C D X K G P Y
O S A A D B M H R T Z E L
N B I N I M E Y A O G Z B
I U L O I V E C Q N G M S
U T G D N U A T U D G E C
M A R S B R M L E T A E N
S N L E U F O I B R L M R
N E K K W B E G A R O T S
```

BATTERY	HEAT EXCHANGER
BIOFUEL	HEATING
BIOGAS	HYDROGEN
BIOMASS	METER
BUS	METHANOL
BUTANE	PLUTONIUM
CAR	RAIL
CHERNOBYL	SOLAR THERMAL
DAMS	STORAGE
DEMAND	URANIUM

Reptiles and Amphibians

```
T W E N M S S M A M B A O
C M A B S S D V N A K D E
O D X J V E E R T Z E D L
B S M I P K A A A F K E T
R T P C L Y M T S Z S R R
A E N E A A S U U N I A U
R L K K T Y O A D R A L T
B L N A A T M T K F T K N
D I M N N H O A N K B L E
H O X S N S I R N C F Q E
F N R S A H D A T J E L R
X V R S F W B N X O A J G
J A R A R A C A A P I Q Q
M M I L O K L B S S X S V
J U R G G O R F L L U B E
```

ADDER

BULLFROG

CAYMAN

COBRA

ELAPS

GLASS-SNAKE

GREEN TURTLE

JARARACA

LIZARD

MAMBA

MATAMATA

NEWT

PLATANNA FROG

SAND-SNAKE

SEA-SNAKE

SEA-TURTLE

STELLION

TORTOISE

TUATARA

VIPER

Happy

```
D N C I R O H P U E B U G
A O V E R J O Y E D B A J
L I I G B I J N W L Y G H
G A C X R P T O E U N G H
L D C Z L A H V V I Z C A
E D E H T Z T T L I E Q P
E L E I E H T I L B A X L
F G A L F E M D F E R L E
U U K T L S R E M I P W A
L K G J E I I F L E E B S
J U O Y R D R T U X R D E
S O F L V J L H A L J R D
Q X L Y C I T A T S C E Y
F K N L O C A R E F R E E
S I N E Y J T N A I D A R
```

BLITHE	JOLLY
CAREFREE	JOVIAL
CHEERFUL	JOYFUL
ECSTATIC	MERRY
ELATED	OVERJOYED
EUPHORIC	PLEASED
GAY	RADIANT
GLAD	SATISFIED
GLEEFUL	SMILING
GRATIFIED	THRILLED

Geographical Features

```
F L L O T A M R E P E R G
I S O T T S A A T R T R Q
S S K W E C R P L A I N M
S B Y P A S S I M I S R F
U L A N T Z H D X R E K Q
R C Y R N C T S R I J S A
E O E H Y Z D I C E T Y J
N A I W W C O A A E T N V
M M M H W V L R P R K V P
D M I R R G A P I A T A X
Y L K E Y N E M G V C S L
L N S P T J T Y P C E T Z
A E D N A L S I O E H R R
R F O G A L E P I H C R A
E O O K M O O R A V I N E
```

ARCHIPELAGO	MOOR
ATOLL	PLAIN
CANYON	PRAIRIE
CAPE	RAPIDS
FISSURE	RAVINE
GLACIER	RESERVOIR
HILL	RIVER
ISLAND	STEPPE
LAKE	STRAIT
MARSH	STREAM

Pies

```
G F D H S V T D X P G A L
T R V E G E T A B L E H W
B S A N S U U A J J C F J
A T H H E S O E M C T H P
A R Q O A V E D F A A F U
T A R T R M O R A P L R E
P W F I X T C V T P Y E S
T B F U E S E R C L B U E
K E R R I L N N A E S J E
E R E F H I I K I C O M H
Y R S R S U Q F R N K L C
L Y H I O G B E H C G E Y
I V A E G Q A A W M J M R
M R S D U M Z R R N H O P
E G P P I Z Z A U B I N H
```

APPLE	LEMON
CHEESE	OVEN
CREAM	PIZZA
DESSERT	RAISIN
DOUGH	RHUBARB
FRESH	SHORTENING
FRIED	STRAWBERRY
FRUIT	TAMALE
GRAHAM CRACKER	TART
KEY LIME	VEGETABLE

```
C R A S O M I M W L L O A
Z S U N F L O W E R L S A
G V W D H V N M R I E U R
A F X E B M A I L U W C E
Y N J L E E A A X N D O B
S P T P O T C P V W E R R
N E P I E B W K M N E C E
A O A O R T E I I Z P A G
T N F I P R R L L A S N S
U Y C I S I H W I L K I U
C B L M S H K I C A I G L
X X Q D C M C C N F L A U
O B Y K T U Z U O U T J M
F A S Y T H R I F T M F I
A I N I X O L G X R S Z M
```

ANTIRRHINUM

CROCUS

FUCHSIA

GERBERA

GLOXINIA

IRIS

LILAC

LOBELIA

MIMOSA

MIMULUS

OXLIP

PEONY

POPPY

RUDBECKIA

SPEEDWELL

STOCK

SUNFLOWER

SWEET WILLIAM

TANSY

THRIFT

Sharks

```
X P I T E T I H W H Z I N
A D L B Q P C F D T P O I
D N O N P Y V A M U O T F
A E G G E N E M B O R G G
E O L E F H U P A M B R N
H G O B L I N R F A E E O
R S W L M L S R S G A A L
E H U T Q A I H I E G T M
M B Q H R L R T N M L B E
M Z L R L M N B A T E L I
A D A E H L E V O H S U U
H R D S M M Y P U L Q E Q
I N B H F O T E P R A C E
V P L E X G N H A Q W L R
K M C R Z A I C F L I J T
```

ANGEL	LONGFIN
BRAMBLE	MEGAMOUTH
BULLHEAD	NURSE
CARPET	PORBEAGLE
DOGFISH	REQUIEM
FRILLED	SHOVELHEAD
GOBLIN	THRESHER
GREAT BLUE	TIGER
HAMMERHEAD	WHITETIP
LEMON	ZEBRA

```
J N A S H G A B A T P J R
R A E N M T O F J M V C E
G A K W M K O H J I D I X
D J T A D X G K L U O E S
A D N A R E W O Y G C Q K
B U A T A T L J X O Y U L
A S R B R B A H H O A H U
M H H E H A N O I L N N B
A A E I T A C A A Q G E A
L N T J L V N L A Z O P K
S B Q I H D U J F L N M K
I E N N P M H Z T O U O H
B A D G P V H A S T A N A
M Z C U B I S H K E K H W
P Y R I K O K G N A B P E
```

ASHGABAT	KABUL
ASTANA	KUALA LUMPUR
BANGKOK	MANILA
BEIJING	NEW DELHI
BISHKEK	PHNOM PENH
DHAKA	SEOUL
DUSHANBE	TEHRAN
HANOI	TOKYO
ISLAMABAD	ULAANBAATAR
JAKARTA	YANGON

```
O H G T R I N I T Y W A Y
S B C O P E R A H O U S E
K E U I D P D P N X V E D
A T L R W R O Y T O N A Q
H A J C Y T Y S H M O Z C
L G L Q C C S S P R L N R
L S W A R E A E D T D O U
E N Q H R L V R R E H T M
W A C B F D O Z L P A N P
R E U O S F E A K R M E S
I D R X X G S H L I Q D A
Q D R O F T E R T S U P L
Y A W G N I R A B A A A L
T R O P K C O T S K C S Y
U Z I P I C C A D I L L Y
```

BURY	OXFORD ROAD
CATHEDRAL	PICCADILLY
CRUMPSALL	PRESTWICH
DEANSGATE	RINGWAY
DENTON	ROYTON
ECCLES	SALE
HYDE	SALFORD
IRWELL	STOCKPORT
OLDHAM	STRETFORD
OPERA HOUSE	TRINITY WAY

Famous Paintings

```
T Q V S P G R F A U U S L
S D K U W B P L Q P U C I
E I T H T U O O A M H T L
P D E C H N S R S D A X A
M U G C E K A A H C E S C
E T D A K D R S I U U L S
T C S B I E A N A D R U I
E H R S S F R A E D R B N
H F E J S E W M C A Y L A
T A H P U A U C C M D A V
E M T G I F L I Y P D B A
S I A D H C S O U U U E S
W L B Q A T N K M I N L E
W Y E N A L N I G E E L V
N F K Q Y W O W C I S A S
```

ALONE	ICARUS
BACCHUS	LA BELLA
BATHERS	LEDA
DANAE	LILACS IN A VASE
DUNES	MEDUSA
DUTCH FAMILY	PARADISE
ERASMUS	SALOME
FLORA	THE KISS
GIN LANE	THE PICNIC
GUERNICA	THE TEMPEST

Girls' Names

```
Q R O A B Z E S E N G A L
L A K B N Y C W E G U Z A
O G J G S A C E G Z L L G
L P W A I A D O W E L I A
A E E R D M B I I E E H O
N I O O U E B R B C C I A
P R L S R W U I I L X N O
C O H E W A N S A N O R J
P J C M X F S R K I A G L
S R V A E I I S F Q V B Y
O A T R I C I A E U V S F
N M E Y E E N J T N H F Q
I W Q W L N F W E T A D L
A I R O T C I V A X W V E
D Q D K P X U D V D S E F
```

AGNES	IRIS
AURIEL	JADE
BELLA	LOLA
CHLOE	MARJORIE
CLARICE	ROSEMARY
DANA	SABRINA
DAWN	SONIA
ENID	TRICIA
FIONA	VANESSA
GWEN	VICTORIA

Elements

```
E R C U T M U L A T N A T
L B W O L F R A M I H R R
S X F T G O E J R P A O M
O O M V L N O R F A F E D
D O P U C N I Z M S N M D
I Q S L I N U A N I I R N
U Z N N U N R M R W U O O
M I U I Z T U H O C M M C
T S I T N I O T E Q W J I
L E E R M O E N P L J L L
E L G O L D N I I E I Y I
A S R G K D E E R U N U S
D H R E A D O Y X O M Z M
C U V N S C N U Z V N G B
W E R A D O N I O D I N E
```

CHROMIUM	NITROGEN
FERMIUM	PLUTONIUM
GOLD	RADON
HAFNIUM	SILICON
HELIUM	SODIUM
IODINE	TANTALUM
IRON	TIN
LEAD	WOLFRAM
NEON	XENON
NEPTUNIUM	ZINC

Commotion

```
D E Q A F S T E K C A R V
A X W S T I R U F J T Z E
G C R C M E G U P T W C S
I I D I S O R D E R N O B
T T R X A O D K L A O L R
A E U O R F F A B C L A K
T M M E T A R R O L I D R
I E P G R T U N F T O I N
O N U X O T F U R E M S Q
N T S I S U S O A M R Q P
Z M R I S S T Q C P U U S
S X D I T B N H A E T I P
B R O U H A H A S S E E H
R N X C R W K J U T M T J
E A T Z E V R B T F Y M U
```

ADO	FURORE
AGITATION	FUSS
BROUHAHA	RACKET
BUST-UP	RIOT
CONFUSION	ROW
DISORDER	RUMPUS
DISQUIET	STIR
DISTURBANCE	TEMPEST
EXCITEMENT	TURMOIL
FRACAS	UPROAR

Cleaning

```
S H E Z O J B E R P N Q T
T O W E L V S P R A Y N G
S T A V K N E F J O U S D
D W D K I W K R R S P N E
U A P R O N E E A O K P T
S T N R D L T B T L K S E
R E Z Z V S F L U I L O R
N R N P U B E F T U I S G
G F H D I S R T Q J M E E
T N W T S N R O E M E D N
M O P S O S A V O K S O T
T P C N R L Z F P M C V K
C N A D Q L C N O O A U D
O A E C G I H A H R L O B
E S S A S E P I W A E B F
```

APRON	OVERALLS
BROOM	PINAFORE
BUCKET	RINSE
CLOTH	SOAK
DETERGENT	SOAP
DUSTER	SPOTLESS
FOAM	SPRAY
HOT WATER	SUDS
LIMESCALE	TOWEL
MOPS	WIPES

Safari Park

```
O X O S R O T I S I V D T
D N U C F Z T M N U D X X
W J O H A D M O O B D M B
D K H I N G S N O I L E I
R Y A M T J E K B H W E G
O G B P N A S E A B E R G
M U I A O B V Y B D L K A
E I T N L S H R U M A A M
D D A Z R L T C E P N T E
A E T E J N A R U S D B R
R S G E I T L W I B N A V
Y I O S I U O L K C N O W
T T G O C R C B A G H X C
X A N I M A L S E M R F B
R J N N A T U R A L A A Y
```

ANIMALS	LIONS
BABOON	LLAMA
BIG GAME	MEERKAT
CHIMPANZEES	MONKEY
CONSERVATION	NATURAL
DROMEDARY	OSTRICH
EDUCATION	RANGER
ELAND	TIGERS
GUIDES	VISITORS
HABITAT	WALLABY

```
Q C S A S P H C T I D S J
V S A C R I S T Y P T D N
X I D A T M S I A N T E A
S G C U H E K S E N H S R
F S L E U H S M E C I B C
E E E Q S A E M T L K T H
T V N R G L T I L E S N W
Q O K E T E K U E Y T J A
C H W T V T C P F E A L Y
H A A E D T U S Y L I H N
Y B R R O L B Q I R F M
A X A O L M W R Z A W O H
A N P K T E I K S B A C P
Y Z H B X C C W G T Y C U
N O J N O D C H S D I J F
```

ARCHWAY	KITCHEN
BAILEY	MOATS
BATTLEMENTS	MOTTE
BUTTRESS	PASSAGEWAY
CONQUEST	PORTCULLIS
DITCH	REVETMENT
DONJON	SACRISTY
ESCARP	STAIRWAY
HARLECH	TOWER
KEEP	VICES

Sports and Games

```
L L A B T O O F S S E H C
L A C R O S S E L W B Y G
E R U U J U I X L K R S C
A T H G I F H O L E S O T
G Y S B A T O N H M G M P
U E H Y N P C C Z W F B L
E K M E Y B R P F G B L T
Q C F A D A D A Q I A J S
Z O C S H G U C N B E E D
Y H B P B A L G Y G Z W X
T U R O V T O E C Z K Z F
V R W R S E L F I L N Q L
F L A T U L G U R U A A Y
S Z T C O L Q O F D X D O
K N V V K E X O M O X B Y
```

ARCHERY	LACROSSE
BAGATELLE	LEAGUE
BATON	LUDO
BINGO	POOL
BOWLS	QUIZZES
CHESS	RUGBY
FIGHT	SPORT
FOOTBALL	TRACK
HOCKEY	VOLLEYBALL
HOLES	YACHT

Heraldic Terms

```
W N V G S M S F G Y E R E
M Z O J P A Y Z Q A M E H
V U V Z P N N I G D E Y S
T N A T A T S X P K S M E
P D I S P L A Y E D R C W
Q H G Q L I B T C A I I H
E U O B D N Y H L M V E E
U G A E R G E W P E L G B
N X D T N V J A R M N C U
O Y R A R I L N E E W H F
T Z B O B E X T Z P U A R
N E N O Q A F O N N K R X
A T R R Q G L O D O Z G S
C E N L N L Z E I O I E P
Z M A E Y E E D X L G L S
```

ARMS	LION
BADGE	LOZENGE
BLAZON	MANTLING
CANTON	ORLE
CHARGE	PHOENIX
CHEVRON	QUATREFOIL
DISPLAYED	SEME
EAGLE	STATANT
HELMET	UNDEE
IMPALE	WIVERN

Behind Bars

```
N E E X C W N X L F Z W H
O X L D T S I N S I D E Z
I E T I Q J K L P E N A L
T R M T G W T C Z N A U V
A C A Z N H L C O O M N A
T I S K I A T I R L E I H
I S E E X P J S I E R A O
L E F R Y T R L O F I L O
I H W Q Z M A H O U I P L
B W E C W E L R W D T A I
A A L W P U G S T E I H G
H L J P V E R O L R S C A
E L A D R B U Z T L Z W N
R S H T R E B B O R E K B
K O O R C U S T O D Y C O
```

APPEAL	INSIDE
BURGLAR	LIGHTS OUT
CELLS	LOCKS
CHAPLAIN	PENAL
CROOK	REHABILITATION
CUSTODY	REMAND
EXERCISE	ROBBER
FELON	THIEF
FORGER	TRIAL
HOOLIGAN	WALLS

```
V M O B V C G N E W S N A
Y S E O O C E S W X V Z L
Y K D E Y V G K W O W B J
H E N A O G L N H H R Y E
B V A E D B B N E F I B F
B A Y S A E C U A S P T W
W O K A T D U H T M Y J E
T N A E T G N I S I R S B
S O I R R U R O L L S P I
A T D T D W Q P F L D A Y
O U I U E Q U H F E J T O
T O A C O P H J G R S H S
F R V K K J S B M U R C T
T C G J D T J G R U O L F
N D P C G K T C Q O R D V
```

BAKER	OVEN
BOARD	RISING
BROWN	ROLLS
CROUTON	RYE
CRUMBS	SAUCE
CRUSTY	STICK
DOUGH	TOAST
FLOUR	WHEAT
KNEAD	WHITE
MILLER	YEAST

Wild West USA

```
S O O G N I R N H O J Y T
W J O E W A L K E R E O C
S Y G N I M O Y W L M C R
E K A N Z U O E K H P O R
M B R T A U M A O N T S A
A U Z O T G O R W O R S T
J C H L Y E N F Q G A A S
E U A C I B A O S A B B Y
S W E N N B E R T W K M R
S N N D S U O A P L C A N
E A M F S A B B N F A S E
J M S I R L L D F J L D H
F F I R E H S O L O B K H
L A R R O C K O O I R A S
E N O T S B M O T N W D T
```

ANNIE OAKLEY   ROY BEAN

BLACK BART   SALOON

BOB FORD   SAM BASS

DALTON GANG   SHERIFF

HENRY STARR   TOM HORN

JESSE JAMES   TOMBSTONE

JOE WALKER   WAGON

JOHN RINGO   WILD BUNCH

OK CORRAL   WYATT EARP

OUTLAWS   WYOMING

```
O L Z D G J Z E M X K M G
T S D D N E K A Y Q O X N
S H C O I N Q K D D R P I
C P I Z K D R N E H I M T
I H A F C G O L J N T T T
S U C T A T B U S N R A I
S E Q U T B E K E P V I F
O P L O T E R M R V O L Q
R Q C V A T R I Y Q A O E
S C E A E A I N C C I R L
N R A Y G D G N I W E S D
Y M M U D N G G I R T E
M H G E S L E E R Z I A E
K L A H C U B Z D B O E N
F L A F W F F S M W A E J
```

CHALK	PINS
COTTON	REELS
CUTTING	SCISSORS
DUMMY	SELVEDGE
FABRIC	SEWING
FITTING	SPOOL
GARMENT	TACKING
MODEL	TAILOR
NEEDLE	YARN
PATTERN	ZIP

African Countries

```
X O G Q R O A W A E A E T
J O R K K N B J V I R N A
J M G E G Y P T N I H O I
O G N O C D J A T N K E B
O Y L F T F T R M U G L M
A A I S A I E D M Y G A A
M T B X R A Z M C Q S R Z
A G Y U Q A D N A W R R W
U G A N D A I I A L S E G
R M U A I N S Z O F I I D
I G H Q E S I R Z S R S S
T C Q B U L N O B A G S E
I K H D A Q I I U W H W D
U A A N I M F C R E J T I
S N D D I J A I R E C L A
```

ALGERIA	MALI
ANGOLA	MAURITANIA
BENIN	MAURITIUS
CHAD	RWANDA
CONGO	SIERRA LEONE
EGYPT	SUDAN
ERITREA	SWAZILAND
GABON	TOGO
KENYA	UGANDA
LIBYA	ZAMBIA

```
N E M A T I C W Y J X J N
E L E C T R O W E A K F E
L A H R M D O D Y A A K Q
O I D R H E A T D E A T H
H I A P R E U L E N S R R
K H N E H W Z C F M I S E
C I T D M S Y H B Y C U B
A S N O U P A G D N A B R
L A N K O C L G F T J F O
B O P R X S T R A I N L S
R L T X P G C A Y Y L U B
R N W B J B N A N L E X A
E A D P J N U O G C D I P
K B W Z J G K U U S E V G
W U L O F O V V V M S H E
```

ABSORBER	INDUCTANCE
BAND GAP	KERR BLACK HOLE
BAND HEAD	LED
CHARM	LENS
DIP	MONO
ELECTROWEAK	MUON
ENTROPY	NEMATIC
FLUX	STEREO
GAS	STRAIN
HEAT DEATH	TAU

Sweet Treats

```
Y B V S M U G E N I W T S
C H E W I N G G U M W G N
I M Y U H D T A G U O N O
O L I Q U O R I C E Z G B
Y W A F E R S C R E A M N
T D Y F B I I N H N S P O
M E N C D S R X I X W O B
B T N A J O Y S P D E P L
S V Z I C S E R K K H I E
H J H P L E M Y U T C L M
E F O N D A N T O P T L A
R P V C W J R F J T I O R
B W Y F I I F P I P U L A
E L J X A E B R U Z R I C
T M A I E Q B O F V F F G
```

ANISEED	LIQUORICE
BONBONS	LOLLIPOP
BRITTLE	NOUGAT
CANDY	POPCORN
CARAMEL	PRALINE
CHEWING GUM	SHERBET
CREAM	SYRUP
FONDANT	TOFFEE
FRUIT CHEWS	WAFERS
FUDGE	WINEGUMS

Human Character Adjectives

```
F R E D N U O B N G R X W
J E C A F V W W Y E M B L
P E N Y X A N M L X G J H
S O A D H N A B L D D V L
U R S R P D B D A R T D N
Y E I E M A X D W U T P A
T C U A B L B O Z S S T G
N N N M O T M L I A I D I
A A R E G Q O D L H T L L
D M I R J U A P Q Z A S O
E O Y F N S B D E C M K O
P R D G F M I M S R G N H
K J E G J U V A U T O A B
X R O R E P R A C H D V E
C H C X S R H C K L X E B
```

BABBLER	MADMAN
BOUNDER	NUISANCE
CARPER	PEDANT
DAYDREAMER	RASCAL
DODGER	ROMANCER
DOGMATIST	RUFFIAN
HOOLIGAN	SADIST
HUMBUG	TOPER
KNAVE	VANDAL
LOUNGER	WALLY

Walk in the Woods

```
Z M A H P W C L W O Q H G
Z B M D N O I R J D C H G
S M E D E R B E E C H E L
X E A E T C B G R K T C L
R X Q P T Z A D M N B A I
R I H O L L Y A R U C N Z
M R H T E E E B H R S O E
L H C A S R C J E T Q P E
G R V S T E C E F U U Y R
C E J S D N P E J K I S T
S B I I J E N A N N R M K
K V I B R C Y C W X R W A
Y U G R E E N E R Y E U O
B V E V C N J F X M L A E
N D H J I H F T W F U O S
```

BADGER	HOLLY
BEECH	IVY
BEETLE	LEAVES
BIRCH	MAPLE
CANOPY	NETTLES
CREEPER	OAK TREE
CROW	OWL
DEER	SQUIRREL
FENCE	STREAM
GREENERY	TRUNK

North American Native Tribes

```
W O K U N W U G F O N L N
J C H E R O K E E V N A T
P A W N E E R E F G C A R
C Z S C I E T U A I M W B
E R M I R R N T H U I L P
L E O R O C Z O Y C A B U
O H H W Q U M U H C D L E
N C A J U Y X I K S M X B
I A W C O I T F Z I O T L
M P K H I A E F G S E H O
E A W O S E P H V T B I S
S H C C T W T K O N L Q H
P I M T R U F N Z F C W M
T F R A P O H A P A R A T
G T E W T S L I A O O F Z
```

APACHE	MOHAWK
ARAPAHO	MOHICAN
BLACKFEET	PAWNEE
CHEROKEE	PUEBLO
CHOCTAW	SEMINOLE
CREE	SHOSHONE
CROW	SIOUX
ETU	TETON
HURON	WICHITA
IROQUOIS	YUMA

Parliament

```
C R U A Q H F S M F P A C
E O E B U D G E T F A M H
H T U T E R R W A R D Q A
K E N N S R H U A R S K N
C V I E T N Q E U N X Y C
A I A C I R I M P R S X E
S T X A O E E M Y R O T L
L X B M N C Y A T C J S L
O N S G T E A T S S B Q O
O T I E I S R N R U E I R
W H T Q M S T F V A R W I
W H T T E B Y S B A P Y D
W H I T E P A P E R S Y H
W K N P M O T I O N S S X
P V G J F Y L H M B Y B O
```

BUDGET	SITTING
CANVASS	TORY
CHANCELLOR	TREASURY
COUNT	VETO
MACE	WARD
MOTION	WESTMINSTER
PARTY	WHIG
QUESTION TIME	WHIP
RECESS	WHITE PAPER
SEAT	WOOLSACK

Charleses

```
U C S G A N I W R A D C B
N R H N H I F X O H I H R
D I V A D S D W I W C E P
B C R L W P R O E Q K S Q
W H R G M E Y Z D R E T C
T T E R A D B A A G N E F
S O Y R U M E P D V S R U
R N H I B H R V T R Y O B
E W S S E E T C J K C V N
T T N T T X C R L T I E S
L I I H T B G U A Z J K J
A H C Q C T R Q R C L R Y
W I N D S O R T F C A I R
R L I N D B E R G H N M F
E H R E I S N E R J E S X
```

BYRD	MACARTHUR
CHESTER	MAGRI
CRICHTON	PARKER
DARWIN	REISNER
DAVID	RICHTER
DICKENS	SHYER
DODGSON	SMIRKE
LANE	WALTERS
LANG	WHITEHEAD
LINDBERGH	WINDSOR

Stimulation Words

```
C A J X Y U G L K A P E S
H N Y L A R O E P I C L J
E I L H H G T P I K Q O M
E A X S W E P M Q L L J P
R J S T E H M I U H Q A K
P E S I G R E N E D N C Y
H E X N A I T T C B I E E
P A R G Q A A E X K G N T
G A N K U R V F S A M B A
D A O G U I I P R U P M M
G A Z G N P T U X G O P I
X K Z C V A O R S V E R N
M X I A P C M P E P O M A
G T N J N J B H Z H U J B
E N N E V I L N E U A R E
```

ANIMATE	MOTIVATE
AROUSE	MOVE
CAJOLE	PERK UP
CHEER	PIQUE
ENCOURAGE	RALLY
ENLIVEN	SPUR
GOAD	STING
IMPEL	TEMPT
INCITE	URGE
KICK	WHET

Ball Games

```
Z Y A M A L U Q K A P L G
M D Y Z T M I N I T E N W
V N S E V I F V U O T B P
T A R F G V S B L L M C I
Y B X O I Z A L G E P C T
D M L G E I P Z W P R L C
B F O H N O R X Q O L F H
A L L Q O I B I Q A B Z A
G R O L N I L U B H V Q N
A E P G R T E R S L I W D
T C O I X T E A U I A R P
E C B N P K U N M H Q U U
L O C P C Q T Z N S C G T
L S C O S K O I S I Q B T
E R R D M E J M K G S Y I
```

BAGATELLE	PITCH AND PUTT
BANDY	POLO
BIRIBOL	POOL
BOWLS	RINGO
CROQUET	ROCKERBALL
FIVES	RUGBY
GOLF	SOCCER
HURLING	SQUASH
MINITEN	TENNIS
PELOTA	ULAMA

Movie Stars

```
R Y I L I L I V T Y L E R
S A N D Y G A R C I A U D
E A I E X U V Y H T Y N R
T L U S T U I L Y C U L A
A A Q N N E P N A E S G P
B N A Y R G E M Z E S M E
Y A P K H B V V S V J Q H
H R A L P H F I E N N E S
T K N L F J U D E L A W X
A I N S E R H E E L G N A
K N A T C A N N O D A M D
Y R L M R H O M Y A J Y G
V I O R O S I E P E R E Z
V T I V Z I Y I Z H A N G
A S S O P H I A L O R E N
```

ALAN ARKIN	LIV TYLER
ANDY GARCIA	LUCY LIU
ANG LEE	MADONNA
ANNA PAQUIN	MEG RYAN
DAX SHEPARD	RALPH FIENNES
ED HARRIS	ROSIE PEREZ
JAY MOHR	SEAN PENN
JET LI	SOPHIA LOREN
JUDE LAW	TOM CRUISE
KATHY BATES	ZIYI ZHANG

Authors

```
W T Y E U A Y L Q P W D N
P T P A A R D Z H I E N F
E O N K R D N R U U F A R
P C Y A G G F Q A M A I G
Y S C E O T F O F J V R G
S S H R A P O Y G X H B V
N R K K E T U H S O E U P
T Y I W V O S Z M Q R A M
R N W A K E Z E I R T E F
G A L S W O R T H Y R T D
T A C I T U S F E Y A A O
H G L M B U Q K N A S H I
O D I A O S O R E C I C X
E N U Z M O E W L U A W P
O A Q S C B E N C P W V Q
```

CHATEAUBRIAND	NASH
CICERO	PEPYS
COOKE	POPE
GALSWORTHY	SARTRE
GORKY	SCARRY
GRAY	SCOTT
HOMER	SHUTE
IBSEN	TACITUS
KING	WILDE
LAMB	YEATS

Global Warming

```
Z O I Y D F L L N C K T C
R H T C B I O M A S S S C
T E M P E R A T U R E E P
O M Z T O S L J T I Q R I
M H U C K T H E N O Z O F
R E E Y G W F E K Q Y F L
C A T T R E E S L H S I L
N F C H C A X E G F O A I
M E L C A N Z M U S O J C
E E E A C N C Q W C D F E
L D H S Q H E A L A M D C
T B E T H G U O R D T L A
I A S N R N U G F B A E P
N C U D N D X Q W D O P R
G K N N S A L B E D O N P
```

ALBEDO	IPCC
BIOMASS	MELTING
CARBON	METHANE
CLOUDS	OCEAN
COAL	OZONE
DROUGHT	SOIL
FEEDBACK	SUN
FOREST	TEMPERATURE
ICE SHELF	TREES
ICECAP	WATER

```
J R E G R A L G W H W L D
O D M S D E F M H M F L E
F A L A W C V S E P A E R
B I E K H L I I X I H W U
P W N N R L P Y S H O R C
T M H E O E V Z G E P S H
C O A P R O G R E S S N G
E D N V R E D N U O S A S
F N C L E B B Y O H B J S
R I E Y O R I E N R I C H
E X T A W N G W B R T K C
P F U T T S G M D E H S R
P D K A E E E E G C D P D
M R O F E R R T R I P N I
P S T R E A M L I N E P P
```

BIGGER	PERFECT
CURED	POLISH
ENHANCE	PROGRESS
ENRICH	REFORM
FINER	REVAMP
FITTER	REVISE
LARGER	SOUNDER
LONGER	STREAMLINE
NEATER	STRONGER
NICER	WELL

Ski Resorts

```
N E F O H R Y A M V D A Q
P O N T R E S I N A F R U
W E S T E N D O R F O G W
A V O R I A Z Y J C D E I
Z E L M S U A M L L E N T
S E L R G T B R A N D T V
O F R U S P J W F N C I K
V S J M I E L O M G P E A
A A O W A E E S H W G R P
D A G L D T A F A A E E R
A S X N D P T W E G N N U
V N I S R E T S O L K N N
W R T N O T N A T S D V L
G Z E L L A M S E E A J D
L X A F A T L E C H Q L I
```

ARGENTIERE	PONTRESINA
AVORIAZ	SAAS FEE
BRAND	SEEFELD
DAVOS	SOLDEN
ELLMAU	SOLL
GRINDELWALD	ST ANTON
KAPRUN	ST JOHANN
KLOSTERS	WESTENDORF
LECH	ZELL AM SEE
MAYRHOFEN	ZERMATT

```
H Q H S D L F Y H E I V E
S T I L D S P I R I T R L
U D O Z N E L P X A D M G
R G Q F A S C E X V E T N
E G N Z L S Y L D R J G I
I X Y P P A H C R G A G J
N S E U A D A Y N M E L E
D E S L L N B D E D M G Y
E V P A D J Q S Q X O D O
E L E L C I C I P O K T C
R E E X Q K M Y R R H S A
X C H R I S T C H I L D S
T A I T T E S N I O P T P
M U W K W E L L U Z V C A
E T I H W K R S N U J K R
```

ASSES	LAPLAND
CANDLE	MERRY
CASPAR	MYRRH
CHRIST CHILD	POINSETTIA
ELVES	REINDEER
GAMES	SACK
GOLD	SCROOGE
HAPPY	SLEDGE
ICICLE	SPIRIT
JINGLE	WHITE

Buildings

```
E L R E W O T C K E H S L
S E O B S J A K G C W H E
U T Q J K S M A R W L I X
O O S F T T U N K T A W
H H N L V T H O S E U N W
N W E I O C I I K E M X Y
W K F C S S E R S E U T Q
O I K D N A A G P H I M E
T Y N A F M C A E S R G X
L H M D R E L U R L A E P
C I N E M A U E V R L M E
B K P D C I V Q A D O O B
V U I E O I L G S H S T C
S A U V N D F L N O M E K
Q W B U N G A L O W M L J
```

BUNGALOW	MOSQUE
CASINO	MOTEL
CASTLE	MUSEUM
CHURCH	PALACE
CINEMA	SOLARIUM
COLLEGE	SUPERMARKET
COTTAGE	TOWER
GARAGE	TOWNHOUSE
HOTEL	UNIVERSITY
MANSION	WINDMILL

British Comedians

```
E E D N V Y D Y G K Y Y W
C J F R O A Z A Y A F S Q
O C U C V S E G K Z A M B
R L O I A M I Y C B B A M
B L E O R R R V C W R I J
E S L R P E R G A K E L Y
T E L I T E K O E D M L Q
T H Y T H F R R T O N I J
W D A R R X G T Q T E W I
I L C E F P Q E B Z R U N
S O N L G L A U R I E D P
E C D O E B F A A V N V M
H H H D W E V E N U A L H
T M O E I Q S E D Z C I E
O V X Z K E K E N L N S S
```

BARKER	FRENCH
BRAND	FRY
BREMNER	GERVAIS
CARROTT	HILL
CLEESE	KAY
COOPER	LAURIE
CORBETT	ODDIE
DAVIES	SLATTERY
DAVISON	WILLIAMS
DEE	WISE

Currencies of the World

```
R D N O G T R R I X A Z N
U F F P X H G R P X F Y E
P R B M V A C N I K K O Q
E A B Y A B Y E O B M U A
E N D O P H P I A D A R B
N C N J L W R V J O A H F
I A N I Z I F I F N L V V
Y O I M B R V D D H Z E S
W B N R K N O A L P L I P
A L A Z A L I V R E O O G
G A N E L A P M K Z T E O
I B K A Z X M X N J Y C U
G N R Y L A E R S E E A R
F V T B A W B I N N R G D
M N H I I T C H T Z F E E
```

BAHT	INTI
BALBOA	KYAT
BIRR	LEK
BOLIVAR	LEV
CENT	NAIRA
DIRHAM	RAND
DOLLAR	REAL
DONG	RENMINBI
FRANC	RUPEE
GOURDE	ZLOTY

Classical Music

```
D K X S V A Q Y J T W R D
L B I F O W O L E V O Y A
E E L S W A F S L A O A K
I E S C T R V E Z U D E D
F T B H T A D E J P B A X
U H E O L R C H A V E Z Z
F O X E P H E G Q Z A R T
V V B C R R D N F B U O C
G E G K Y E U R G V V S O
E N X L Z G B S T A R K N
A C J G K E G I A F W A C
A U L K E R Q S E L E S E
S S B O Y Y S L Z S K N R
P M W E D S K K Z U Q A T
O Z B A R O P R O P Q F O
```

AUBER	PORPORA
BAX	REGER
BEETHOVEN	RUSALKA
BULL	SCHOECK
CHAVEZ	SEIBER
DOLCE	SET
FIELD	SOAVE
KEY	STARK
LYRE	WAGNER
OTRECNOC	WOOD

Shades of Red

```
Y V P O Z E F T L W X E G
U Y B U R T J Z A N C R B
S C A R L E T J O H E Q N
L O S U A D R I E N Q A O
A N L D C W L R I C I F Y
L G Y D P I R M I D E S M
I O L Y M Y R N N A O I A
Z V M R L A N I D R A C R
A Q E B C A G L X I K E O
R V O N B K O E K T M R O
I C E A C B M J N O D I N
N Q R I S L K F R T J S W
E J R T J O M H M I A E S
Z B E K G O C G K G Q S N
U R P D K D N O S M I R C
```

ALIZARINE	CRIMSON
BLOOD	INDIAN
BRICK	LOBSTER
CARDINAL	MAGENTA
CARMINE	MAROON
CERISE	ROSY
CHERRY	RUBY
CHROME	RUDDY
CINNABAR	SCARLET
CONGO	VERMILION

```
P H I X B E D S T E A D L
L T I N S T E A D R E A W
A R E T S M A E T A E A B
T T E A V H O B N T B K Z
E Q L S S R Q O S E N A R
A C P A A I K O T A A E E
U H L A N E E B E T S
I A A A Z T T G A L T S A
S T E Q E A E P R E O F E
Z E A T R T J A I N R E T
I A A A A Q C V N R P E N
P U E B T G A A G L T B I
S T E A M R O L L E R S A
S T C Y S T E A L I N G R
Y H T L A E T S R X Y A B
```

ATLANTEAN	PROTEAN
BEDSTEAD	RATEABLE
BEEFSTEAK	STEALING
BRAINTEASER	STEALTHY
CHATEAU	STEAMROLLER
GATEAU	STEARATE
INSTEAD	STRIPTEASE
LACTEAL	TEAMSTER
OSTEAL	TEARING
PLATEAU	TEASING

Wise Words

```
S U O I C A C I P S R E P
A E M O D S I W U Y C E G
P L T N E I C S I N M O I
I B L I N S I G H T F U L
E I U R E V E L C D I E T
N S F R E E Y A S I N L C
T N E D U R P U J S T B E
W E R F E R O I U C E I P
S S A D R I G N D E L S S
Y M C L C O N F I R L N M
S Z A A L W I O C N I O U
S A G R H L W R I I G P C
A A O S T I O M O N E S R
S Z R T Y S N E U G N E I
X X U S O H K D S K T R C
```

CAREFUL	OWLISH
CIRCUMSPECT	PERSPICACIOUS
CLEVER	PRUDENT
DISCERNING	RESPONSIBLE
INFORMED	SAGACIOUS
INSIGHTFUL	SAPIENT
INTELLIGENT	SASSY
JUDICIOUS	SENSIBLE
KNOWING	SMART
OMNISCIENT	WISDOM

Richards

```
X N R W N Y B E L B M I D
G U E I D O W A G N E R U
Y K A D A M S L B X I E N
E R M O J L G N D H C E W
D A U H G T T N A H N R O
J J R R H X O I A R C T O
S I D G C M N M R S B D D
E C O M M S B L S E W N Y
E E C A W E V U B C Y U T
L K H O R I A B U R T O N
D K R L N R N N Y Q E R T
A T A L T C D Y I S S R E
H I D S M L Y J M X A U R
N O S L I W K E D C O L E
R A G D E I E M Y A L N G
```

ADAMS	HAMMOND
BRANSON	KRAJICEK
BURTON	MURDOCH
CHAMBERLAIN	NIXON
DIMBLEBY	ROUNDTREE
DUNWOODY	STRAUSS
EDGAR	TRACY
GERE	VAN DYKE
HADLEE	WAGNER
HAINSWORTH	WILSON

Autumnal Season

```
T N L U Y O S L S T O O B
I O C A C F C T N O W O X
U G V G V O K O O B O E V
R P W E T I A Z O O L V S
F N K Y H P T T Q L K C O
S V C T P F Q S P S I R C
P T S L T L Z Q E C Y F T
O L E V I O Q I W F O E O
R S L A V W R B A S U T B
C M H A O E B E H D S W E
H E I H F R H M V O H B R
R N Z S O S K C S P B M Y
E N J C T Z X B F O Y N E
A I R S S E N T E W G N C
P D D A M P W H A T W W C
```

APPLES	FRUIT
BOOTS	HAT
COAT	MIST
COOL	OCTOBER
CRISP	PODS
CROPS	REAP
DAMP	SHEAF
FALL	STEW
FESTIVAL	STOOK
FLOWERS	WETNESS

Scotland

```
H E K E J L X F S H O R Z
G E I C C S E L O A J C D
R R C P I L E I U H L G N
U I A G S W S Q N L F R U
B T B J I L A A D S O A W
N A E S A L O H O L N M E
I B R Y C Y K G F R W P M
D E F I F B N O S O T I S
E R E H A S H P L Y Q A V
I D L G R T T A E B B N H
W E D G R E Q N A R C Q T
B E Y I A R K N T I J K R
B N F P N R E A A D I H E
R A F R O F K N H G J C P
T H D U N D E E D E Q P V
```

ABERDEEN	GRAMPIAN
ABERFELDY	HAWICK
ANNAN	ISLAY
ARRAN	LEWIS
DUNDEE	LYBSTER
EDINBURGH	ORKNEY
FIFE	PERTH
FIRTH OF LORN	ROYBRIDGE
FORFAR	SOUND OF SLEAT
GOLSPIE	TIREE

Dreams

```
U F O D I E Y P Z K W L J
T H E P A S T H X R I B P
Z Z E L A W S D W O R C Y
M Z Q T B A T H E W I F E
Y G N I K N I S W H G S L
N A S N E I L A T U N N O
F Y F A C M N T Y A I I M
G A C A U A E F K L N F E
N S H N Q L S E L Z O F A
I P A R P S D T K Y R O T
L M S E B N E I L Y I C I
I N E M E M O R I E S N N
A H S S W C K Z S H S W G
S S S H T H E F U T U R E
D A F O O T B A L L A G T
```

ALIENS	IRONING
ANIMALS	MEMORIES
CASTLES	NAKEDNESS
CHASES	SAILING
COFFINS	SHEEP
CROWDS	SINKING
EATING	THE FUTURE
FANTASY	THE PAST
FLYING	THE WIFE
FOOTBALL	WORK

```
M R Z C U V O U V X Q S H
N E K A W A U C S L D A S
U E F Z K A E R B Y A D U
D G N Z G W A K E U P E R
D N T I S N O O Z E S E B
E I L Z H M I Q L I F W H
Y N X I W S C K R L T M T
E W E S E M D N A M U N O
Y A G L A I U N I M A T O
R Y D I A S N E A S D Z T
A K I P P E R S S E N E A
E L R P L F R I K L S C B
L S R E B E O E D X I I S
B A O R J R P U C A E T R
U Y P S C R A T C H X Y S
```

AWAKEN	PORRIDGE
BED-MAKING	RISE AND SHINE
BLEARY-EYED	SCRATCH
CEREAL	SLIPPERS
CROISSANT	SNOOZE
DAYBREAK	SUNRISE
FLANNEL	TEACUP
KIPPERS	TOOTHBRUSH
LIE-IN	WAKE UP
MUESLI	YAWNING

Seven-letter Words

```
Z J O C U T S U G S I D C
P E R V A D E T Z Y Y P T
M T K F N B S O O Y B F I
D B S L R W B H V P D W B
N O W H E R E A R V P E L
B V H Y H K D F G H T E I
D E E D B N Q N U E Z A R
N R N N Q E N U L S O W E
A L T X I E R H B T D L H
L A U S H C T E O D A E T
L P W C O A C P H U V R O
O V T Q T P K A S W A R N
H I U F Q C T U V P R A A
K J E N A D N U M I B U G
N L Q J N U O N O R P Q Q
```

ANOTHER   NOWHERE

ATHLETE   OUTPOST

BRAVADO   OVERLAP

CABBAGE   PERVADE

DISGUST   PRONOUN

HOLLAND   QUARREL

JACKPOT   STOPPER

KITCHEN   UNUSUAL

KNEECAP   VACCINE

MUNDANE   WHEREBY

Helicopters

```
X I T U S A T S U G N A M
H N A U D Z I E E A I O L
A N Y J O M C N C Z H X B
V T H L E C A R G E P L R
O I N R H R S N Z L U D V
C G L I C J I T A L A H M
F I N Y T K D B A E D M P
N D K W A H A E S B E L T
X S V E R E G H I T M C L
A H S S M Y A I B U U O F
P O T E X M H Q N I M B C
A K I K U T J S P K R R J
C U G P S Q S K E Y A A U
H M E C C O M A N C H E Y
E I R I R O Q U O I S W S
```

APACHE	IROQUOIS
BELL	LYNX
COBRA	MANGUSTA
COMANCHE	MERLIN
COMBAT SCOUT	PUMA
DAUPHIN	SEA HAWK
GAZELLE	SEA KING
HAVOC	SEA KNIGHT
HIND	SKY CRANE
HOKUM	TIGER

Languages

```
K K L G C H S C Y Y J K F
P U N J A B I M D J G Y J
O O K N W F N N Z B F X G
V W R L A K T N D V P K E
Y V I T A L I A N I W N R
S R H F U H A D U T C H M
H I U C E G S T B A S S A
S R N M N S U I A I Q I N
I E K H A E E E N C I M Y
K Z U J A N R N S A K E O
R A R Y I L I F O E D L Y
U R D U D F E A P T U F B
T C I L E A G S N Y N V B
M W S Y N O R W E G I A N
R N H L N L O O H N S V C
```

AZERI	HINDI
CANTONESE	ITALIAN
CATALAN	KURDISH
DANISH	NORWEGIAN
DUTCH	PORTUGUESE
FINNISH	PUNJABI
FLEMISH	RUMANIAN
FRENCH	SINHALESE
GAELIC	TURKISH
GERMAN	URDU

Spying

```
E D M Y I G Z Y L Z D J E
K T Y U L A K Z R M R P K
C B A S M S J S L E U T H
A C S V I P N W C E P I T
M O U R I O E I N T G S N
O L E J O R F E H I E P E
U D V P D F P D K N V V G
F W R S O I J U Z G I D A
L A E E E F S O A T T A N
A R S C P N W C A F I S O
G U B R A E C R O Z S S I
E S O E L I E O M V N O P
F S Y T Q P K L D C E M S
Q I A M O G U E S E S R E
Z A Y S P W Q O I E D Z F
```

AGENT	OFFICER
CAMOUFLAGE	OPERATIVE
COLD WAR	PRIVATE
DISCOVER	RISKY
ENCODED	RUSSIA
ESPIONAGE	SECRET
KEEP MUM	SENSITIVE
MEETING	SLEEPER
MOSSAD	SLEUTH
OBSERVE	SNOOP

Associate

```
D K J I K U K A F I B E J
C O M P A T R I O T M L O
Q N V W Y G R E I L A P I
Z L Z S O N X H L W T U V
O P Y O O L A Y U A E O E
F A X L C M L P Y B T C T
C R X X Y L F E M W S E A
O T A A A R P U F O V E I
M N V T I X H C U W C N L
P E L E E C V B J Y E I I
A R N I M R F L O G L B F
N D P W N F N K I N G M F
I Q U D R K E I N T N O A
O E T I N U N E T D I C I
N E E D A R M O C Y M F J
```

AFFILIATE	FRATERNITY
ALLY	FRIEND
CHUM	JOIN
COMBINE	LINK
COMPANION	MATE
COMPANY	MINGLE
COMPATRIOT	PARTNER
COMRADE	RELATE
COUPLE	UNITE
FELLOW	YOKE

Dogs

```
W G J M H F A R I A S N Z
S O Z Y W H B E A G L E R
M D Q S O X I C Q C F T E
Q E L I H Q Q L U D H N T
E S R R C A E A S R L O T
K E L Z I R R S B B T M E
E T Y K G E H I C T S N S
P L M N L U T E E F H I H
P A O B P C P R T J E D S
U M M I H X H C X L E E I
P U C J O O S R O E P I R
T Y K E U E A H R N D D I
I I F N M T D D N N O N U
K R D O C O O S G Y G A G
E W F D C G W J P W M D I
```

BEAGLE	MONGREL
BITCH	OTTER HOUND
CHOW	PEKE
CUR	PUG
DANDIE DINMONT	PUP
DEER-DOG	RACH
DHOLE	SHEEPDOG
IRISH SETTER	TIKE
LYM	TUMBLER
MALTESE DOG	TYKE

Beers

```
K M V R Y O M L B F R U N
B V V K E T E T L E Y E Q
I B O W I G W G N E T K M
E O L H H R A S K S H N A
H H E I E O L L L T W P L
T E R T Q I A O I O D F T
S M T E P A H H R V M S T
E I L B C R A B A U A G U
B A F E B I N M H E Z E O
D Y X E T A A P Y Q B L T
L P P R V N R S A L T A S
O H Q S A G E L M K E E S
G V O P C Q B C E L G L Q
W J B P U T O V J Y W A A
F N X I S E S R M G I P I
```

ATLAS	LAGER
BARLEY	MALT
BITTER	PALE ALE
BOHEMIA	PANAMA
BROWN	PILSNER
GOLD BEST	SOBERANA
HELL	STOUT
HOLSTEN	TETLEY
HOOKY	WHITE BEER
HOPS	YEAST

Active

```
E T S E L P P U S R I U K
L G N P F L Y C W Z T S J
I Q N E R Y N L B Z I X Y
G V U I V I W F E R L S E
E T E I R R G S B V U D V
L C E L C R E H N B I Z I
I Q G A B K I F T E F L T
G V P R O M P T N L T D A
A Y I O Y Z I E S N Y E R
U T T G A D R N E L V Y E
P A W R O G H G B I K O P
U R I O E R I L T V S L O
P Q F T R L O C Y I X P V
J Z I V I K A U D N I M W
K C B D H Z N Z S G F E I
```

ACTIVE	LIVELY
AGILE	LIVING
ALERT	NIMBLE
AT WORK	OPERATIVE
BRISK	PROMPT
BUSY	QUICK
DILIGENT	SPRIGHTLY
EMPLOYED	STIRRING
ENERGETIC	SUPPLE
FERVENT	VIGOROUS

Opera Composers

```
N H C A B N E F F O L Z G
E A P X R V E M A D M O Q
V D V M E N O T T I U I Q
O O S R N E K F T N N L Y
H N D G O M A O O I P R L
T I I L N I B D L S R E W
E Z K U A Q P L T C D B T
E E T C D U E R E N G A W
B T E K R B A N A Z B Y E
W T N C O V W H M K W T R
L I E N I E I O Q H R J U
C L S N G X Z E B I Z E T
L U S T R A U S S W I B K
O K A X R N X C L K H Y F
Y U M T I X P U C C I N I
```

BEETHOVEN	MASSENET
BELLINI	MENOTTI
BERLIOZ	MOZART
BIZET	OFFENBACH
BRITTEN	PUCCINI
DONIZETTI	PURCELL
GIORDANO	STRAUSS
GLUCK	STRAVINSKY
GOUNOD	VERDI
HANDEL	WAGNER

```
Y R E R A P E R P Q J K B
B E N E F I T S L N D R T
K J V I L B M W O E A B W
X E L W B C N I D C V T S
A E N W J O S U K E I L N
T F R V Z N C E L P C I O
E A E U E T T G S X C H I
T P V P I R N C A U D I T
A O E O V I D H Z A E E P
T I N X S B R E I R C C M
S S U H B U C C D E L A E
B E E A Q T D K V F A M X
C S G G X I B L O U R I E
X D K A F O R M S N E R O
M W L I W N M L J D A G Q
```

AUDIT	GRIMACE
BENEFITS	PENSION
BRACKET	PREPARER
CHECK	REFUND
CONTRIBUTION	REVENUE
DECLARE	SINGLE
DEDUCTIONS	STATE TAX
EXEMPTIONS	TIPS
FILE	VAT
FORMS	WAGES

Blue Beginnings

```
J E D R L G R A S S T Y O
M V V L O D S H A R K D Q
J N U O A X Y R E D R U M
D B S I N X O E Y J M I L
I E S R B C T R D U O R B
H Y T N A Z G I G W O L E
C O L U M B I N E N N J R
R V Z T A R M S C K R A R
O T X R Y E Q E R S W Y Y
K O C I O L G O G P V K D
F E G B R Z F L E G N A J
H F W A P J H T B N Q E Y
S L I N N G B Z J K A V O
K A U D H Z C R C N N Q G
Y G C T F C K O S O E K P
```

ANGEL	GUM
BERRY	JAY
BULL	JEANS
COLUMBINE	MOON
CRAB	MURDER
DAISY	ORCHID
FLAG	RIBAND
FOX	RINSE
GOOSE	SHARK
GRASS	SKY

```
D E H V X Q E L T Z U F W
Z R T A T S Z C A Y L I U
S A U Y A H X R C G S Y Y
A E R C Y C U I W K E C E
P W T E S T I M O N Y L Y
P S W T F T F E H T I E Z
E V R Z L R A G L G J R T
A T S G A E I N D Y C K N
L Q I U U W M K D I Z C A
J N D R M I V E C X V U D
U Z G J W M L Q N H Q C N
R I G H T S O T C T A M E
Y R D R A W A N Y D I R F
R S C A I F E D S S Z L E
B B I M V B Y F X S Z Q D
```

APPEAL	LEGAL
AWARD	RIGHTS
BENCH	SETTLEMENT
CASE	STAND
CLERK	SUMMONS
CRIME	SWEAR
DEFENDANT	TESTIMONY
FRAUD	TRUTH
GUILTY	WIG
JURY	WRIT

Famous Australians

```
N K P G R E E R N O G N F
A J P W M L K B D R R O R
T N A H P I L O C U E S A
S M O R G A N M P B K K S
N K U Z W A L B R O C C E
U R I S G O B A M N A A R
D K O H H S D H S N P J T
B N U S R M W E J E J T S
K E I G A Q I O F R O Y E
W H A N X V D V L G L Z I
C I L N A W O C F L X O Z
H I N D B Q L L E J O O N
W L J T H R E K L B F H E
J I Z D O H H B V Q D X M
B M E X H N V A P V S W Y
```

BONNER

BRADMAN

CHISHOLM

COWAN

DAVIES

DUNSTAN

FRASER

GREER

HELFGOTT

HOLLOWS

JACKSON

KELLY

LAWSON

MABO

MENZIES

MORGAN

O'DONAGHUE

OLIPHANT

PACKER

WINTON

Move

```
A O Z P R M S D Y Q W Q I
M P N R E T N U A S A F P
E M M T N U A J Z M L L Z
A Q T A O D S Z I K K K B
N D B B R R C E G D U R T
D Y V P T T U T A C E P Q
E H M A S W R H L W O L F
R T C P N A R O L T F U E
T E G A I C Y B I K F M O
E Z M P S F E B V E I B T
C S S G G C R L A R N E P
N E K P F O A E N T J R I
A R A M B L E D T T Q P T
D S U S C S R N E E O I P
U O T P G Y D U H F Q J E
```

ADVANCE	ORBIT
BOUND	RAMBLE
CASCADE	SAUNTER
DANCE	SCURRY
FLOW	TIPTOE
GALLIVANT	TRAIPSE
HOBBLE	TRAMP
JAUNT	TREK
LUMBER	TRUDGE
MEANDER	WALK

Gym Work Out

```
E C N A D S S Y E L L U P
Q S P E T S P I N N I N G
F E J R O T C U R T S N I
S H N O U L Q E S I G N G
L R O I G U L P J S G C Y
L E S R L G L L P G E G E
E W W R S O I L E Z D R T
B O I S S E P N E B M K P
B H M X T X R M G Y R P Z
M S M W H E E G A S S A M
U I I C G R B T K R A N B
D Y N T I C S S E N T I F
X E G M E I G G U A G O Y
B M O R W S Q A N T F O T
O C I F O E S U B V G I U
```

BARBELL	PRESS-UPS
BENCH	PULLEYS
DANCE	SAUNA
DUMBBELLS	SHOWER
EXERCISE	SPINNING
FITNESS	STEPS
HORSE	SWIMMING
INSTRUCTOR	TRAMPOLINE
JOGGING	WEIGHTS
MASSAGE	YOGA

```
E M A T C E L I P H C F T
V B F V V O X E C E O R I
I P R O S P E R P S L P F
R M M G H I A C R O Q R E
H A D Z O M L P O P R O N
T L R O V E M R N O H P E
W O R G E F B O H R E O B
Q T F M L L O G H P B U E
T N R U I M P R O V E N C
I E I N R T U E W Z B D N
Z M S Q V T E S Q A D M A
S G A I J X H S F M R H H
E U L A A S B E Q C S D N
N A E L O R P A R U H R E
D K T P F N Z R P N D G A
```

AUGMENT	PROGRESS
BENEFIT	PROPEL
ENHANCE	PROPOSE
EXALT	PROPOUND
FORWARD	PROSPER
FURTHER	PUSH
GROW	RAISE
IMPROVE	SEND
MARCH	SHOVE
MOVE	THRIVE

Explorers and Discoveries

```
N A M S A T L E B A B M E
S C B J P I Z A R R O C X
C A N H Y K Q S E E A Z R
O E A S T E R I S L A N D
T L T S H N P D U M I A H
T R D B E M F F A N R S S
F Q A S A D S Z S O O Y U
M B N D S G O T B A T N P
I A I C E N L Z Z R C R P
N A T I V E S F O O I N L
D F L P M P E L R L V U I
I Z T A E Y I T R C E F E
A Y C O L A E A O V K I S
N V P C S S R N S A A J K
S N O R T A P Y S R L A I
```

ABEL TASMAN	NATIVES
AMAZON	PATRON
CAMEL	PEARY
CORTES	PIZARRO
DAMPIER	PYTHEAS
EASTER ISLAND	ROSS
INCAS	SAILOR
INDIANS	SCOTT
LAKE VICTORIA	SUPPLIES
NANSEN	TRADE

Puzzles

```
V K Y R D F I T S Y M X X
S G K N I L E O A F R R U
W R N E O T L L L J N M A
W F I D N U P J J Z M Q J K
O B H N T I Q F A Z G S L
R V T I W U G R E C U E T
F W O M R M G A E O M P V
B N H E S A E O M B S G X
S F R M N R C I F I M P F
F Y U A U G O M U A T U S
I S E G R O D P N I U W N
L Z I U Q N E B I G P U E
L F V R A O S U U M G E P
T B R A I N T E A S E R J
S F S T O R Y W O R D L F
```

ANAGRAM	MIND
BRAINTEASER	NONOGRAM
CODES	NUMBER
FIGURE	PLAY
FILL	PUZZLE
FIT	QUIZ
FUN	SOLUTIONS
GAME	STORYWORD
IMAGINE	SUMS
LINK	THINK

Y Words

```
F X W S O X K G N E F H S
E E Y M O N D A R Y X R T
Y E B E H F R Y Y N O U K
N O Y M A I X A U P E Y Z
Y P A R Y R Z R Y U I O O
A M D A H E B R U B P U A
R I R D M E J O M G P T O
D A E R Y P R W O U U H W
S M T A U P Y I Y K Y F N
T A S Y C I B O G Y P U G
I H E P C Y L S U O U L Y
C O Y E A K E M Z N D U R
K K I R E P P A Y J G G J
J O H Y H S I W O L L E Y
R Y L W V F G J N Q X W R
```

YAHOO	YESTERDAY
YAK	YEW
YAPPER	YIPPEE
YARDARM	YOKOHAMA
YARDSTICK	YOLK
YARN	YOUNGER
YARROW	YOUTHFUL
YEARBOOK	YO-YO
YELLOWISH	YUCCA
YEN	YUPPIE

British Monarchy Names

```
B E V H Z W K K H A T Y D
W C G X A R T U T A K U K
A I F R U R P G E W T N F
L H L H O H A R B V S B Q
E A T L I E B S A S O M I
X R Y L I W G F Z O P I X
A K I P E A O E I Y H C X
N P C R A F M I L N I H R
D U D I A A V N E R E A O
R N X L R N I E Q S G E S
A W I A P E H G I N L L D
R C Z E A E D U P W O Y N
E H T K N E O E E D R S I
E E I R N L O Z R A B Q W
R Z Y Q E G C C M F J T V
```

ALEXANDRA	LOUISE
ALICE	MARY
ANDREW	MICHAEL
ANNE	PETER
ARTHUR	PHILIP
ELIZABETH	SARAH
EUGENIE	SOPHIE
FREDERICK	WILLIAM
GEORGE	WINDSOR
HENRY	ZARA

Germany

```
V X H F A N B U O W E L K
I S C F I M A N N H E I M
Z J C L B G N I R H E B J
M N R H B F E F D K L Y W
N E U S W A X I X V E N F
B I C F D I V C G U S I O
B R E M E N T A C T S E H
F R H T H I Y T R G A L L
D H A V S M H I E I K U E
B I L T G V M O A R A A P
T N L Z W I R N E R S R M
C E E G R U B M A H I F E
K C O T S O R S U N U A T
L S S O L H C S D T G C T
X B Z U G S P I T Z E M K
```

BAVARIA	RHINE
BEHRING	ROSTOCK
BERLIN	SCHLOSS
BRATWURST	SCHWITTERS
BREMEN	STEIN
FRAULEIN	TAUNUS
HALLE	TEMPELHOF
HAMBURG	UNIFICATION
KASSEL	ZUGSPITZE
MANNHEIM	ZWIRNER

Gemstones

```
E U K H H U D W N Q V R J
N N Z O L I V I N E O U F
O L A X X U D I X O H J Q
T E Z E G K B D K M P T A
S N T C T V E E E E H K G
E I Z I J I T E A N U N A
N P U A H T S R V N I M T
I S S O P C L U Z S B T E
H I I N P O A I L E Q G E
R U B Y Q O T L R A Z A H
U V Y X U E P D A W D R V
J G M R A W A A E M O N L
C A B E R Y L J L J R E A
I B D R T E N E H P S T Y
H B V E Z L B T U S A H Q
```

AGATE	OLIVINE
AMBER	ONYX
ANDALUSITE	OPAL
BERYL	PEARL
GARNET	QUARTZ
HIDDENITE	RHINESTONE
JADE	RUBY
JET	SPHENE
KUNZITE	SPINEL
MALACHITE	TOPAZ

Ports of the World

```
J N F C U P K N E S Z X B
I J O J B E R G E N B S K
S R D T C H G Q B T I K B
K C V A P U A M W A L T W
O N D H R M H I L P B D W
P I U B V C A A F B A I D
Z L E U I K C H Z A O E K
L E E W A S E L T I A P I
Z Y R G K N G C N U A P N
R A T U A A L A I U O E V
H R C F S D W I V N N S O
O D M R O G Y R S E E W R
N Q Z V E P P J W B G V B
S I E H H S D T N A O B U
S R R M I A U C K L A N D
```

ACRE	GDANSK
AUCKLAND	GENOA
BERGEN	HAIFA
BILBAO	HARWICH
CADIZ	HULL
CALAIS	LISBON
CORK	OSAKA
DIEPPE	SOUTHAMPTON
DOVER	VENICE
DUBROVNIK	ZEEBRUGGE

```
E N D O R S E H W U U P L
E F A P M Y L W P E V E M
Q K P X F W V A W C S K C
J O P I H U U N S O S O O
R P R P T M T Q P S N A S
E E O C A R V E M F E G Y
V A V I V I D R I J K R N
V H E A R F O R N M A E T
Q C D W L F M F K R Y E E
R U Q E N A S W U S F D G
A O X O C L W G D G I S D
T V C M J L E O O F T Y E
I A L B H E A L V A S H L
F P R S S G R R T A E T P
Y O F Q U E G E E Y T T O
```

AFFIRM	DEPOSE
AGREE	ENDORSE
ALLEGE	PLEDGE
APPROVE	RATIFY
ASSERT	SAY
AVER	STATE
AVOWAL	SWEAR
CONFIRM	TESTIFY
CONFORM	VERIFY
DECLARE	VOUCH

Motoring

```
R O T U B I R T S I D C A
R P X Y G N O S G Y I R T
O D E E P S A D S M E A Z
R I W O X U D C N N S N N
R L D J H L S B O C E K O
I C E C A A A K R O L S I
M O Y N D T S O V A H H S
P B G L T I T X E C C A N
G I R E I O P F H H T F E
S B R A M N Z S C B U T P
H Y Q B K K D V T U L A S
N J N E Q E R E I I C I U
F F C R A S H E R L C L S
B V G N I N R U T T X K M
W Q Y A W E G A I R R A C
```

BATTERY   DIPSTICK

BRAKE   DISTRIBUTOR

CARRIAGEWAY   INSULATION

CHEVRONS   MIRROR

CLUTCH   MOTOR

COACH-BUILT   ROADS

CRANKSHAFT   SIGNAL

CRASH   SPEEDO

CYLINDER   SUSPENSION

DIESEL   TURNING

Holes and Spaces

```
V R H A P V U P I O S P U
T E C D I A V A S P O U T
O F N U H R P C A V I T Y
V P E T O I H E R C Y L B
I L R Z L N A O R A H O B
D U T T L D K T L T N R Y
G G I K O E E Y U E U N U
H H D W W N Y G Z S O R Y
W O D O N T H S T O M A E
D L C R E A O L E N N U T
B E T R R T L O B I L Y T
Y X F U R I E G A S S A P
M M Y B A O G R J R A W U
I U T G W N D C R A T E R
G Z O M W E H B L A C A T
```

AIRHOLE	INDENTATION
APERTURE	KEYHOLE
BURROW	PASSAGE
CAVITY	PLUGHOLE
CRANNY	SPOUT
CRATER	STOMA
DIVOT	TRENCH
DRAIN	TUNNEL
HIATUS	VENT
HOLLOW	WARREN

Bang

```
W L Q T Q E D O L P X E N
O N U X R I R G I F U P Q
L H Q T I I H F I M M S J
B M A E T H R A S H M M F
Q E Z R J Y L O Y A E A A
B Z H E A Z R D Y M B L N
C P Q T E T D M C M A S W
M V O A I H T L U E S R M
K H G N K U A L S R H J Q
S U G O U N P K E M L M Y
T X N T G D U E C Q A J H
R P I E B E X L K O T S S
I E R D Y R G D C G N W H
K A U U R E S O U N D K B
E L Q N C O C R U N C H V
```

BASH	PEAL
BEAT	RATTLE
BLOW	RESOUND
CLANG	RING
CLUNK	SHOT
CRUNCH	SLAM
DETONATE	SMASH
EXPLODE	STRIKE
HAMMER	THRASH
KNOCK	THUNDER

Words Derived From Italian

```
B Y W R E T S A S I D P F
B G R Z B O S E P I A R K
V A Y E E A N F D K E A C
C C L M R I T R J A F N E
Z I A U R S E N C O N N F
E C A U S B A K E S T O P
R M G S M T H R I G C D B
O I I U O S R M I O A A B
F X S G C M E A L D R M R
L U A J T F T O D I T T O
E O V O L O N J U E O C N
M S G P I N F E R N O N Z
O D S G A N Z A N Y N S E
D T B D I E F B H O M U F
V S E T D A R J F L F U L
```

BALUSTRADE	LOGGIA
BRONZE	MADONNA
CAMEO	MAGENTA
CARTOON	MOSAIC
COLONNADE	OVOLO
DISASTER	SEDAN
DITTO	SEPIA
DOME	UMBER
FIGURINE	ZANY
INFERNO	ZERO

Circus

```
S T A E F P C T N E T A Q
S O R R I N G M A S T E R
T N E M N I A T R E T N E
A L M I C Y A R I N C P A
R Z T P V E Q A I C O W Z
S S Y R R Z A I R N K P O
M E D T O O A L I A C E T
L S G N S U T E K S Z M T
C R R W A L S R D U A S E
H O E O W I C E A E K G Z
I H G L D O Z W R T D O L
M P X C U N F C A S M D E
P M T K S S E Y R Z L E M
S X B E T C C J T S T C A
N Q E N I L O P M A R T C
```

ACTS	PONIES
CAMEL	RINGMASTER
CHIMPS	SAWDUST
CLOWN	STARS
DOGS	TENT
ENTERTAINMENT	TICKET
FEATS	TRAILER
HORSES	TRAMPOLINE
ICE CREAM	TREAT
LIONS	TROUSERS

Tunnels

```
X A C R A I L I C S C U J
I L W N W S J U R O K K O
B K N S U E I S N S C K D
M A A Y S I W M W J U U C
H V O B H K A Z P N R L W
R E E U A A T D Q L S H A
E R O Q O N E J O S O R N
D E R G L A I F O K B N U
N I E Q I N C T U Y K W R
A N E L N H H R C S L A A
F A G I G W I F K U G D H
P A T W R K N Z L J P W R
V K A K U T O N R E U A T
O Y O V X V H I S R G D E
F F L A D R E A L F M I X
```

AKI	LAERDAL
BOSRUCK	PFANDER
FREJUS	ROKKO
HAKKODA	SCILIAR
HANNA	SEIKAN
HARUNA	SIMPLON
HIGO	TAUERN
HOKURIKU	VAGLIA
IWATE-ICHINOHE	VEREINA
KAKUTO	WUSHAOLING

Cookery Terms

```
N F F C U N N E M O C H A
Y E S H X L A L F O R N O
O N S A E I E L B A I D E
F I L N L N Y I P E W E R
O T Y T U A I U L U K N R
R N O I I W C O P K I N U
E E N L K C N R D K W A E
S R N L I G R B E E B S B
T O A Y A B W A V C C Y U
I L I P B P V G F H Y A A
E F S Q L A A V Z J D P M
R E E H E R Y A N R O M O
E R E I N I D R A J R X S
I L C I E N D A U B E K Z
F T W J U L I E N N E Z F
```

A LA CRECY	FLORENTINE
AL FORNO	FORESTIERE
AU BEURRE	GARNI
BROUILLE	JARDINIERE
CHANTILLY	JULIENNE
DIABLE	LYONNAISE
DORE	MACEDOINE
EN DAUBE	MOCHA
ESPAGNOLE	MORNAY
FARCI	PAYSANNE

Making Movies

```
U I N N P U E K A M N L Y
R D Y A N I M A T O R D L
E E B O I B E S T B O Y X
C G A U B C N E S W J R W
U C P D L R I S Z K E A D
D T E G E U E R G T C R E
O N R M A R B P T S A T S
R A S A T E E U P C L X I
P M C C I M C M Y A E E G
R T A T F L D X U E L L N
O N X X O F E X X T R C E
M U M K A R F R K K S R R
P T G N I B B U D W A O C
T S I T R A C I N E C S C
O L H B I T P L A Y E R E
```

ACTOR	DUBBING
ACTRESS	ELECTRICIAN
ANIMATOR	EXTRA
BEST BOY	MAKEUP
BIT PLAYER	PRODUCER
BUYER	PROMPT
CLAPPER BOY	READER
COSTUMER	SCENIC ARTIST
CUTTER	STUNTMAN
DESIGNER	TRAILER

Moods

```
M Y Z K K L Q Y P P A H R
P J H X R U N O H K F J H
L R V C I T J S I C G P D
S Y J E U Z U O C L T L K
B D T F W O Q J V U W E W
C O F A I H T A S I A L T
P O R V R M G S L N A C K
E M N E R Q O O X Z Z L Y
E E K Z D R V I Y V K O T
V I V A C I O U S T R K S
I M B W N U J J O L L Y E
S H T G S H G F Y L G K T
H D E S S E R P E D L W O
T P L N L G N I K L U S O
E U H W S Y D Y H C M H W
```

ANXIOUS	LOVING
BORED	MOODY
CROSS	PEEVISH
DEPRESSED	QUIET
ENVIOUS	SULKING
GLUM	TESTY
HAPPY	TETCHY
JOLLY	TOUCHY
JOVIAL	VIVACIOUS
LAZY	WARM

Pokemon Characters

```
C H A R M E L E O N S U P
W D L E U A L A K A Z A M
J R E E N A P N Q H V G L
H A U T A I S I Y P V F I
I Z R I U J N Y K B G Q C
T I C N A O C A V A K V K
M R A O G K R E C I C B I
O A T G C N E P K R U H T
N H N A T D O A S L A G U
C C E R U N B G B L W H N
H X T D G U S A W Z L O G
A C O J T X S S I E O E X
N E S O D A R A Y G D S B
G R P C U E L B A F E L C
M S F R B L A S T O I S E
```

ALAKAZAM	DRAGONITE
ARCANINE	GEODUDE
BELLSPROUT	GYARADOS
BLASTOISE	HITMONCHAN
BULBASAUR	IVYSAUR
CHARIZARD	KABUTOPS
CHARMELEON	LICKITUNG
CLEFABLE	PIKACHU
DEWGONG	TENTACRUEL

Adventurous

```
G Y Y K C U L P A C D A M
W J S C M L H C S R C W A
C H A N C Y I U H W A T D
I Y D T O T O Q E B E S M
L Z D V N U O H R M X V H
N I Q A T B U E O I C R S
N W M E R N O S I M I T I
S O P A G I E L C P T H L
R M V U L R N M D U I R O
I E T J U O Q G Y L N I O
D S D T Q V K A K S G L F
Y G N S Z L Q T S I X L Y
D E T I R I P S I V R I S
V Y J S U O L I R E P N I
D I P E R T N I A J P G Q
```

BOLD	INTREPID
BRAVE	MADCAP
CHANCY	PERILOUS
DARING	PLUCKY
EXCITING	RASH
FOOLISH	RISKY
GUTSY	ROMANTIC
HEROIC	SPIRITED
IMPETUOUS	THRILLING
IMPULSIVE	VENTURESOME

Extinct Animals

```
K A K A W A H I E M Y L H
S U U L A Y S A N R A I L
U H A Z K E Z O W O L F W
Q C C T L L I B E Z D A B
H A A O A Q G D N A W B U
A I O S R E Z A T L Y A S
W U L Y P U R L V Q N L H
A H A C T I A G J N S I W
I F I G A S A D N N W T R
I B K M B P Q N A J R I E
M O A E I U E P T V E G N
A Y A O A O R L O I N E K
M R P G X A A R I D G R G
O I G C T M J P E O O E G
O A L X M K Q E V Q N D R
```

ADZEBILL	GREAT AUK
AKIALOA	HAWAII MAMO
ATLAS BEAR	HUIA
AUROCHS	KAKAWAHIE
BALI TIGER	LAYSAN RAIL
BUSH WREN	MOA
CAPE LION	PIOPIO
CASPIAN TIGER	QUAGGA
DODO	TARPAN
EZO WOLF	YALDWYNS WREN

Fruit and Nut

```
A Z O K J I O M M G C U X
Y S T U N L E Z A H A V S
R R P U I E B Z R O D C I
P M R V E M V Y I A N Z B
B V E E N I T N E M E L C
I O G Y B L A T M K T P E
L T K R W E Y Y H F U E N
B K R R A N L C H P N N I
E Q P E N P A K H D T U R
R M A H B E E C C E S R E
R D E C P L A F E U E P G
Y A U L J F I G R P H X N
O D A C O V A F Z U C A A
Q O L E G N A T K D I L T
M K G C A Y U L K O M T B
```

AVOCADO	LIME
BILBERRY	LYCHEE
CHERRY	MELON
CHESTNUT	OLIVE
CLEMENTINE	PEACH
FIG	PEAR
FILBERT	PECAN
GRAPEFRUIT	PRUNE
HAZELNUT	TANGELO
HUCKLEBERRY	TANGERINE

Girls' Names

```
C P F S T E P H A N I E B
M E V N M M D I G U E E P
J O L H O I X S H L M F E
X Z L I U L T G I U U C J
J Q V L N Y K Z F A Y J U
W L V R Y E A O E O P U L
E A R Y M B M Y J A A N I
C P P M E L K D O N N A E
N T F T P N J E N N Y I T
E R H G D L O V Z A O V T
R B B E N E Z H C N R L E
O K Q G C I R D A K L I L
L L Y J K L D C A U V R M
F D G A O A E M L I W P P
F X Q A T H P O L L Y A I
```

ANNA	JENNY
APRIL	JOYCE
CELINE	JULIETTE
CLEO	LEILA
DONNA	MOLLY
ELIZABETH	MYRA
EMILY	OLGA
FLORENCE	POLLY
HONEY	STEPHANIE
IONA	TINA

Compost Heap

```
G N I R E Y A L S V M J N
H J S L L E H S G G E X O
S C I N A G R O R H S X I
A W S Y Q W X U M G S L T
E T V E H C V S N X D R A
R S G D A Z D I D A Y B T
I U S O E W L R L A M A E
F D R R J E E B C C F C G
N W H S E V A E L A E T E
O A F P T W D D D B A E V
B S I E V O O B M Y T R M
L Y T S T N A L P N H I I
S E I R R E B P F I E A A
B S C R A P S H S M R O W
S L X I T W Z Z A P S L M
```

BACTERIA   ORGANIC

BERRIES   PEELINGS

BONFIRE ASH   PLANTS

DEBRIS   SAWDUST

DECAY   SCRAPS

EGGSHELLS   SEAWEED

FEATHERS   STRAW

FLOWERS   TEA LEAVES

LAYERING   VEGETATION

MANURE   WORMS

```
A R S N K R N A R A H A S
I S Z F U A R A H A N O F
R I C H I B R G I B S O N
O M F R O K I A U U O Z D
T P Y H E A H A K T N N E
C S D Q Y L M W N U U A A
I O A A R A B I A N M U T
V N S A C H I B O G W H H
T Y H A N A R O N O S A V
A T T L O R V E J Q Y U A
E A E I G I G R W P A H L
R K L B B E V A J O M I L
G U U Y V Y D P O U D H E
A C T A D U F A N N A C Y
W Q U N P E H Y H D R P U
```

AN NAFUD	KARA KUM
ARABIAN	LIBYAN
ATACAMA	MOJAVE
CHIHUAHUAN	NEGEV
DASHT E LUT	NUBIAN
DEATH VALLEY	SAHARA
GIBSON	SIMPSON
GOBI	SONORAN
GREAT VICTORIA	SYRIAN
KALAHARI	THAR

Airports of the World

```
J P R I N C E G E O R G E
K A S T R U P N E W A R K
S D M R O B R A H Y K S V
E D R Z L D B U R B A N K
L L E X H V W S E N S B C
E I V T A E E G F S T A I
G N N A R L A R H M P N W
N A E B L O A T C C A G T
A T D U I N I C H I U K A
S E D H C K A T H R L O G
O C N I A R B G M A O K A
L D S E R N G P O E N W Q
K C G A G H E P A L T G J
O P N O L Q C D R N J R I
U W D V S M I R A B E L O
```

BANGKOK	LINATE
BURBANK	LOGAN
CHANGI	LOS ANGELES
DENVER	MCCARRAN
DETROIT METRO	MIRABEL
DULLES	NEWARK
GATWICK	PRINCE GEORGE
HANEDA	SAN FRANCISCO
HEATHROW	SKY HARBOR
KASTRUP	ST PAUL

Shades of Blue

```
W S F C Q V E L A Y O R Z
M B O C O Z E L W X K W D
N Z K R R J N J P Z Z S B
V Z E R R N I A L R T K F
C V K N A E L A V E U K N
R E L H I D U F Z Y E P A
E S A C X R Z L T D J T I
D I E N I R A M A U Q A S
W O T E A W L M B W U E S
O U A R O P N R A U K B U
P Q Z F M L I T I R E R R
T R U T E G I X R D T U P
R U R S H U C G O M W L S
U T E T S A P P H I R E U
E V C O B A L T U T N T D
```

AQUAMARINE	PRUSSIAN
AZURE	PURPLE
BRIGHT	ROYAL
COBALT	SAPPHIRE
DARK	SKY
FRENCH	STEEL
LAZULINE	TEAL
LIGHT	TRUE
NAVY	TURQUOISE
POWDER	ULTRAMARINE

Slot Machine

```
S Q N J V I N O F R Z G A
L H C E A E A W D X N U I
O M R H G Y N H J E W W F
T B H S E N U U X I O V P
E H E X S R A S D D Q P C
D I L L X N R H N G R W R
I G E X L O R I C L E L E
S H V V L S W E E X P E D
A E E S I M T N H S E M I
E R R M G M R I T T A O T
S W K U H Y A H U U T N S
G X P L T D T C O R W S B
B T F P S A S A Y M F A M
M L I M U Q E M A T R I O
G B Z A C V Y F P S T X T
```

BARS	LIGHTS
BELLS	MACHINE
CHERRIES	NUDGE
CREDITS	PAYOUT
EXCHANGE	PLUMS
FEATURES	REPEAT
FRUITS	SEASIDE
HIGHER	SLOT
LEMONS	START
LEVER	WINDOW

Communicate

```
U L B O M F E N A X A P W
B W O T X J H D M C R I L
L A N G I S P L E A D G Q
O S D E O B R A I L L E G
G U M E G A P H O N E O G
D A C T Y L O L O G Y N I
S P E T O R A Z A B I P U
S Z D T E Z Y O O T R O M
E P P T A E T T X R P S H
R D T Y V I T E W O H T C
P U R N A A T E K P O H E
X T O O E R A O E E K D E
E C L Z C G P F G R A C P
T E O S Z E U H J E G D S
T I M S N A R T R E N L G
```

BLOG	PLEAD
BRAILLE	PRAY
CONVEY	READ
DACTYLOLOGY	RECORD
EXPRESS	REPORT
GREET	SIGNAL
LOGO	SPEECH
MEGAPHONE	TEXTING
NEGOTIATE	TRANSMIT
PIGEON POST	UTTER

Canadian Rivers

```
A C O P P E R M I N E Y C
C I N P S O E X U L C A H
T H B P E W T T F Y U N I
N R U M A H I E R K C E L
L S A R U Y H K A O R T C
W T N W C L W V S M J O O
W M C A E H O T E S U O T
I B I V G T I C R V D K I
N O K U Y A S L P P E Y N
N T F O R T N E L S O N Y
I E A T H A B A S C A C L
P S K E I Z N E K C A M L
E L A S S I N I B O I N E
G I V V M O O S E Q C N P
E N I P U C R O P I J S V
```

ASSINIBOINE

ATHABASCA

CHILCOTIN

CHURCHILL

COLUMBIA

COPPERMINE

FORT NELSON

FRASER

KOOTENAY

MACKENZIE

MOOSE

OKANAGAN

PELLY

PORCUPINE

SMOKY

STEWART

TESLIN

WHITE

WINNIPEG

YUKON

Poets

```
U L L W Z N M A Y L C V F
T C D X O T F W T R S B Z
N G G S Y E V A D H A M N
A O D N Y K G E N M U I R
K E L P J S S C F E L L V
U T T T S O R F G S W T J
S H Y U U R M T N E U O G
K E D Z K M C E A E R N E
I Y A Q Y N C Q L X C R X
N H R O Y Y U F H G K U I
A R A S A N A Y A G A M H
N Z X R Q P I M G D Q R H
S D G L O H G L Y J D S J
E L B P V M E S D C A E Q
N O E N K R A Q A F R Y N
```

ANSEN	GOETHE
ARASANAYAGAM	GRAY
ASH	KANT
DAVEY	KUSKIN
DE SOUZA	MCCUAIG
EDSON	MCFADDEN
ELGAR	MILTON
ENSLIN	MUIR
FROST	OWEN
FRY	POPE

Words Ending in EX

```
H I M S V X O E U N X P N
S M Y Q G X P Q E Y Q M S
X S I B E X E F I T N O P
E X Q P K X R Y W W Q Y B
N X S X E L P U R D A U Q
N U E D G U L X E X E N X
A N U T P G E Y T E N I E
C A O Q R L X M R D F S L
C J M H F E X N O N J E P
L I Z E Z X V E F I U X I
N A R T H E X K L J P C R
B P T B T R X B E L G W T
B E F E S U F D X P O J F
S X N Z X M T E L E X P B
W L X E S S U S G X E D W
```

ANNEX	POLLEX
APEX	PONTIFEX
AUSPEX	QUADRUPLEX
CAUDEX	REFLEX
IBEX	RETROFLEX
INDEX	SUSSEX
LATEX	TELEX
MUREX	TRIPLEX
NARTHEX	UNISEX
PERPLEX	VERTEX

```
W P C G S V U D N B T G B
K W X P D S G G G A I K S
W A M E O K P H V G G K W
A I V T L T O E Z T S A S
R I T P O U I R C A D U P
L R H C L A M O M T P F G
O R Q I H O D D N E R M O
C B S X T E Z S R I X A B
K H N N F T S N T C G P L
C Y A J C P A U B A T S I
M H N Q I T A W N A L S N
P A A Z U L L E H X L Y S
F D G R S H V T L U C C O
E E A I M O C A N D L E S
I L R G C S N N A K Y G Z
```

BATS	OCCULT
CANDLES	PAGAN
CHARMS	PHANTOM
COVEN	POTION
DEVIL	RITUALS
GHOULISH	SPECTRAL
GOBLINS	SUPERNATURAL
IMPS	TOADS
MAGIC	WARLOCK
MASKS	WITCHES

Countries of the World

```
O E V M T Q U C U H U M T
C B R R T C J H A C T O T
I E T O T A R I B N I W X
X M Z D P T A U E W A W X
E A I A A A Q I W N D D Q
M N N M I Z G A V T U F A
U I J A R O L N P T I R Y
I R I N T E V Y I N A N B
G U U A S Z G L L S A L A
L S K P U E Z A A M O U I
E W R H A S N H R P E H N
B X A K G D B E K A E X A
T P I Y R A G N U H P N B
A I N A U H T I L J H V L
Z C E C R O A T I A D M A
```

ALBANIA	JAPAN
AUSTRIA	LATVIA
BELGIUM	LITHUANIA
BRUNEI	MEXICO
CANADA	NEPAL
CROATIA	PANAMA
EGYPT	SINGAPORE
FINLAND	SURINAME
GERMANY	UKRAINE
HUNGARY	WALES

```
Y B P H T U O P O R D T E
D E A D D U C K M H S B N
F A L L S H O R T E D E O
F O R F E I T H B A T N D
Q G P Y M T G D S A W L T
G O K U O U N S E A W W U
E B Q R D O K B Q H W P O
T A H E C E Q S I R O T E
N N L E R P L T Z L R S R
O K S S J I E L F V E A U
W R F H O W F Q U I P L L
H U Q H A R I S Z P O E I
E P H S A Q A E I V H M A
R T H P V A U N Y M O O F
E A V G Y P N S G J N C C
```

ALSO-RAN	GO BANKRUPT
BEATEN	MISFIRE
COME LAST	NO-HOPER
DEAD DUCK	OUTDONE
DROP OUT	PULLED UP
FAILURE	SECOND BEST
FALL SHORT	SEIZE UP
FLOP	WASHOUT
FORFEIT	WHITEWASH
GET NOWHERE	WIPEOUT

Financial

```
R F S U N I D N S E D V N
K P O I E C V E P G D I U
V N O F I U G P U R I P D
W C E T C A U Y A A S K Z
S I Y T W G O C Q H C C F
P N T R T U T T Z C O H A
E B W H E I S G D N U O P
C L D A D E M U D W N V Z
U T V E R R A T R D T E U
L L R E B D A Y I E F R J
A C T B A I R W G D R D R
T N N G R A T E A J U R Q
I Z I A S S E T V L M A O
N A R X O Y F C Q O Y F K
G R W G T L N F B I O T K
```

ASSET	LOAN
AUDIT	NETT
CHARGE	OVERDRAFT
CITY	OVERDRAWN
COIN	POUND
CREDIT CARD	RATE
DEBIT	SPECULATING
DISCOUNT	USURER
DUN	WAGES
INTEREST	WITHDRAWAL

English Cities

```
L D L E I F S R E D D U H
O E W X E E N R W G D G G
T S H E F F I E L D U D L
S D V T M A H D L O H I I
I T L E S V S H R T N V V
R R E R V I V B A O E H E
B E E Y E D S B R Z C Y R
X T D P B E Y W P I K R P
O S S E L R I C W C Y T O
C E E D R C A S U O S N O
F C D N H B P D Y X Y E L
N I R H B I Y U F F D V Z
M E U B R I G H T O N O V
B L A C K B U R N R R C M
L O O P K C A L B D B D P
```

BATH	HULL
BLACKBURN	IPSWICH
BLACKPOOL	LEEDS
BRADFORD	LEICESTER
BRIGHTON	LIVERPOOL
BRISTOL	MIDDLESBROUGH
COVENTRY	NORWICH
DERBY	OLDHAM
EXETER	OXFORD
HUDDERSFIELD	SHEFFIELD

Creepy Crawlies

```
K W Z Z A H O V E R F L Y
H L V E L V E T A N T W Q
Z W G M B L O O D W O R M
S A N O I P R O C S S M Z
G R E D A N T Y U Z E R S
N C E C N E J A S L N O C
I O Q L A P T L T J O W S
W T V A E A C E O J R G U
E Y L F N E E R G C D U S
C M D O E B F Q J P U L R
A F D G G J Z G O S V S A
L O D A G A L L W A S P T
Q I T I Z U A B D O M E N
M S R E F A H C K C O C C
A J E E B E L B M U B E N
```

ABDOMEN	LACEWING
BLOODWORM	LOCUST
BUMBLE BEE	MIDGE
COCKCHAFER	ODONATA
CRAWL	RED ANT
DRONE	SCORPION
FEELERS	SLUG WORM
GALL WASP	STAG BEETLE
GREENFLY	TARSUS
HOVERFLY	VELVET ANT

Playing Cards

```
G K T H A I S X E Z Y E O
W N G R A N D S L A M G C
I O Z V G P I H V P M D J
N I S T I U S K E C U I O
N T A R A C C A B A R R K
I C K G N O A F G C R B E
N U I I T J R Q W S N T R
G A M S T H D K C H I P S
H I G H S T A K E S I C P
A B M C E E Y L L H W S O
N O X I P E V A D M H E T
D U E K G G I E T H C N R
C Q I D I R S A N U C B W
N N F A P Y T A E H C J T
G P D G P F R D V W C L M
```

AUCTION	JOKER
BACCARAT	KING
BRIDGE	KITTY
CHEAT	PRIAL
CHIPS	RUMMY
DEUCE	SEVEN
DISCARD	STOCK
GRAND SLAM	SUITS
HEARTS	WHIST
HIGH STAKES	WINNING HAND

Six-letter Words

```
R U Z E J S F Y D V V F W
H D P K G O T T C B M O X
B T F R Y Y A N R R R K N
J W W R O B B E R R E K K
M F M O Z A V S A F F K J
J O F Z R D R B I S P E R
C I M U A G T A M O N E L
U Q U E N C H H P X P S D
R W O D N I W A A P I R O
L W S S H T Q H I N A R N
E A O N A U P K R W K A R
D K U R E V O L P S T S Q
P X C G R X I U Z U S H A
D I K A H O X N R Z D W Y
T W W Q E S S E G V B B R
```

ABSENT	OPAQUE
ADVERB	PLOVER
BARROW	QUENCH
CURLED	ROBBER
GROWTH	SAVING
IMPAIR	SORROW
KIPPER	THANKS
LAUGHS	UPROAR
MOMENT	UPWARD
NATURE	WINDOW

Cartoon Characters

```
P Y B A R T S I M P S O N
Y F E I P Y T E E W T O G
X O L I V E O Y L U G O R
I O T R A E B I G O Y G E
L G W T L T S A Q Q T A H
E P O P E Y E C M H N M T
F Y N V S P H W U B T R N
B D D U F R E M L E I M A
M O E Y H C P G M P G T P
I O R T S E U Q G T G Z K
I C W J R N O D H N E M N
P F O G E F O L U N R O I
L Q M T L R S O F M W X P
X O A L V I R H P G B B Q
T Q N K X I F Y A Y U O E
```

BAMBI	OLIVE OYL
BART SIMPSON	PINK PANTHER
DUMBO	POPEYE
ELMER FUDD	SNOOPY
FELIX	THUMPER
GEPETTO	TIGGER
GOOFY	TOM
JERRY	TWEETY PIE
MOWGLI	WONDER WOMAN
MR MAGOO	YOGI BEAR

Romans

```
S H D C S U M E R F S P H
U E V A Q T S B R U T U S
N H V E K S Q U N G U L U
I A Q S S X C I I T O H H
T D T A J P R E T C R K C
N R I R D C A C D Y E Q C
A I T E A J S S I A C D A
T A U M J U S U I N I G B
S N S V A Y U A E A C Y N
N U C E E K S R V T N I S
O S M P N W O M E I T U E
C H M W G E R S L A B F S
T O G A A T C P L P O C A
P C I A S O M A F V P O T
S U M I X A M S U C R I C
```

BACCHUS

BRUTUS

CAESAR

CICERO

CIRCUS MAXIMUS

CONSTANTINUS

CRASSUS

DECIUS

HADRIANUS

LATIN

MACRINUS

MOSAIC

NERO

PLINY

POMPEY

REMUS

SENECA

TITUS

TOGA

VESPASIANUS

Education

```
J K I Z Y Y P W C C I L Y
M A X E A R O L L C A L L
D A Y R E L E A S E O A T
K O X A C C E S V P D H G
Y W M K C C F S R D L S P
T F O R M A M Z E U O T R
I S V A A T D A U L N N E
S T S E T R H E T E C I F
R N U Y R O T I M R O D E
E E M I C S R S A Y O T C
V D O O A E S M I W X N T
I U A T U E M G Q G H W Z
N T A S S E M B L Y E O R
U S Z S R S E M I N A R M
E T A U D A R G X A X V M
```

ACADEMY
ASSEMBLY
ASSESSMENT
CRAMMER
DAY RELEASE
DON
DORMITORY
EXAM
FORM
GRADUATE

HALL
MATRON
NURSERY
PREFECT
REGISTRAR
ROLL CALL
SEMINAR
STUDENTS
TEST
UNIVERSITY

U Words

```
N G R O I R E T L U M V C
U R G E N C Y Z I U O X O
T S I N O I N U I L G M O
U P W I N D K N P I X U U
F L E W A I A T Y S D K S
E U L C E R H T N N E K U
U R G A U L I U A E M T O
P R I P G U E L B T L Y I
S I V P Q E L L R U U U R
T C U I M E U U U G J R O
A G B R R U X T L K E A X
R U S B C E R I O D U M U
T N M R Q H E L D P X X P
X U T H R S I U Z K I H B
L M Y Z T D O N T Z S A U
```

UBIQUITY	UPSET
UDDER	UPSTART
UGLIEST	UPWIND
UKULELE	URANIUM
ULCER	URBAN
ULLAGE	URCHIN
ULTERIOR	URGENCY
UMBRELLA	UTENSIL
UMPIRE	UTOPIA
UNIONIST	UXORIOUS

```
K R A M N E D Y X K J V K
W S U R O H P S O B M F A
B M K M L B C O A W A Z T
U O A D E A C L I R C W T
T V N L D S I H E C A T E
H J R I A S S N Z W S R G
B T B A F C F I J V S E A
G E Y M T A C L N N A I T
P N L C X L C A O A R P N
D T I L D S A I T R X M Z
D O N N E C S R O X I A S
J R V T N I E F B W M D R
G R A E V A S A A I B B A
N E R A R F M L C E G E H
G S D A R D A N E L L E S
```

BASS	DOVER
BELLE ISLE	FLORIDA
BONIFACIO	GIBRALTAR
BOSPHORUS	HECATE
CABOT	KATTEGAT
COOK	MACASSAR
DAMPIER	MALACCA
DARDANELLES	MANNING
DAVIS	MESSINA
DENMARK	TORRES

Baseball Players

```
G A R Y N O L A N R Y A N
C W Q A A D D I E J O S S
J I M P A L M E R O N T G
N O S L I W K C A H K N R
C S X A L K A L I N E U A
A G S K L L E W E S E O J
R N N E C R G W E M T Y O
L U O I C I R G F O P N H
H O Y T W I L H E L M I N
U Y L M T E R F H T T B W
B S D E R L K M R Z T O A
B S E L Y D A C I E X R R
E O T O Z P H A U J M I D
L R V T S T Y C O B B L G
L M Z T E R I C G A G N E
```

ADDIE JOSS	JIM RICE
AL KALINE	JOE SEWELL
BUCK EWING	JOHN SMOLTZ
CARL HUBBELL	JOHN WARD
ELMER FLICK	MEL OTT
ERIC GAGNE	NOLAN RYAN
GARY NOLAN	ROBIN YOUNT
HACK WILSON	ROSS YOUNGS
HOYT WILHELM	TED LYONS
JIM PALMER	TY COBB

Paris and Things French

```
U E D J B E E O U Q D T D
H I O J B N Q I A J H O X
L R C E I M E D E H Y G Q
U B R E P D H O T L Q R C
I E S J Y I V K A H M A A
T L A D U K G I G H U C F
P I E G E N D A R M E S E
A L E S I N V A L I D E S
R A M O T R I C O L O R E
F V F V K L O U V R E V C
U E Y Q T N O P T I T E P
M C H A T E A U W G A E N
B O U R S E N I I S J S M
E P E R C Y N K E S I Y I
Q C L A D E F E N S E K N
```

BERET	LA DEFENSE
BOURSE	LES INVALIDES
BRIE	LOUVRE
CAFES	METRO
CHATEAU	PARFUM
CREPE	PETIT PONT
ESCARGOT	PIGALLE
GATEAU	SEINE
GENDARME	TRICOLORE
ILE ST-LOUIS	WINE

Composers

```
B C W N Y L I D E L J H C
T A I L L E F E R R E X E
M E U V K R U C V X G E M
R X L I D R A A K N X N G
E I B B I R E N E V A E N
C U Q I W N J N M I K S L
K A F U D U I A R I S C Z
T G A H I O V B X C Y U V
U E W S W E X I M B C N T
E O Z T I W R C O A M Y K
Y D O M T T Q H C V C H S
B A A B T Y M D V I V E S
L C X V O R E T L A W H T
O P T A I L E D N A H M L
W R S A V D N C L A R K E
```

BLOW	IVES
BOHM	KUBIK
BRIAN	LAWES
CAMBINI	LOBO
CANNABICH	MAW
CLARKE	NERI
DAVID	RIQUIER
ENESCU	TAILLEFERRE
HANDEL	VIOTTI
ISAAC	WALTER

Robin Hood

```
F Y R O G L F I M E J W A
G R E E N W O O D X F U X
I S D O U T L A W O K Y T
S A R A H S H E R W O O D
B R A O Q X J E G Z B E A
O C H R V P S P N E M Y M
U H C S R T Y K O C N W A
R E I Y N O I T T T D D I
N R R H T N W M T R A S D
E Y G R S I Y S I O L H M
Y D N H U T R F N M L E A
K N I G H T S A G A A R R
X P K W O Z J B H N B I I
E M S E X A T Y A C A F A
Y T R E V O P D M E V F N
```

ARCHERY

ARROWS

BALLAD

CHARITY

FOREST

GISBOURNE

GREENWOOD

KING RICHARD

KINSHIP

KNIGHTS

LEGEND

MAID MARIAN

MYTH

NOTTINGHAM

OUTLAW

POVERTY

ROMANCE

SHERIFF

SHERWOOD

TAXES

Printworks

```
R V T G T B L S L W W Q E
E S I L K S C R E E N O G
C O P P E R P L A T E G A
S W M I N Y D U K J D G P
S D F O R M A T B M E J P
E K U K B O B T S L S S P
C S J O F F S E T L I D E
O Q M H T O C C I I G S G
R S W Z I O N M N T N N H
P S X D S R N L T H P K R
E Z U K L P S E S O R T D
P T O U T L I N E A V X F
S O H G W X Q A M M J E P
B D A E H R E T T E L T P
M F P N C O P Y R I G H T
```

BOOKS	OUTLINE
COPPERPLATE	PAGE
COPYRIGHT	PROCESS
DESIGN	PROOF
DUOTONE	PUBLISH
FORMAT	SILKSCREEN
LETTERHEAD	SPIRO
LITHO	STUDIO
MARK	TEXT
OFFSET	TINTS

HIGH and LOW

```
N D I H H C R U H C W O L
R E E I N D K A Q T K Y G
O H I G H F I D E L I T Y
B C M H T A L I R G L E H
W T Q N F F A E L E W E A
O I L O Y T T R O E O O X
L P T O V A B Q W D R L L
O W K N W L G S M I B O Y
W O C W I L O H A T H W A
N L O Y R O A W S W G L W
E L K L D W P N S O I I H
C M T V A D D W D L H F G
K R E D A O L W O L U E I
E D I A P W O L C L T N H
D N O I S N E T W O L M G
```

HIGH FIDELITY	LOW MASS
HIGH NOON	LOW NECKED
HIGHBROW	LOW PAID
HIGHWAY	LOW PITCHED
LOW BORN	LOW POINT
LOW CHURCH	LOW SLUNG
LOW DOWN	LOW TENSION
LOW GEAR	LOW TIDE
LOW LIFE	LOW WATER
LOW LOADER	LOWLAND

W Words

```
O W Y E W J G S D D N H M
E I J O C D E E J Y W S Q
V S A W P N N D L W R L R
W D M T A W E G N W E E E
N O X L I I N H L O S W T
U M N V R I T R W M T W L
E S E D L S I E J A L E E
R S E L E H F S R N E A W
W A I N W R I G H T R P Y
K W X R A Y F Q O J R O R
K J W H O S E U S Z D N E
J O W U G N I K L A W R V
Q R N N J R B J B L P Y A
D L O H H T I W W G Y D E
H J V L U F E T S A W K W
```

WAINWRIGHT	WHIRL
WAITER	WHOSE
WALKING	WILLINGLY
WASTEFUL	WISDOM
WEAPONRY	WITHHOLD
WEAVER	WIVES
WELSH	WOAD
WELTER	WOMAN
WHARF	WONDERFULLY
WHENCE	WRESTLER

Intelligence

```
C A F I S W S A X M I Y S
W G E K H Y I K F D N N K
N H T U A B Y S Y E F I R
E E K E R S R P D L O A T
T S M Z P Z A I J O R R H
Q U E U E E F G G O M B O
R Q T I C G L G A H A B U
A H U O T A D B E C T J G
T Z T C R L G E I S I A H
I M S V G E U P L S O T T
O T A A N Y D C W W N C Y
N O G I M E N T A L O E M
A H U D W E R H S F F N S
L S H Z T W C L E V E R K
G T E D A E R L L E W A V
```

ACUMEN	RATIONAL
ASTUTE	SAGACITY
BRAINY	SCHOOLED
BRIGHT	SENSIBLE
CLEVER	SHARP
FACULTIES	SHREWD
GENIUS	THOUGHT
INFORMATION	TUTORED
KNOWLEDGE	WELL-READ
MENTAL	WISDOM

BIG Words

```
C D S A F N R O H G I B Y
B R P S E B I G D E A L Y
D I O B E X F J P Z A R H
B E G B I N B I G F O O T
J I T L I G I C N E F E U
B H G R E G S S H M G M O
B Y Q H A A S T U L F A M
I E A N A E G I I B K G G
G N W T Q N H U S C G G I
O O O A A M D G E T K I B
T M L B B I G T I M E B B
R G G S G I W G I B B R K
Y I R E D N E P S G I B P
B B H G B I G E A R E D Z
C R B I G H E A D E D R L
```

BIG BANG THEORY

BIG BEN

BIG BUSINESS

BIG DEAL

BIG EARED

BIG GAME

BIG HAND

BIG LEAGUE

BIG MONEY

BIG MOUTH

BIG SISTER

BIG SPENDER

BIG STICK

BIG TIME

BIGFOOT

BIGHEADED

BIGHEARTED

BIGHORN

BIGOTRY

BIGWIGS

Groups

```
N O O T A L P I I A C L N
G A N G Z K Y N N E O W O
Q F C E S I O T L Q L R R
G O J Y P N P C E H L X D
R R H P O U R E I I E E A
N C A I G I O I N Q C U U
O H G W C W C R A U T O Q
I E D O O H R E T S I S S
L S C K Y F O T I R O Q V
A T L M W M W O O H N I J
T R R C G F D C N W T T L
T A N O I T A I C O S S A
A J K N I S A G R O S G U
B W P I T C O N C L A V E
Y B D E P X B Y L I M A F
```

ARMY	GANG
ASSOCIATION	LEGION
BATTALION	MASS
CASTE	NATION
CIRCLE	ORCHESTRA
COLLECTION	PLATOON
CONCLAVE	SISTERHOOD
COTERIE	SOCIETY
CROWD	SQUADRON
FAMILY	TROUPE

Chess

```
N Q E W K F V N B I E R N
W K T H G I N K E C C R H
A A O H A C M W A E E X D
P X G O I J Z S Y T U A G
W G P N R O T G S U M Q E
N G O I I L Y A W E J L J
E T H B E K M D W V H Q V
A I S I G D S E V O M C Q
V B I G N I L T S A C N I
O M B A D R Y A Z M Q J N
K A R P O V R E H C S I F
Y G F I A N C H E T T O S
B I G I U C C O P I A N O
D R A O B Z E P O L Y U R
B O W A X E L O B L A C K
```

BISHOP

BLACK

BOARD

BYKOVA

CASTLE

CASTLING

CHESS

FIANCHETTO

FISCHER

GAMBIT

GIUCCO PIANO

GRANDMASTER

KARPOV

KING

KNIGHT

MOVES

PAWN

QUEEN

ROOK

RUY LOPEZ

Fictional Sleuths

```
Y R S R G P N U B F T T W
F E E B D O V H A Z E L L
S K M L N A G E R H R G R
M O L N L V V E I C G B E
H O A H Y E T P A E I C U
D H K L H R R N E N A A M
S J L Y A L N Y Z Z M G O
I T E C C O B M Q Y B N R
H K X I N N A M U U J E S
O A M M S X I H C N E Y E
U W R G C L J U Q H G E Z
S Q T R V G A K Q O A A N
T H Y U Y F I C Q L Z N M
O Z M V P O N L E V W Z A
N Z Q K Y G A G L Y A M R
```

CAGNEY	MAIGRET
CANNON	MANNIX
CARTER	MCGILL
CHAN	MORSE
ELLERY QUEEN	QUINCY
HARRY O	REGAN
HAZELL	SGT HO
HOUSTON	SHANNON
LACEY	T J HOOKER
MAGNUM	ZEP

Animals

```
Y U B G Z A K Q A P B G G
T N A H P E L E O R U I D
A G R L R Y K R G W K M E
T A C E L O P G J S H E Y
D J H K S O N H I C O L T
L I H I I A L B A A K N H
L T B S S O E B D V N B A
A I E Q L X R A E B D H V
M B B A U Q C Y G A O A H
A A R R R W J T X L V Q H
C R L U E D A A O U E E T
A B M P I G G L A O F H R
S E U N A E S Y T R C T Y
L Z G R U C S N X E T N J
K O F P D D A E M E Q L A
```

ALPACA	FOAL
BEAR	GERBIL
BEAVER	IBEX
COLT	IBIS
COOT	LEMUR
CRAB	LLAMA
DINGO	ORYX
DOVE	POLECAT
EAGLE	PORPOISE
ELEPHANT	ZEBRA

Magic

```
L J A F N L K S O L X E W
N L E I K W K T Y I R N W
S J D R C C K T V D X H U
Q F I V O E A D J S R L S
L B A L L P F L Z J K P T
P Y Z Y B A E B B N C S Q
O D B Z P C R S G N I R X
W D R O W S A S N W R G S
E P N I N E B S T N T L C
R W Z I B S B S Q I D Y E
S U A S F C I A C B R K V
W H I T E A T L I Q A K E
C D O I Q R F G G F C U U
J J T W M F G F A R W D M
Q N C G Y B W R M V Z W O
```

AIDE	MAGIC
BALL	POWER
BIRD	RABBIT
BLACK	RINGS
CARD TRICK	ROPES
CHAINS	SCARF
ESCAPE	SHOW
FAKE	SWORD
GLASS	TWIST
LOCKS	WHITE

Soccer Match

```
E F J T Y B X D P S K S L
L R Z G I M N F I I G F C
I U B E N U A D G A R X U
T T E O W I E S L O L T Y
S S N L U S S F C F A N S
N V C H K D V S H O P L E
R Z H A N C S M A E T T S
U Q Y U R F A B N P D S J
T U O F V V A T T J I S G
G R Z N U N E F I Z D I N
G H J P N P A S N K U N I
C H V E S D G M G J B G R
O B R M Q R U W N C A I O
S Y E L L O W C A R D N C
D A N R E F E R E E Q G S
```

BANNER	SCARVES
BENCH	SCORING
CHANTING	SIDES
FANS	SINGING
FLAGS	STRIP
GOALS	TACKLE
GROUND	TEAMS
MASCOTS	TURF
PASSING	TURNSTILE
REFEREE	YELLOW CARD

Glaciers

```
Q F O H F O F T H Z V T K
A U C P L E W A Q E L M L
T I Q L G J E Z C L U B J
T K E G X P A A U S U E B
C A R I E C L K A T Z R R
R U S L Y G O N D E T I I
F H A M E J Q J R I A N K
O Y O D A U K H A N L G S
X X R N I N U H B M E D D
H E T N E M A P B Y T C A
M A T F B R X S U B S A L
V I L O V T P M H A C F L
N E L A I D W O Z Y H Q W
B D R F E Z R E T S A P V
T D F R A N Z J O S E F A
```

ALETSCH	HUMBOLDT
BERING	JAMTAL
BRIKSDAL	MER DE GLACE
FEE	PASTERZE
FOX	RHONE
FRANZ JOSEF	SAN QUINTIN
FURGG	STEIN
HARVARD	TASMAN
HORN	VATNAJOKULL
HUBBARD	YALE

Verbs

```
D F Y T U Y Y U F T A B T
A L D R E C A N T I D P H
N Q Z T R Q Y I G N I W S
C H Z D N V E E S K F V T
E O J V P A T L S B V C C
Z Y U A Q I H Y R R A C O
D X I G C Z X C O E F K N
W D Z E H E F V R A A L S
P E R S P I R E R T Z D T
Y R A U O F W Q W H E G R
E Z E B P T N R S E H G U
A T S P E D O L P X E Z C
R T Q L A N G U I S H T T
N V D O L R Y T W I S T Q
X I F A X W E I X K W N H
```

BREATHE	LANGUISH
CARRY	PERSPIRE
CHANT	PREPARE
CONSTRUCT	REACT
COUGH	RECANT
DANCE	RECITE
EXPLODE	SKIP
FAZE	SWING
FIX	TWIST
KNIT	YEARN

```
N E P R V R K I T R D B W
A D L N E U I T N E I N M
M O V M R P X M R Y E O V
U E O L Y O H I N W W D A
R E R E G R H B R V T O L
A B N I R S R A W F H E E
S K R G A S D E N J L R X
C X T A A D O W M T A E A
G L R R N G O N A I E G R
A E O B I D G C L R H I A
U D L M E H Y E B X F O G
E Z L R F R B B J P J N O
G I F W O O G K U Y J R R
Q T U M L N O I K C C D N
Q M W B M A D S L P K D R
```

ARAGORN	EREGION
ARWEN	GIMLI
BERGIL	LOBELIA
BRANDYBUCK	MERIADOC
DWARF	MERRY
EDORAS	ORC
ELF	ROHAN
ELROND	SARUMAN
EOMER	SHIRE
EOWYN	TROLL

Sounds

```
G S I S E E A M H I S B G
I J G Y G N C O H N P R N
N Q E E S O O T O P Z E I
T L S L N T F R C I Q T T
O L E L G U I G P W V T A
N K C O B N L O N G S U E
A V H M G N I P P A Y M L
T C O I M K H J L H L N B
I F I S E L B B A B I C P
O Y E S I E P H F H H S P
N Z L I U N X C H I N K S
Z I G N T M K A T R R L U
M G G A A A P O P P I N G
F B I I V N V E A H B G U
B X G P R U E N I H W K R
```

BABBLE	JINGLE
BLAST	MUSIC
BLEATING	MUTTER
CHINK	PIANISSIMO
CLANG	POPPING
ECHO	SNORING
GIGGLE	TONE
HISS	WHINE
HOOT	YAPPING
INTONATION	YELL

COLD Start

```
G F L F E S A C N S X G D
U W G E D H Q S A L S E O
I F A E T U R K E Y T T L
Q U S T O R A G E R C E J
B S H D E K T G A A S B R
T I O A G R I E N I D X E
L O U R F Z H V H J Q D H
E N L S E I A C Q W P E T
W N D W N S S M T P S D A
B G E F S S A H A G R O E
E O R I R E W Y E E B O W
Y M N C R I F G W L U L G
V G A C T Q G W S I A B C
M S M R Q X V I U D Y X Y
H L Y R F S F C D X Q S W
```

BLOODED	FUSION
CANVASSING	GELID
CASE	HEARTED
CASH	SHOULDER
CHISEL	SORE
CREAM	STORAGE
FEET	SWEAT
FISH	TURKEY
FRAME	WATER
FRIGID	WEATHER

Hairstyles

```
S H G Z C I S D R W P F H
D D E B M O C K C A B F E
A O R F A R R F T Y E I E
E F L E O T R N V Y V U F
H F B P A I V P R D A Q R
N I U N Z D B B E O E I E
I E N E C A L P R U W F N
K K T G N U M O N A G S C
S T C G Q I R D C Y I S H
E T S I R Y E L X K R D P
L Y I C L R P I E T S R L
K B C A C W F G N D N P E
R I O U L W O I E Z V S A
S Z T B W P O C E Y I N T
T G V Z L H A X P R O D I
```

AFRO	CURLED
BACKCOMBED	DREADLOCKS
BANGS	FRENCH PLEAT
BOB	FRIZETTE
BRAID	PERM
BUN	PLAIT
CORN ROWS	QUIFF
COWLICK	SKINHEAD
CRIMPED	UNDERCUT
CROP	WEAVE

Wild Flowers

```
V E K N I P O F W Y Y J D
H E N B A N E J P F L A G
O H O R R N C G K V V I O
X X U G M O E R J F V M L
W M L Y T A S M G Y P G E
I O T I I V J E O A O F H
L S A M P H S J N N H L M
L I R D J Z Q S G V E E U
O R E U U G Y Z I J T A U
W I B Y X G I O J A H B G
H R E P P I L S S Y D A L
E F T E H E E Q T W S N A
R T O W T D M K N O L E A
B O N U L M D E Z X C Y J
L W Y P O E E B Z S Z K V
```

ANEMONE	LILY
ARUM	OXLIP
BETONY	PANSY
FLAG	PINK
FLEABANE	ROSE
HENBANE	STOCK
HOP	TARE
IRIS	VIOLET
IVY	WILLOWHERB
LADY'S SLIPPER	WOAD

```
L Y T R A P F U N T I M E
W E X D T S A O T C S M M
F G E L A I F P Y O E V N
I G U R M N R L P A R E M
S R Z Y J G C I Z L U U Z
S E G R W I B I P S T C C
T E Q E O N Y F N S U H G
B T N V T G E A U G F I E
D I L O E A M B D L J M D
W N M G X F R A G I N E M
I G U N Y E C B R I L S B
S S L A S U O G E D B O O
H D B H N Y P I P L X R H
E H J Y Q R A E Y W E N W
S T V X C C R Q F H T C Y
```

BIG BEN	HOLIDAY
CELEBRATE	JIG
CHIMES	NEW YEAR
COALS	PARTY
DANCING	REEL
DRAM	SINGING
FUN TIME	SPIRIT
FUTURE	TOAST
GREETINGS	WINE
HANGOVER	WISHES

Peter Pan

```
S S M G P G Y L A I N N F
M W N E E R G D D E I L W
N I O O N L W N N B M U K
O O O R U A A A S E Z V Y
T G S G D L R L X F W Q R
G A Z E R R C D Y R A M O
N E L E A U B N Y E Y R T
I L V T R Z J U R L P S S
S E O L N Y P O E G F M O
N R Y R E V H F S N G E X
E A C L O C K W R U Y E Y
K L N A D B I E U J A C D
F M N S D W G N N H O J R
N A D G N I L R A D N C G
N X A Y S A T N A F M N G
```

CLOCK	MR SMEE
CURLY	NANA
DARLING	NARRATOR
FANTASY	NEVERLAND
GEORGE	NEWFOUNDLAND
GREEN	NIBS
JOHN	NURSERY
JUNGLE	STORY
KENSINGTON	SWORD
MARY	WENDY

Three Es

```
E A Z T Z F R E M M Y T R
R X L K R G E E S E S E H
E B C S T L F Q D E D C C
S L X E E E D Y R E T U U
T V E M L D U E E A E Z T
L Q M M V L D M B D N F N
E X E V E N E E R O A E G
S A R B E N I N O P C J E
S D T T Q E T N T N M L E
N R X L S T L A E X Q E N
E M E R G E A T E T R C R
S C X H F H N I E G E E E
S T J M H E R J E E Q E T
J E E S S E R D D A B L N
R E T T E S D N E R T F I
```

ADDRESSEE	GEESE
BEETLE	INTERNEE
DEGREE	MELEE
EERIE	NINETEEN
ELEMENT	REDEEM
EMERGE	RESTLESSNESS
EXCELLENT	SENTENCE
EXTREME	TENDEREST
FEEDER	TRENDSETTER
FLEECE	VENEER

Made of Paper

```
P E S Y N I W Y L T G B S
A N V X L D Q I W L E Y V
M I L E A F L E T U I C J
V Z B R A D N E L A C B R
U A K L S C Q L M U T V Y
L G I P F B D B Y N U S E
G A T X O B G G E E G E B
N M E O G N I M O A N C P
B F K W A F U R B A R O P
R G B P T C T F L E S N M
F Q K T O K E P T T P F E
G I A D F I C L C S G E C
N G P Q W X I A G P O T Q
R E W O L F R Z S O F T L
V O J K R D Q Z Y P Z I P
```

BAGS	KITE
BILL	LABEL
BOOK	LEAFLET
CALENDAR	MAGAZINE
CONFETTI	MAP
DOCUMENT	MONEY
EGG BOX	NAPKIN
FILTER	PLANE
FLOWER	POSTCARD
GIFT TAG	SACK

Spring

```
Y T E D V V E R D A N T C
A L H N A R C I S S U S A
M A R C H F H Y P R Q Z L
A W N B N U F R N L F P F
E T N E L E I O O N P B S
M E S E M N I Q D D U G H
C I V N G O E W X I G B T
W S G Q I F N S O E L M G
O C H R W K H E T H O Y V
L V Y O A F T S X S L L B
L W V G O T K A S C L I C
A D G A R T I O C T H L U
W D N N R G L O S S D U B
S X E M T B Z U N B S T P
T Q M V J F G R M M N I B
```

ANEMONE	LILY
BLOSSOM	MARCH
BUDS	MAY
BUNNY	MIGRATION
CALF	NARCISSUS
CATKINS	NEST
DAFFODIL	SHOOT
EGGS	SPRING
GUST	SWALLOW
LENT	VERDANT

Druids

```
B N U Q E K G R O V E S C
I C G N I L A E H Y V Z L
N I G T J M P O U B D S O
F G V S R C Y M L F Z T B
I A N J E L E F E C G E M
N M I K L O Z R R T J R I
C H A O L K T Y E R Q C E
A W H H X I S E B M K E G
N A M R I T U A L S O S M
T S A J A C M M R T U N M
A H S L S E I R O T S H Y
T W G W V L R P Q D G I N
I A R U R T G H Y O S R M
O N K A L I F I G Z V I U
N D M S A C R I F I C E W
```

ASH WAND   LUGH

CELTIC   MAGIC

CEREMONY   MISTLETOE

CLOAK   RITUALS

CRYSTAL   SACRIFICE

GROVES   SAMHAIN

HEALING   SECRETS

HOLLY   STORIES

IMBOLC   TEMPLE

INCANTATION   WISDOM

London

```
S  O  L  I  N  E  B  G  I  B  E  L  N
D  D  O  L  E  G  T  M  E  K  A  O  T
O  N  B  D  A  V  T  E  U  M  D  C  X
R  S  L  O  N  M  F  K  B  N  C  L  W
R  C  L  L  S  E  L  E  O  Q  E  A  C
A  Y  U  Y  A  L  T  L  F  P  N  R  S
H  Y  A  T  C  H  F  S  A  P  O  E  O
N  B  E  A  T  O  D  H  A  P  T  N  U
R  R  B  N  R  Y  C  L  H  E  A  C  T
U  S  C  E  K  E  S  E  I  X  P  E  H
B  S  W  A  T  C  U  A  R  U  H  H  B
Y  O  O  I  M  D  O  P  R  O  G  O  A
T  X  H  L  F  D  A  C  S  K  S  U  N
O  W  O  I  B  P  E  U  U  W  B  S  K
D  J  S  E  R  P  E  N  T  I  N  E  N
```

BEEFEATER	GUILDHALL
BIG BEN	HARRODS
CABS	LAMBETH
CAMDEN	PALL MALL
CENOTAPH	SERPENTINE
CLARENCE HOUSE	SOHO
COCKNEY	SOUTH BANK
CUTTY SARK	TOWER OF LONDON
EAST END	TYBURN
EROS	WHITECHAPEL

```
X N K L A I R E T A M C A
X W W W E Q J V A T Q O U
R X I P F S F R I L L T J
E H N R C I R B A F S T K
T S D E L G N I S S T O P
S R O O R Y X P N T H N M
E O W M G E L U W W A N T
Y U N L K F I T T I N G S
L J Y C H S N T Z N F T E
O X A O D P E W R S U E S
P R O N L U D F B O N V T
T K I C L O S E D X P L E
S L E N E I C R L A C E N
B L A C K O U T T R R V I
I F S A F E T Y P M T O D
```

BLACKOUT	MATERIAL
BLINDS	NETS
CLOSED	POLYESTER
COTTON	PORTIERE
FABRIC	SAFETY
FITTINGS	SINGLE
FRILL	STAGE
HOOKS	TRACK
LACE	VELVET
LINED	WINDOW

Islands of the Southern Seas

```
R C C D I J B S P V V T X
R T Z A A A Y P R A X L E
P N V A N U A L E V U R Y
K R S A M T A S R C E U C
I I B P L N O R T T P H F
R A S K A H M N S I M S I
I C C I H M N A C H M N J
B T S P A A E U U V N O I
A I N R W F W T A G A H R
T P E L U K L A I B E O T
I S Z O F N R U I C T E F
K A N D A V U N B I A N V
A O R U R U M A E O I R W
K P R M J A R V I S A O I
U U A E E C F W N M R B B
```

BANABA	KIRIBATI
BORNEO	LANAI
CANTON	MURUROA
EASTER	NAURU
FIJI	PITCAIRN
GUAM	RAIATEA
HAWAII	SERAM
HONSHU	TIMOR
JARVIS	VANUA LEVU
KANDAVU	VANUATU

Wines

```
X B B Z Y Q B B Y S T H F
J T O R I O J A C I E H N
Y D H D U U R F W A E C M
E R Q H Y T E A R L W O O
L Y Z A M O R A V O S F S
L O I R E N N C I J T A C
A G U O T I F D K U T Z N
V X B E E N R C Z A O P D
A X S C E F O F T E K A D
R O A S V H C T G B A D C
R V S P U M A L P C Y O A
A L S A C E P T A C S U M
Y K Q X P C A D F R O D Y
C H A R D O N N A Y E S U
E K C D T I V H K P U T J
```

ALSACE	FITOU
AROMA	HOCK
BEAUJOLAIS	LOIRE
BODY	MUSCAT
BRUT	NAPA
CAVA	RIOJA
CHARDONNAY	ROSE
CLARET	SWEET
CUVEE	TOKAY
DRY	YARRA VALLEY

W Words

```
T G N I M O Y W W A W F M
M H W A G E R H W B A I O
A W G Y W M O A T S X A D
W H W I V S L D N R W P S
G I E C R T T E R A O M I
I T L J Z W T N S L R W W
W T T L K T N H R O K W Y
A L E B I R I I W W S X S
N E R R X N H F A V Y W R
D W W Z G W G M H W K E E
E N E T G H K L G S S A P
R F O L X I R D Y S E V P
I N W M S V W M K D M E A
N V W F V H D C W C A R R
G S T U O B A E R E H W W
```

WAGER	WHIRL
WAINWRIGHT	WHITTLE
WALTZ	WIGWAM
WANDERING	WILLINGLY
WASHINGTON	WISDOM
WAXWORKS	WORMS
WEAVER	WORTHY
WELSH	WRAPPER
WELTER	WRITTEN
WHEREABOUTS	WYOMING

Bath-time

```
C J B I D E T N V O I O H
W F U T S E S A R Z L A S
K H B C D S A I I O F M U
A F B B X S M L D O Z M L
T G L O M U Z C O N S A F
O R E O D O I L Q O B M R
O E B V S M C I A Q Z Y L
T L A S A S C P L U G C P
H A T I U H D P A S K A U
P X H N L I S E P N Z B E
A I B K S D R R C O M I K
S N C H U O C S E I H N A
T G R S S U G L S T L E M
E X H O J R T V Q O F T H
T S L E H N B A I L C A G
```

AEROSOL	MAKEUP
AFTERSHAVE	MOUSSE
BIDET	NAIL CLIPPERS
BUBBLE BATH	PLUG
CABINET	RAZOR
COMB	RELAXING
FLOSS	SINK
FLUSH	SOAP DISH
LOOFAH	SUDS
LOTIONS	TOOTHPASTE

Canals

```
E L A D H C O R S U E Z E
R D F P V C F A X F A N N
P O R S Q R M I A M I O K
P E A K F O R E S T I E S
I F N L U Y K R S T N A N
O H K E J D U Z C N D S H
N A L I F O I N E R T H X
E V I K N N U T R E N T O
E E N Q B J A Y A G V O G
R L R R D N D U P E N N E
B L I N D O G Y V N M U W
V T A A B U I R N T Y S S
Z R V L S S S A G S U A O
G O O T U B M O R R I S J
N X A R T V J C R K X Y W
```

ASHTON	MIAMI
AUGUSTA	MORRIS
BRITZ	OSWEGO
CROYDON	PEAK FOREST
FRANKLIN	PIONEER
GRAND JUNCTION	REGENT'S
HAVEL	ROCHDALE
KENNET AND AVON	STINE
KIEL	SUEZ
LINDO	TRENT

Ropes

```
D R O C E B X H V A N G N
D R A G R O P E C A B L E
U G N I H S A L T G W U U
L M R D Y P D E P X Y A S
H N E N I L T N A G G H U
U M T J Y H A W S E R N B
V G N U E A U U R T B W Z
R N I R W V T O Y A C O E
T I A N I A M S K S L D E
A R P A C A R U B A J S I
C O R K K B W P N Y O G O
K O M C X I V Y L O G U Y
L M A V D Z A F N P R Q U
E H K D V R N T A I R A L
S K Y N D V Q Z E F Q N W
```

CABLE	LASHING
CORD	MOORING
DOWNHAUL	NOOSE
DRAG ROPE	PAINTER
GANTLINE	STAY
GUY	TACKLE
HACKAMORE	TETHER
HAWSER	VANG
LANYARD	WARP
LARIAT	WIDDY

Wild Flowers

```
G C S Y A Y P Q U G U D I
B V P B E T O N Y N Z A D
S O R R E L H S H L V I W
A F Y P U O V J R E T S A
N Z D Z L K R L K S K Y L
C O L T S F O O T N L B L
D K G I G D H N B E V R F
H K R A M Q F V D V K Y L
L I L Y R Y E O A A N O O
U C J P L D H L W G A N W
V H M P O P P Y T Y P Y E
N E C V S T X A S T W A R
H H T A R U M N N W E O T
B Q H C N Z A T R S E N D
U T Q X H T M X O Q D U O
```

ARUM	IRIS
ASPHODEL	KNAPWEED
ASTER	LILY
AVENS	NETTLE
BETONY	POPPY
BRYONY	SNAPDRAGON
COLTSFOOT	SORREL
DAISY	TANSY
HEMP	VETCH
HOP	WALLFLOWER

Monopoly Board

```
G T G N O Z B R H B B J I
Q H N B O A R D J D X S T
U R O T L X S T J J E S M
J O R U N Q E E J E E R D
T A I X D O G C F T V X Y
Y T I U N N A L N B L U E
E Q Y L A M O O N A T O L
N V Z R K O C F W W H D L
O X O J H Y S B X X O C O
M M L C T J T A J T T R W
W W S U C K T N L G W H B
P L A J K U Q K F A C P E
Q E V F I T N E R J R H C
B C A O T N F R X N G Y I
W K T I T L E D E E D S D
```

ANNUITY   IRON

BANKER   JAIL

BEAUTY CONTEST   MONEY

BLUE   ORANGE

BOARD   RED

BOOT   RENT

BROWN   SALARY

CHANCE   SCHOOL FEES

DICE   TITLE DEEDS

DOG   YELLOW

Puzzles

```
P L Y T J V E V W M R A K
L D L E I P L C L K V N L
A B R I A Y D D J O J I R
Y J J G F E D Y I S G K P
I F K L A D I P G E Y I G
N J N I I M R S S U G H C
G S I B H N E O A L A S W
R D H N Z Z K S W C P O M
E I T A Z R C S Y V B T H
B R A I N T E A S E R U S
M G U S L J T B U Q B F O
U Q M T E E I S U O E F C
N U E N D U D E X S P V Q
S O L V E D V E J A C E Q
P G O P Q L S S L B K H M
```

BOXES	NUMBER
BRAIN-TEASER	PLAYING
CLUES	QUIZZES
FUTOSHIKI	REBUS
GAMES	RIDDLE
GRIDS	SOLVED
HANJIE	SUMS
JIGSAW	THINK
LINKS	TILED
LOGIC	WORDFILL

Dreams

```
D S Y L S H I R R T Y S T
O W Y L P D F R F Q Y R C
O I W B I O W L O S V E G
F M B N R M Y O R N S T N
O M E T U I A Z R D I S I
I I U S N I F F O C N N H
T N Y G S L T G J A K O G
E G J V A L I E N S I M U
S I Z W N S X A E A N B A
A E A Y M P D T N T G B L
I T S O L G N I T T E G M
L J E A W A M N R O F F W
I Y M T H A I G Y P B O W
N R O S L C L E V A R T K
G K H S U G G D Z K Y K U
```

ALIENS

ANIMALS

CHASES

COFFINS

CROWDS

EATING

FAMILY

FLYING

FOOD

FORTUNE

GETTING LOST

HOME

IRONING

LAUGHING

MONSTERS

SAILING

SINKING

SWIMMING

TRAVEL

WORK

Y Words

```
E G N I R E M M A Y O N A
Z K V Y Y P Y O R X O O C
Y Z L H Y N J Y Y O H K C
T O E U M U O S H O A U U
Y O L K M G M K V F Y Y Y
I E T A U R R A Y L J Y W
E O H R Y I A Y Y E T S S
A Y T D N J D Y M S N Q C
G G A E W C R Y Y R D I K
L N M W G X A F A U G I R
X E I P N W Y Y B O C B N
Y K G K L I R O Y Y I K B
K K K E C N N O Y C Y O Y
P F D C V A R G S X Y E W
Y R S U V Y Y Y M R L P V
```

YACKING	YEW
YAHOO	YOGIC
YAKS	YOGURT
YAMMERING	YOLK
YARDARM	YOURSELF
YARMULKE	YO-YO
YARNS	YUCCA
YAWLED	YUCKY
YAWNING	YUKON
YEMENI	YUMMY

Costume Party

```
T Q F L O W E R E W B E A
J W N B S I W K O F L N R
C O W B O Y M R G I N O V
H Q O P A Y P R L A F T S
W H L E U T E E M E N S T
I W C M Q I M E P A G T Q
T V H V D M C A M E R N I
C L O L U I F R N E O I A
H S O M L S E I S B L L B
Z S M O G D E A P E I F C
O Y P P I H T L V L A D I
M R S P O C K I R B S E Q
B R S R E P A E R M I R G
I N H U U D R N N U Y F A
E O I T O O F G I B F G S
```

ALIEN	HIPPY
ANGEL	MR SPOCK
BATMAN	MUMMY
BIGFOOT	POLICEMAN
BUMBLEBEE	SAILOR
CLOWN	SOLDIER
COWBOY	SPIDER-MAN
FRED FLINTSTONE	WEREWOLF
GENIE	WITCH
GRIM REAPER	ZOMBIE

Valentine's Day

```
S E C R E T B O S Y D T A
F R H W N O X H F S R I G
Q O O D C K E R R E E U F
D S C R D H E M M S V U A
T J O Q Q D D A O S E S G
R C L R N H E N L R R R B
A T A E B R R I B E R E E
E S T R D E D O R U F W A
H E E S D O X I S X J O U
T R S I F S M A P E T L G
E A F F N D Q O O U S F I
E E A G A H V C D W C I F
W D L A U I B O U Q U E T
S E N G A P M A H C X P S
K V S L Y D C E F B Z N V
```

ADMIRER	EROS
BEAU	FLOWERS
BOUQUET	GIFTS
CARDS	GUESS
CHAMPAGNE	HUGS
CHOCOLATES	ROMEO
CUPID	ROSES
DAFFODILS	SECRET
DEAREST	SWEETHEART
DREAMER	TENDER

Plumbing

```
F U N R E T L I F U U T G
S W F C I L Y Z W M A U Q
E G A V F L A A Q O X V N
R U K T R G W N L N Y Q X
U L C D E C A F I E V D H
T P O Y W R K S L U U Q N
X R C W U N A B X U L F X
I E P C I B O S S H M W O
F S O S K W S O P E Z R B
T S T P E U E I A T I R D
D U S Y P K A L E N N W P
B R V P Y K L P G V J H U
R E L N J F A I M X L E M
X Y N P Q E N P X T R A P
R X O D T L T E M O M G V
```

BASIN	PUMP
BEND	SEALANT
ELBOW	SINK
FILTER	SOAKAWAY
FIXTURES	SOIL PIPE
FLOAT	STOPCOCK
FLUX	SUPPLY
O-RING	TRAP
PLUG	VALVE
PRESSURE	WATER

Clothing

```
D V D E T A H R E L W O B
S U S H R X B B C V E S T
F S G T S E O H S S I V R
P R J S H B I M I R R P S
O E E E H G L S L P A M T
T M Z R A O I A S N S C N
K R X C J N R T Z A V Z A
N A S K C O S T C S R K P
A W R L D J N S S I A B R
T G P E U S R K B N N T E
B E F M H Z R E O G O D D
G L P I Z L Z R O L R H N
O E R Z J B A P T E P U U
R T M L E K Q P S T A X X
H S O T N I K C A M O L W
```

ANORAK	SARI
APRON	SHIRT
BOOTS	SHOES
BOWLER HAT	SHORTS
BRASSIERE	SINGLET
FEDORA	SOCKS
JEANS	TANK TOP
JUMPER	TIGHTS
LEG WARMERS	UNDERPANTS
MACKINTOSH	VEST

Sustainable Energy

```
L Q S I N D U S T R Y H Y
S G S T F A G M Y Y L G N
W A A R N M M N R F R O L
E W G C Y S I E I E I A J
L X L O H C T U N T M T E
E A A Q I T R E A R A N P
S T R N A B D L E L A E B
E L U B O N U H O T R M H
I E T C I S T H U D E T Y
D U A W N O O B E T T S D
O F N I E S M R H S E E R
I L I G A W V A C T M V O
B L D G A F N I S A T N G
E S Y Y P O L L N S G I E
D P N M L F L D X U H S N
```

BATTERY	HEATING
BIODIESEL	HYDROGEN
BIOGAS	INDUSTRY
BIOMASS	INSULATION
BUTANE	INVESTMENT
DAMS	METER
DEMAND	METHANOL
FUEL TAX	NATURAL GAS
GASOHOL	RAIL
GEOTHERMAL	WIND ENERGY

Weather

```
D O O G I U K M F O E C R
C V C Q A O F M F S L R M
W R Y P O Q O R M L A C H
P K F L Z X G O N H G L H
V F T Y M O G T F I R I H
Y U I P X E Y S R G T M E
O V H S S E H D P H C A W
S V N R G A G F U P L T S
B O E U A M O N G R O E N
W B L R U I D W G E U Y L
N E B Y C E N B B S D L D
D C L B R A C Y D S A O G
S Z O F R E S H U U T A N
J P W O Y H S T Q R R J N
Q Z Y O L L R S S E Y W A
```

BLOWY	HAAR
CALM	HIGH PRESSURE
CLIMATE	OUTLOOK
CLOUD	OVERCAST
COOL	RAINY
DELUGE	SMOG
FOGGY	SNOW
FRESH	SQUALL
GALE	STORM
GOOD	THUNDER

Welsh Place Names

```
E E C T Y I N C O N W Y V
A G R F Y L C X S U B T O
F H S T Y P L W M P U A H
R U X H N A N T M D C G G
O G R N E E N R D B I P T
M W E D F I P D R B R N O
H B K Y L J Y E N E E A S
O D N F I H L E S A I N N
E L Y P R E D T T E K T O
G D F W G H A H M S N L L
T C Z N W T Y F V N B L P
C E A G Y C L D R A E E G
B L N N S R Q X D W A I K
L E B B W V A L E S K W W
I O Y N Y S L A S T Q F S
```

CONWY

CWMBRAN

DENBIGH

EBBW VALE

FLINT

LLANGELER

MORFA

NANTLLE

NEATH

NEBO

NEFYN

PENTRE

PLWMP

PRESTATYN

PYLE

RHYD DDU

RHYL

SWANSEA

TENBY

YNYSLAS

European Capital Cities

```
S N R J M M M S I R A P D
K H J U L O A P V T W H J
O I Z N N I J D R I G A V
P I F A I I S Y R A K S Q
J W C O Q C R B K I Y B A
E O S M N C O N O G D H C
M L D B J I U S P N F H Z
O O J E E D R V I E N N A
A M S T E R D A M A F K P
E D E C A Y L Z M S J V X
S K M N O L C I U N T B C
O I O L R W L M N D A J P
F E R F D E U I R F A S O
I V S E C A B E N X V V K
A P V I L N I U S N K M Q
```

AMSTERDAM	PARIS
BERLIN	RIGA
BERNE	ROME
KIEV	SAN MARINO
LISBON	SKOPJE
MADRID	SOFIA
MONACO	TALLINN
MOSCOW	VADUZ
NICOSIA	VIENNA
OSLO	VILNIUS

Global Warming

```
A E S G N I R E B M J I Q
C R Y C M E T H A N E I G
E L C P B N P S W A C Y N
W P F T W P A S E H Q U I
I W H B I B A M A R S F T
O U E Y N C O C L A O C L
A L F C I C D K E L O F E
B P R M Y L Z T G C O L M
Y K C A B D E E F G I E C
O K G O M F W J E N L V A
O Z R L Z E A H A I W E L
C L O U D S T G E L E L B
E J N N I H E A Q O L A E
A T R E E S R Y U O L E D
N O T F L E H S E C I S O
```

ALBEDO	IPCC
ARCTIC	MELTING
BERING SEA	METHANE
CLOUDS	OCEAN
COAL	OIL WELL
COOLING	OZONE
FEEDBACK	SEA LEVEL
FOREST	SUN
ICE CAP	TREES
ICE SHELF	WATER

Potato Varieties

```
E N I D A N V A N D J A D
B M K Y H A R L E Q U I N
R L N G Q A G F J C U T E
E A F E C O A Y E R P S O
M A R I S B A R D E O W X
A A K A A T S M O V Z W W
R C X I S N I U M C E I X
K M C I K P N M T B K O E
A S X E N K V A A W S E V
B J A W N E O P R J I D T
S W B X R T I S I S B X T
A V E I O X Q O Y O Y Y Q
N K T Q I N D F J F E X V
T Y S E D P R I N C E S S
E F D K T P D A P H M H I
```

ACCENT	NADINE
ANYA	OSPREY
CARA	PIXIE
DRUID	PRINCESS
ESTIMA	REMARKA
FIANNA	ROCKET
HARLEQUIN	SANTE
KIKKO	SAXON
MARIS BARD	SOFIA
MAXINE	VERITY

```
N B O S Y N C U R L E D T
B P R I O I S I E A J O D
O E F E B C S Z W G P Y K
U R A D E B M O C K C A B
F M N Y G N S T N O L P R
F C A V A E E O R I O G A
A L W X P L T N A R A B I
N Z B L L V R T C Q B P D
T U A U Q O Y B U S R O N
N I M V W N E I P Z K N B
T F W S O E F T L H B U Y
H L E P H F R I Z E T T E
X O A I D E P M I R C O P
Z X V I M M A K O K L E B
F E E O S E N H Q E S W G
```

AFRO	CURLED
BACK-COMBED	FRIZETTE
BEEHIVE	MULLET
BOB	PAGEBOY
BOUFFANT	PERM
BRAID	PLAIT
BUN	PONYTAIL
CORNROWS	QUIFF
CRIMPED	TOPKNOT
CROP	WEAVE

U Words

```
U N U W O H N U G L I E R
O R T S I N O I N U C H T
U O E N I R A M A R T L U
G B Q U U D U M B E R U D
A N R N V I U D S F K S O
N U D E C N A L A B N U A
D R R A H I I R S U U R I
A Y Q S B S A U E U U P P
U A C Y N N U L D T Z R O
T U Y E L B A N U D S L T
I G T U U L L A G E E L U
L U Y P U I J J W D Z R U
I R P M F V C U T H M B M
T U D E H S I N I F N U H
Y W U U V A G X U Q D B U
```

UDDER	UNBORN
UGANDA	UNEASY
UGLIER	UNFINISHED
ULLAGE	UNIONIST
ULNAR	URUGUAY
ULSTER	USHER
ULTRAMARINE	USURP
UMBER	UTENSILS
UNABLE	UTILITY
UNBALANCED	UTOPIA

```
T V Y P Q N O I R E S I V
E X Q A W A N U K A B U X
M E I V N Z U O C A R D N
E N I D H O G G S K T O B
R A W J G A G H E R D M A
A P O P H I S A D A K A L
I V Q N Z T N A L I Z Y A
R S E O Y Y N I Q A L L L
E J M R S N D W H K C A A
I O E B Y A D R T N A N P
K I C E F Y R E O Q P D A
F A G R I S U K M G I L Q
R A O T E J J Y A S O O W
A I T A K Z G B R N I N Y
E H Q S B D P O I I Y G M
```

ANCALAGON	LADON
APALALA	MAYLAND LONG
APOPHIS	NIDHOGG
BAKUNAWA	NORBERTA
DANNY	RAMOTH
DRACO	SARKANY
DROGON	TEMERAIRE
GRISU	VISERION
ICEFYRE	ZILANT
KATIA	ZOMOK

Italy

```
A B I J J A X P I E H J E
N P X R N O I D Q Z I H C
T J A O W A F V E W L O N
E Y S M V U M H R M S P E
T V J E U Y C R I S A D R
N E U M B R I A A D R A O
U T B O A Z L S U P N N L
O S E M V P N A D E R I F
M E S E Q A P H Z A L T Y
N I I T R Y M E R I S R H
R R L G W B A F N E O O B
E T O A A O P P L I B C I
O L M W N H F P B Y N I F
V W B E X N A G G B I E T
R M G A R N B O K K A H S
```

APPENINES	MOLISE
ARNO	MOUNT ETNA
CORTINA	NAPLES
ELBA	PADUA
FLORENCE	PARMA
GENOA	PIAVE
GRAN SASSO	ROME
LAZIO	TIBER
MARCHE	TRIESTE
MILAN	UMBRIA

Vegetables

```
A R W O J B E T Q A N E B
R E P L X L U M J B E S I
K P V R Y U S A R R Z C Q
O P S K O H L R A B I H Y
S E P I N R U T T G A A K
H P M U S H R O O M M L N
K V Y U F S T Q D R U O G
G K P S D I J D M M R T U
C Y Q O P D R G V O E A G
E G G P L A N T F G G D C
O L S A H R R S E A W Z V
Z L A C R E S S N R V U T
C G D K G O Y S N L Q K Q
E S L U P C Q K E I Y I Y
B C U U O P L O L C P P Y
```

ADZUKI	KOHLRABI
CARROT	MAIZE
CHARD	MUSHROOM
CRESS	OKRA
EGGPLANT	PARSNIP
ESCHALOT	PEPPER
FENNEL	PULSE
GARLIC	RADISH
GOURD	TURNIP
KALE	YAM

Trademarks

```
Z Y Y Z S D T Z K D H I Q
L O A F E R P M I I L Q N
O X E R O L L M R A V N I
G R E L S G E A M D T I K
M C C I J I X S O N L C A
T A L L N S I O Q A O H E
G E G N E B G N I B C R O
X Q E I O V L I Z R T O R
T B N T C I A T Q R E M L
J U P B R M S E E L Z E O
E E M V R G A V X H I M N
P S S S F W O R V E U L M
R O U W Q O E G K I R A O
P A R C H E E S I E P O F
W U X O L A A M H S R T X
```

BAND AID	NICHROME
BENNIE	ORLON
COLT	PARCHEESI
HOOVER	PEPTO-BISMAL
INVAR	PLEXIGLAS
LILO	SILEX
LOAFER	SPAM
MAALOX	TUMS
MAGIC MARKER	VELCRO
MASONITE	XEROX

```
S B N P Z X K M A R S H M
C C S S R E J E X P P Q E
R H J N S A E W I M P B Y
O P R O Z O Y C P T A U U
O A O I S X E E A B L D L
G G F T S S C M R E Q C E
E G F A F T V A L G P N T
N I C R I B M O S L O B I
G H S O S H G A A P E Z D
X O E C P T L V S L A M E
S L L E B E I P B E G R L
S W S D O T P A U T V K H
P O I N S E T T I A W E F
J Z T E P S G A K B V E I
X I F Z K U E X A Q M E D
```

BABE	JOSEPH
BELLS	NOEL
CASPAR	PEACE
CHRISTMAS EVE	POINSETTIA
CRIB	PRAYER
DECORATIONS	SCROOGE
FESTIVAL	SPICES
GIFTS	STABLE
GOLD	YULE LOG
GOOSE	YULETIDE

Sports and Games

```
G S Y L V B Y T L Z U R T
C K A O V X P H X H V V R
A I L T E E S G J A N G V
R I E T L G Y T H M E L I
D N R O N G S E M J E X G
S G T V L Z P K K L S S H
S A Z C T Z Q C T C S R S
I I D W N L O I C E O P U
S G N I Y L F R H W R H H
E A R N H A Z C I I C S C
I P I I E B T N N C A G O
Z X O L D T G T G U L G O
Y J Y O I E I O Q Z N D Q
T L J S L N L S A I U Y F
B L Z F G F G S B L O V U
```

BINGO	NETBALL
CARDS	PELOTA
CHESS	POOL
CRICKET	RELAY
FLYING	ROWING
GOLF	SAILING
HOCKEY	SKIING
LACROSSE	SPRINTING
LOTTO	SQUASH
LUDO	TENNIS

Nine-letter Words

```
G D D S H I P W R E C K K
R P E G U N F A I R E S T
E A V L U O T X X N K E I
H R R I G N I H C T E K S
S E E B T N P C D O R O U
I N S M R N A O A Y I H S
L T N B C O B R W N R C A
B I O K B I K H T D E I L
U N C L A S P E D S E T T
P G G Z R U R N R X L R I
D X E T A L U C L A C A N
Y R E V O C S I D H G A E
T A O C R E D N U T I E S
N E K A H S D N A H Q R S
W B C A R O U S I N G Z N
```

ARTICHOKE

BROKERAGE

CALCULATE

CAROUSING

CONSERVED

DISCOVERY

GUNPOWDER

HANDSHAKE

INTERLOCK

PARENTING

PUBLISHER

SALTINESS

SECLUSION

SHIPWRECK

SKETCHING

STRANGLED

TENACIOUS

UNCLASPED

UNDERCOAT

UNFAIREST

Watches

```
O G W M E N I A H C C A R
H J D C I O Q F F Z H E S
P R A F I N K I N E T I C
A F E I Z Z U A H N Q P Z
R L X V S T X T U P K E L
G A U F E I S H E H B N U
O T C W Q L E H R H R D E
N S D I U L S Q I F A A T
O Y J N A X R M N E C N F
R R U D R S U B G G E T D
H C D E T O N Z W N L Z L
C Q I R Z G U Q A I E H F
X L A T I G I D T V T T O
C P L S O U F Q C I Q E B
T E K C O P U A H D F A C
```

BRACELET	KINETIC
CHAIN	LEVER
CHRONOGRAPH	MINUTE HAND
CRYSTAL	NURSE'S
DIAL	PENDANT
DIGITAL	POCKET
DIVING	QUARTZ
FACE	RING WATCH
FOB	STRAP
HUNTER	WINDER

Gym Work-Out

```
E X E R C I S E A T B C Y
N S A U N A S E R E D Q O
I F T N D H R E N Y R T G
L S B A O O A C V O A J A
O W P W B D H G B X T O T
P C E I M L S R C Y O G Y
M R C I N U E J B F E G R
A S L I G N I T F X L I D
R L E V U H I S E Y E N A
T Y V A E H T N A N H G N
M Z E S T E P S G N N E C
A W R T I C X B Z E M I E
U O A G L T R W D F G Y S
H H G K Y S Y E L L U P G
D K E L L E B R A B P Y B
```

AEROBICS	PULLEYS
BARBELL	SAUNA
BENCH	SHOWER
DANCE	SPINNING
EXERCISE	STEPS
GYMNASIUM	TABLE TENNIS
HORSE	TRAMPOLINE
JOGGING	TREADMILL
LEOTARD	WEIGHTS
LEVERAGE	YOGA

Words Ending in END

```
J H R N X V F K V K R L F
J F C I R W P O C H X R E
M X Z X Q E D H R C I L Z
D G I U O N C D M F M A F
N N K C E Q N O F F E N D
E W E P B E C V M T D N V
B W E C T D E O V M L V D
N D B E S Q N D N E E D W
U R R F K E N E G T I N F
U P E N D E D E T V E Z D
F R I N T E N D I T T N D
I I U X W D W D P V A S D
D N E R E V E R D N E R T
L L N N N N S T I P E N D
X G Y B D P Y V Q I G I B
```

ATTEND	OFFEND
CONTEND	PRETEND
DEPEND	RECOMMEND
DESCEND	REVEREND
DIVIDEND	STIPEND
EXTEND	TREND
FIEND	UNBEND
FORFEND	UPEND
INTEND	WEEKEND
LEGEND	WEND

Goodbye

```
C H E E R I O S B G X Q F
I Y R Q E W A Q P Q O A D
A H U V D Y G O O D D A Y
O U T F O E B O H T A J G
Y R R N F Z S E C V D W N
A N A E T O Y P Y A I H I
W R P I V B D G A B E W V
A Y E V D O B N N T U M A
G X D O E A I S E O C E E
N Q O S H Y P R U S L H L
I G W L L E W E R A F O Q
O F T A T D Z N A D I O S
G Y A F V G U A T A T M A
R I Z R D E E P S D O G R
F Z A R R I V E D E R C I
```

ADIEU	GODSPEED
ADIOS	GOING AWAY
ARRIVEDERCI	GOOD DAY
AU REVOIR	GOODBYE
BYE-BYE	LEAVING
CHEERIO	SAYONARA
CIAO	SEND-OFF
DEPARTURE	SO LONG
DESPATCH	TA-TA
FAREWELL	WAVE

Camping

```
S Y H G W Q M M H E H K Q
U L A X J O A C I P E G S
S K E J O P T V K N A S C
J P P E S I Q Q I M K P C
W O O D P A V Q N V E L J
Z K S C K I E P G R S M L
S E P S K T N A U O A B G
Y T A Y E E E G H T Q I Q
S T O Z R N T L B I V E N
T L A P L E R K L A D P E
O E D L E E L E N I G A D
V M I J B S M T D I K C I
E R O P E S Z A U L F S U
G N I N W A R M R C I E G
F E E A N W Q C O F D W U
```

AWNING	PITCH
CUTLERY	POCKET KNIFE
ESCAPE	POTS
FRAME	RAIN
GRILL	ROPES
GUIDE	SKILLET
HIKING	SLEEPING BAG
KETTLE	STOVE
MAPS	WILDERNESS
PEGS	WOOD

```
L R A E D I S A E S F O G
Y S L E I G H B E L L S Z
L W A L K I N G O I L J A
L I E M D H C W I O J T D
E M P D Y K E T R M G S O
J M U N D R H A C R Q K O
A I P N S I C X A O N P F
Q N P H A M N F K S R D D
W G I V O C A G E E S E O
X F E B U T T E S S S Y O
C I S U M L D E R N Y D G
G R A N N Y N O E C Q N S
H M W D U T X C G M E A O
M D E T S P N Z G S N C B
A T C H R I S T M A S O I
```

CAKES	JELLY
CANDY	MUSIC
CAROLS	PRESENTS
CHRISTMAS	PUPPIES
FLOWERS	ROSES
GOOD FOOD	SEASIDE
GRANNY	SLEIGH BELLS
HOT DOGS	SWIMMING
ICE CREAM	WALKING
INCENSE	WEDDINGS

Currencies of the World

```
O A W B C D I X K V O H W
P K Y A A Z I N A S A U W
A E M V L H E E A G O V H
A L Z O L U T C U H P G X
N M T O R E D L I U G A B
G Y A Q P I P J K Z N F K
A X Q H T Z E X H R Y K A
K G T N R S G K A P O A H
S H I L L I N G F Q O N R
G S U Q Y A D J B R E L A
R U P E E D A T E G N E T
R P S X I D H R A S I A J
V X E N N I T B I Y N K H
I L A S D N A R L A K W K
D R K E O J S O M O N I X
```

AFGHANI	NAIRA
BAHT	NAKFA
DINAR	PA'ANGA
DIRHAM	PESO
GUILDER	RAND
INTI	RUPEE
KRONA	SHILLING
KYAT	SOMONI
LEK	TENGE
MANAT	ZLOTY

```
O N E H E A R T S E A S E
A O C Y R O S E M A R Y F
W I O L E E S V I O L E T
O L R Q N L Z O E J H L O
L E I N L O L X R Z C Z Q
L D A P O P Z O Y R H W R
A N N V V B P Y W G E E G
M A D X A G V V I D V L B
H D E P G V O N N O O A V
S A R Z E M K U L T S C N
R E G N I G S C T I H Q K
A H T P O G D L L W J O M
M P Q O X E Y E D A I S Y
I Z S I R R O G A R L I C
E G A R O B H E M L O C K
```

BASIL	MARSH-MALLOW
BORAGE	ORRIS
CORIANDER	OXEYE DAISY
DANDELION	RED CLOVER
GARLIC	ROSEMARY
GINGER	SENNA
GINKGO	SORREL
HEARTSEASE	SUNDEW
HEMLOCK	VIOLET
LOVAGE	YELLOW DOCK

Rivers in Britain

```
H W M H N H I Q V X U I S
C C F O J N S J C E W W L
M E V D R R E I I L F Y I
E A N Z S I O E N B O A E
D B H R N A S D D B J R J
W T P T Y N K T Y I G E J
A T E L I P C F O R T T T
Y D H N U W A F E N V E E
E R I A N H N A S W U I Y
S Z W A S E T T G E L F S
E I L U S O K T E S T I A
V U R X U S E A T R E N T
E F P S B L S W A L E U C
R P E C G P L D E D E N H
N S O M J F D N A L L E W
```

AIRE	SEVERN
AVON	SWALE
DART	TAFF
EDEN	TEIFI
GREAT OUSE	TEST
KENNET	TRENT
MEDWAY	WELLAND
MORISTON	WITHAM
NAIRN	WYE
RIBBLE	YARE

Cheeses

```
D R Z R K G A F M X X B X
W C T P N J A T H V L R V
I A D Q P E L R T M R I C
G B U S U J D Y I O H E B
M O N T E R E Y J A C K M
O C L E F P B L E A K I X
R Z O D U R V X L L J F R
E N P S E F R I E S I A N
G I R D W Y C O T F I R E
R U Q O K I O H U B I Q I
U E B V C N S R A L Q R F
Y D L B T A T S K T E I O
E A S V E N N N V S E G Q
R M R A T E F A A E M L J
E C T G V O N K Y B U E E
```

ACORN	GUBBEEN
AIRAG	KASERI
BRIE	LEYDEN
CABOC	MONTEREY JACK
DERBY	NEUFCHATEL
DUNLOP	OLDE YORK
EDAM	RICOTTA
FETA	SWISS
FRIESIAN	WIGMORE
GRUYERE	YARG

Bingo

```
R O S P C A S B B S D I Z
S P D R H P S B U T O I T
M D R I E S R O L E C N O
B K E Z L B R E A K T U P
E S A E L J M A L C O S K
R B M S O N X U I I R E C
E X C I T E M E N T S A A
S P L R T X Z I E S O S J
D Z H A O E G I S N R I P
R X N N O H M P I E D D M
A N Y D T C S T L G E E L
C T U O H S S L S R R H U
K D U M S O A P L U S K C
J T A J W C I D K A D G K
K W X N W I N N E R B O Y
```

BALLS	LUCKY
BREAK	NIGHT OUT
CALLER	NUMBERS
CARDS	ON ITS OWN
DOCTOR'S ORDERS	PRIZES
DREAM	RANDOM
EXCITEMENT	SEASIDE
JACKPOT	SHOUT
LINES	TICKETS
LOTTO	WINNER

Foot

```
V R D L E T N A I L S H T
O O E L H Z A T T O S K S
Z E O B E R A R T Q Y A S
H S Z S O N N I S R T S K
F Z E X K N U O I A F U I
M O A L P B E H D A L S P
T M E E R Z D S O N D R P
A P E T S N I Q P N E A I
L J S N G N W E O A L T N
U B A R E O D X R K R A G
S E L C D I J C I M P T L
R K O I C N H P H J R E S
L R G U M U O F C X P M G
N I R I L B W C U B O I D
T E B P X P H G R O Z A E
```

ANKLE	INSTEP
ARCH	METATARSUS
BARE	NAILS
BONES	PEDICURE
BUNION	SKIPPING
CHIROPODIST	SOLE
CORN	TALUS
CUBOID	TARSAL
DIGIT	TENDON
HEEL	TOES

Fishing

```
Z G J O R N L I R N I L D
H I G R X L D A S P F R N
L O B W O R M J M M Z A D
R S A O H U P T E P R E U
E N H N D Q T C L E R P J
T C S K A H E E T J A E B
S K I N E S S A B S W R Y
Y T F O T S W C C K V I T
O P W U U H G X B I T W F
B A A M S H A R K P S I C
L R S E K L T X E P K N O
Y R R S B F U D K E B K N
M F A T C E P B Z R X L G
E L K C A T L I X W U E E
O F P O R B E A G L E S R
```

BASS

CONGER

ESTUARY

FRESHWATER

LAMPREY

LASK

LOBWORM

MUSSEL

OYSTER

PARR

PEARL

PERIWINKLE

PORBEAGLE

SAWFISH

SCHOOL

SHARK

SKIN

SKIPPER

SMELT

TACKLE

Shapes

```
R Y A Y R K C N V T X E R
A T D I C R E S C E N T E
T R A P E Z I U M U F E C
S W O I S H E L I X B R T
N S J D D H Z C R S D E A
C L V B S N A G N S A H N
P Z P A K O U N T O L P G
E T I K P R A O S R E S L
B U Y R D D F L R C A Q E
V V I E D E M B S M C E E
N S F W R H C O Z S X N H
M I P D E A A A I O O I V
I Y O Z F T U D G C V O N
C H G R W C J Q G O P A N
G N G V B O D Z S M N F L
```

CONE	OCTAHEDRON
CRESCENT	ORB
CROSS	OVAL
CUBE	PRISM
DECAGON	RECTANGLE
DISC	ROUND
HEART	SPHERE
HELIX	SQUARE
KITE	STAR
OBLONG	TRAPEZIUM

Flowers

```
S C Y N W D W F Y A N N L
T A N S Y R U S I U P U L
O L E F E C I K R D R A E
C I F T H A R D I S U L B
K L S S D A Q J S L R I Y
G A I L L A R D I A G H R
J A Y C A S T I L B E P U
N A Z K O G X G I U R O B
T G S A A W Y U L C A S R
F C A M N I S C Y M N P E
J W T S I I N L L J I Y T
N O H U R N A O I R U G N
E O U R L R E I G P M J A
Y G S W I I Z T V E T E C
C J Y N O E P Q X A B E D
```

ASTER	GERANIUM
ASTILBE	GYPSOPHILA
BEGONIA	IRIS
CANTERBURY BELL	JASMINE
CLARKIA	LILAC
COWSLIP	LILY
DAISY	PEONY
FUCHSIA	STOCK
GAILLARDIA	TANSY
GAZANIA	TULIP

Hues Hue

```
M D W U Y R J Z Y P X E T
A P R I C O T B U R H S D
S U H G E V W C L N O B R
U T B R I M M X I A I V P
L T E E D E R D O O L B I
T V J E R R O N Z S A G E
R O P N L G N F S R Y F Y
A S P Y Q K I J C O R K L
M N B A N I L N X U N N T
A U H N Z M C F E D L O G
R E N O T S B X V I E M B
I Q S X L R R A N I Z L O
N N O S M I R C I U A A U
E L P P A A V F R C H S Z
Z Q N K U I W E K V N T Q
```

ANIL   HAZEL

APPLE   IVORY

APRICOT   OLIVE

AUBERGINE   RUBY

BLACK   SAGE

BLOOD RED   SALMON

CORK   STEEL

CRIMSON   STONE

GOLD   TOPAZ

GREEN   ULTRAMARINE

Warm Words

```
H  I  V  R  Y  J  F  J  N  P  Y  G  T
W  D  E  E  O  N  J  F  A  Y  R  N  B
K  Z  R  V  E  R  N  R  S  T  T  I  X
E  Z  E  O  V  T  A  U  U  I  L  T  N
R  N  I  C  Z  F  H  A  S  C  U  A  G
O  A  E  N  F  M  C  U  H  I  S  E  Y
S  E  D  I  S  E  R  I  F  R  L  H  G
E  A  N  I  D  U  W  A  F  T  A  D  T
N  G  G  X  A  E  L  P  W  C  Y  E  E
E  E  B  N  U  T  R  A  W  E  A  H  K
R  N  D  A  K  T  E  D  T  L  K  S  N
L  I  Q  T  L  I  E  I  O  E  O  U  A
B  A  A  D  B  M  C  P  P  W  R  L  L
N  L  O  P  M  L  Y  H  I  Z  N  F  B
K  Q  V  C  G  R  S  B  I  D  L  S  I
```

BALMY	HEATING
BLANKET	INSULATE
COAL	KEROSENE
COVER	LUKEWARM
EIDERDOWN	OVEN
ELECTRICITY	PARAFFIN
FIRESIDE	RADIATE
FLUSHED	SULTRY
GAS	SUNNY
GENIAL	TEPID

Cartoon Characters

```
M U N F F K S M O U S Z Y
V F L J E R R Y O T T W L
O T U L P T U F I W O Q E
E D U M B O O M E N G X M
S C Q N G E P P S L V L P
U E V R C Y L E C T I F I
O L I V E O Y L Y A M X N
M M Y F O O G M S E T X K
Y E T R E A Y H G T K G P
E R X Y H S K T S P U J A
K F T H U M P E R M S F N
C U T S K N O I B D W W T
I D Y E M C V Y K V H H H
M D F I B U B B L E S D E
P M O T J Q W K A P T V R
```

BUBBLES	PINK PANTHER
DUMBO	PLUTO
ELMER FUDD	POPEYE
FELIX	SMURF
GOOFY	SNOWY
GUMBY	SPIKE
JERRY	STIMPY
MICKEY MOUSE	THUMPER
MOWGLI	TOM
OLIVE OYL	TOP CAT

Buildings

```
U M X P A N F E V F D N Y
R L U J X B X Z D I F W R
A M E N I C B W N O L F E
L M G A P L E E R E E L K
S H A C K Q E T Y S T O A
O C V P N R R P I U O O B
L Y H Q Y E Y G A O H L K
A R R O S R R B O H E G M
R I M S O A P G M N C I E
I A B T N L U A O W R G A
U D C G W X N D Y O A D R
M A E E A S M J E T X X T
F G K N I B A C T P F B V
R E W O T L Z O J H O Z J
Z L N B N F C D Y L G T T
```

ABBEY

BAKERY

CABIN

CHAPEL

CINEMA

COTTAGE

DAIRY

DEPOT

FACTORY

FORTRESS

GRANGE

HOTEL

IGLOO

MANSION

SCHOOL

SHACK

SOLARIUM

TOWER

TOWN HOUSE

VILLA

T Words

```
Z A P O T I N D O O T J T
P R Z P E A E E T E A B D
S G T G M Z T L X O W L G
D E T C N K D T G T D Q V
T H V G T L U I Y E R A T
T Y Q L D R D T E P Y U Y
V C N R E T U T V I E N V
U T Z O K S W T T D O T J
T T T B C E M I H I V R Z
A M A Y U T X E T F V E Z
F E X U T S N I H C U B F
F U I H R E D O E T H L I
E G N I S A E T A B L E C
T T G Y R N N O O H P Y T
A B Y T Y Y H S A R T A T
```

TABLE	TODAY
TAFFETA	TOPAZ
TATTY	TRADITION
TAWDRY	TRASHY
TAXING	TREBLE
TEASING	TRUTHFUL
TEPID	TSETSE
TEXTURE	TUCKED
THEMSELVES	TWITCH
TITLED	TYPHOON

Bread

```
Y J E C F N N C X A R Y E
P Q R R H K F P Z V B K P
R S A U C E N B B C A H P
O Y C S O H Y E O Z K G U
V E T T E L A V A A E U M
I A K Y U E F P A D R O P
N S P N T U M A A J L D E
G T E F R S J I W T Q Z R
B V C Z E X Y H L F T C N
O R D T H J E F L L I I I
F U I T X A H E T L E B C
D H Q O T Y G T R O Q R K
W H T Z C A N A I W Z O E
N V K B B H G S Z X A W L
X G C J B K E Z N C V N Z
```

BAGEL	KNEAD
BAKER	MILLER
BOARD	OVEN
BRIOCHE	PROVING
BROWN	PUMPERNICKEL
CHAPATTI	RYE
CRUSTY	SAUCE
DOUGH	WHEAT
FLOUR	WHITE
GARLIC	YEAST

Family Relationships

```
R T R I P L E T D N D S S
E D U A U N T S L Q A T T
H F A G F T U C I B U E N
T M I D T R O N H W G P E
O Y Y W D U G A C H H S R
R B I S S N A X T L T I A
B N Z I I V A W U W E S P
P N N L A Q D R S K R T D
E P B D B I H J G S H E N
T I U H U S B A N D D R A
S A P A Y S T E P S O N R
R E H T O M P E T S T H G
V B W R E H T A F P E T S
A V Z N E O J D N I E C E
Q Q V W M U A L L P R R E
```

AUNT	SIBLING
CHILD	STEPBROTHER
COUSIN	STEPFATHER
DAUGHTER	STEPMOTHER
GRANDDAD	STEPSISTER
GRANDPARENTS	STEPSON
HUSBAND	TRIPLET
NEPHEW	TWIN
NIECE	UNCLE
PARENTS	WIFE

Z Words

```
Z T D K Y Z H Z Z V E Z P
G A Z G I Z E T I A W Z U
G M B Z C M I A I N I Z I
A Q L A N O Z M L N N R H
E R P P G O V E M O E I E
Z G B P C L T U R E T Z A
A N T E Z B I Y F O R R N
I C E R Z N H O C T I I Y
Z I N C O P Z M N G L N J
D P B C E Q A J K E U X G
M W R Z I N M X P W F Q J
M I F A Q R B P V Z T Z J
Z A N T A C E G Z G S G F
H C L I Z Z Z Y R G E E U
E Z Z A N Z I B A R Z I Z
```

ZABAGLIONE	ZEPPELIN
ZAIRE	ZEROING
ZAMBEZI	ZESTFUL
ZANTAC	ZIGZAG
ZANZIBAR	ZILCH
ZAPPER	ZIMMER
ZEALOTRY	ZINC
ZEBRA	ZINNIA
ZENITH	ZIRCONIUM
ZEPHYR	ZONAL

Religions

```
M R E K A U Q Z L I I J A
S S N C E J G H Y A Z T E
I R A H X B U D D H I S M
N W R M L Z M S I A D U J
A C E E X X M O L B P Q D
I M H S E J B C R F R U N
C E T Q L S M O R M O N A
U T U D T E R S I N T I I
F H L O M Z Y A W A E T T
N O I L T O C A P C S A S
O D S N I N J O N I T R I
C I L Q D F I A M L A I R
F S A C A U A H I G N A H
T T M S I O A T S N T N C
J U E P I S C O P A L G B
```

ANGLICAN	LUTHERAN
BAHA'I	METHODIST
BUDDHISM	MORMON
CHRISTIAN	PARSEE
CONFUCIANISM	PROTESTANT
EPISCOPAL	QUAKER
HINDU	SHINTO
ISLAM	TAOISM
JAIN	UNITARIAN
JUDAISM	WESLEYAN

Jobs

```
L L F H T R A I N E R R W
J U D G E U E F B D C B O
S M H V T P U F N V V Y T
S S E H J R U Q E O Y X P
E T O K K F G N L R Q H T
R R P A E M Y N E T E Q S
T A D H E K O X R A Z E I
C B C N U S O B N I Q I N
A B T I A B C V J B Q W I
P I B M S F R U C O O K H
B K R B I B M I L L E R C
U S H E R M M F C P G Q A
Y F I N A N C I E R T N M
E D O I I F U T M J E O D
R K D O N S D X D W L C R
```

ACTRESS	MACHINIST
AUTHOR	MAID
BOSUN	MASON
BOXER	MILLER
BUYER	RABBI
CHEF	REFEREE
CLOWN	SCULPTOR
COOK	TRAINER
FINANCIER	USHER
JUDGE	VET

Headgear

```
S G M H T W E L S A Y N C
O B H B N X F G F S B A Y
M T O R B F E A I J R W U
B A L A C L A V A W E Z E
R H N R T D C T R X D I T
E N T T X E Y E V N P U A
R I A K I A R M R K A R H
O A H B F L R P R Q C I P
A R A H R L L O Q O T M O
O R R G A U P A D V A O T
S H E T C I T H A E L I A
F S P L E P R I R X F I L
E E O R W F I N A H O O D
Z Y V Z W O Y T E R E B X
D F R A C S B Z H T A L L
```

BALACLAVA	MANTILLA
BERET	OPERA HAT
BOATER	PORK PIE
BOWLER	RAIN HAT
DERBY	SCARF
FEDORA	SOMBRERO
FEZ	TIARA
FLAT CAP	TOP HAT
HAIRNET	TURBAN
HOOD	WIG

US States

```
V B B M V G E Q U Q J P F
F I A D I R O L F T E R C
W D N U M E G G O N A Q P
U A J D A N A T N O M H A
L H M X I S A S K A T N X
Z O E H Q A Y A M A A W N
T E X A S L N O M I R E A
B T Z L V S H A S E V A I
W E N A A A B I S A I R G
O N N S L A U I D W C I R
Q I L K L O L A V A E Z O
A A O A L O Q W M T F O E
F M G J R H M A T O M N G
K L A W O I K H N I R A I
V Z Z L T O W Y O M I N G
```

ALABAMA	LOUISIANA
ALASKA	MAINE
ARIZONA	MONTANA
FLORIDA	NEVADA
GEORGIA	OHIO
HAWAII	OKLAHOMA
IDAHO	PENNSYLVANIA
INDIANA	TEXAS
IOWA	UTAH
KANSAS	WYOMING

```
H E C F X U P P P G E I B
A R M R O F I N U A B C P
Z U X P B T T N D P I K D
L T C C X B C C G T I E V
C A L S I K K S E D T L S
I R Q V K L J M S E G B T
S E M G G R H K N G E A E
U T N F N T A T F L E G X
M I L C I I I M L X Z N T
L L V R N O M L A N Z I B
L E A I N A P M I M H T O
M A T H E M A T I C S U O
S A T R O P S D O W N O K
L M D E Q A S C B V S E I
K T Y R T S I M E H C C P
```

ARITHMETIC	MATHEMATICS
BELL	MUSIC
CHEMISTRY	OUTING
DESK	PASS
DETENTION	PENCIL
EXAM	PUPIL
KIDS	SPORT
LATIN	SWIMMING
LITERATURE	TEXTBOOK
MARKS	UNIFORM

Robin Hood

```
B A K N I G H T S Y L G Y
V R R G O U N W Z O W Q X
R G H R N U L D N I Q H S
U M K T O L T G L D G E M
L H I C L W B L U Z X F A
E N N L J O S T A A M G I
G Q O S W C A E T W V F D
E H B D A Y U G R I S R M
N C I R F V W R C N H I A
D D L O O O R A V J E A R
W E I W V M R T V S R R I
T E T S E I A E U L W T A
H T Y M D I H N S J O U N
D A L L A B L U C T O C K
Z I K I N S H I P E D K B
```

ARROWS	MYTH
BALLAD	NOBILITY
FOREST	OUTLAW
FRIAR TUCK	ROMANCE
HUNTING	SHERWOOD
KINSHIP	SIR GUY
KNIGHTS	SWORDS
LEGEND	TARGET
LONGBOW	TAXES
MAID MARIAN	WILL SCARLET

US Presidents

```
Q S E F R N A G A E R I D
G M O V A N B U R E N K L
R A O T O C U A R T H U R
A D F B R U S B R U F H N
N A B U A U H B L G V L V
T D V S S M M T Z P O L K
H S F W N Z A A R C C A I
O E E Y T D C O N W L J N
O C H Y P C O I W K M O B
V R L V A S L I M G X L R
E E U V E H L I O I C Z T
R I T V M S Q A N V Y Y Y
N P E X O N A P R T O P L
H L P N R L S G O X O J P
T B H T D R J N E B L N S
```

ADAMS   OBAMA

ARTHUR   PIERCE

BUSH   POLK

CLINTON   REAGAN

GRANT   ROOSEVELT

HAYES   TAFT

HOOVER   TRUMAN

LINCOLN   TYLER

MONROE   VAN BUREN

NIXON   WILSON

Baseball Terms

```
Y M E E L J M E S T C B U
J J K N X B D I D T E A M
O B I N N I N G I L N B P
P M R O E G J X B R A X I
U E T V L R U U Y S S B R
E T S E P V O X E C U C E
G A J C I D K S A L U O F
N L W O R H T T E R J C Z
A P O U T P C B V S S A Q
H S U V R H G E B E A L B
C X Q K E S B S J K G L S
D B Z R B A T T E R W T C
Q Z A C L H N E O H I P I
O W A L K T M A H H F S T
G T R Z K Y T L X C S P L
```

BALK	INNING
BASES	PLATE
BATTER	SINGLE
CATCHER	STEAL
CHANGE UP	STRIKE
CURVE BALL	TEAM
DOUBLE	THROW
FOUL	TRIPLE
GLOVE	UMPIRE
HITS	WALK

Tea

```
Z J E F S T E E M N U H C
Z P E L Y Z P S A U M B S
X D N J A Q Q X S D D W R
V N I H U T N T S U W F A
P O M U A A U C A O V A O
N L S N P I A P H Z R R O
Y Y A A C W W C A I J U D
N E J N W A G U H H N P B
E C R A R N M H T H J A A
E I U G I N S E N G E N D
R T S N Y T D R R H I T U
G G S R E D D B Y O F A L
P E I N M Q A A O J O R L
J G A I D N I L F X O N A
P P N R V J K O Y I L P K
```

ASSAM	HERBAL
BADULLA	HUNAN
CAMEROON	INDIA
CEYLON	JAPAN
CHINA	JASMINE
CHUN MEE	LADY GREY
DOOARS	NINGCHOW
GINSENG	RATNAPURA
GREEN	RUSSIAN
HAPUTALE	TAIWAN

Uniformed Personnel

```
D E U S H E R N U M S U O
G E R R K P W X A A O B N
B I W E S C O I I M Q F F
S E S I N I A L L Q R O J
S D L D A A O P G G U I M
E G Z L J R E I T U C A A
R R O O B R Z L C A I Q S
T E H S E O N O C D I D N
I S T T C U Y T P M X N E
A N R I R T V D R I V E R
W O D S A G Y T I R D V T
P O E O C W C N E A R P K
L O E F G O P Y S L A V E
B M K D U S U U T O U L H
D R C H E F Y T D N G Z A
```

ADMIRAL	NURSE
AIRMAN	PILOT
BELLBOY	PORTER
CAPTAIN	PRIEST
CHEF	SAILOR
CLEANER	SCOUT
DRIVER	SOLDIER
GUARD	USHER
GUIDE	WAITER
MAID	WAITRESS

Photography

```
N J P R E D E Y E M A T T
O C P J Q G L A Z I N G V
I L M B D B L U B L U R D
T O O O A Q N E J W M O E
A S D W E C U U N E Q E V
C E E I I R K D L S B O E
I U L M K O U G M O C D L
F P J Z Z L N T R F T A O
I H J E U A C T C O R X P
N C I P L H S O A I U L E
G B A K T B A S M J P N R
A S U B J E C T E F X I D
M N O C L S P S R T N H D
M Q D P V E E I A S D I E
M L I F I P Z B E J O V Q
```

ANGLE	GLAZING
BACKGROUND	LENS CAP
BLUR	MAGNIFICATION
BULB	MATT
CABLE	MODEL
CAMERA	PICTURE
CLOSE-UP	RED-EYE
DEVELOPER	RINSE
DODGE	STROBE
FILM	SUBJECT

Harvest Time

```
I B R T V M Z D C O P N O
T R A C T O R W A A I L U
J I O T P K D A U T I H L
Z R M I E C N R L S V M I
N J H V Z E E E I H D V L
U G U U Q P B D F T Y O W
T S S V P L G I L W H F P
S N K U O N J C O M H G G
F O S P I X O D W R O X B
D I J T F V A G E M P U Y
D N R A U E D K R T S H B
Y O Z U M B R N S J R Y E
S A E P B M B R E D N I B
X C M F E T Q L Z O A V L
S E L P P A E A C Y X L D
```

APPLES	OATS
BEET	ONIONS
BINDER	PEAS
CAULIFLOWERS	PODS
CIDER	RYE
CORN	SILO
HOPS	SORTING
HUSK	STUBBLE
MEADOW	SUPPER
NUTS	TRACTOR

Ladders

```
R O J V E N Z K S M E I N
T R A E R I A L Q E R O B
Y A C R N Y L K M E I E Q
I T K O X B J E I N P S Z
Y L H O O A L R A O E P L
R I V F C I T P R I T T P
A N W O T E M Y R Y S X I
R E B S K O A M R H O B L
B S Y S C W Q O Y J R W O
I P I K G A V C M M Y S T
L D O N N S L O Y W U R B
E O A H K Y N E N X F H U
H G F Z U K E S T E R N V
R O L T E G N I L L O R J
F G V Y F O V S M K Z B W
```

AERIAL	PILOT
COMPANION	RATLINE
ETRIER	ROLLING
GANGWAY	ROOF
HOOK	ROPE
JACK	SCALE
JACOB'S	SIDE
LIBRARY	STEP
LOFT	STERN
MONKEY	STILE

Card Games

```
S C S C E C A R T E Y H H
E G T F O S B R I D G E I
I N O M E D G N I C A R L
L S P I D E R Z C R X B O
I R P A L R K X T F T M W
M T H A T A A S C D P O Z
A P A I D E B W R Z Z P C
F O A K Y E R Y P U U L F
Y N I L S F S H F O M B P
P W O M F C G K C Q K M T
P A F T B B Y U N U I E Y
A F N K L O N D Y K E S R
H I D S T R E E T S O W K
U S E U O E A I B L C Y X
S H G I A F I C O N F X H
```

BRIDGE	OMBRE
CARLTON	RACING DEMON
DRAW POKER	RUMMY
ECARTE	SKAT
EUCHRE	SNAP
FISH	SOLO
HAPPY FAMILIES	SPADES
HEARTS	SPIDER
HI-LOW	STOP
KLONDYKE	STREETS

Hard Words

```
S S S R S H H R B L H D X
Z B D U R A B L E E D E A
M D A U N T I N G M I V S
S X U C F N Y F O O G A T
D G H D K V U I G S I R I
Z I K E A B A M E L R B F
T Y F E R K R H B I W H F
G R H F T C D E G O C F T
S E I X I U U F A T T I O
C U E C R C O L W K V R U
L R O C K Y U T E O I M G
J H N L B Y S L S A H N H
S T E E L Y Z B T Z N E G
I Z R Q X A C L E V U S A
R Y R G L A C I O T S S K
```

ARDUOUS	NUMB
BACKBREAKING	RIGID
BRAVE	ROCKY
CALLOUS	STEELY
DAUNTING	STIFF
DIFFICULT	STOICAL
DURABLE	STOUT
FIRMNESS	TOILSOME
HEAVY	TOUGH
HERCULEAN	TRICKY

Bible Books

```
D J Z K M A T T H E W R L
D N E S T H E R M E K C M
E E C S L H H I J I L E S
K Y H E T E Q Z R H C N G
U C A U D I V X A C A A I
L D R K Q Y J I L I S X H
G Y I F N W D E T V Z H M
K D A A X A S A T I X I U
R A H M B I L A N U C K I
A U D O A A I X R I I U Q
M V R S G J W M M Z E H S
T A T T I M O T H Y E L J
B E T D R F M B B V X B O
S S G N I K N I C O W N H
X A C P J H E B R E W S N
```

AMOS	LEVITICUS
DANIEL	LUKE
ECCLESIASTES	MARK
ESTHER	MATTHEW
EZRA	MICAH
GALATIANS	NAHUM
HEBREWS	OBADIAH
JOB	RUTH
JOHN	TIMOTHY
KINGS	ZECHARIAH

```
A Q T M M Y N G G G V Z D
M N H E E B V O Q X A F U
B M X X N U K X C P E R G
E J Q U A R T Z O R D B E
R N Y X L E A T L O I Z S
B Z I N E M B G N A G Z I
Y L A L X J E Y B F P I O
G P O E A D X T H T S O U
X E D O N M J U I C R N Q
N A V A D E R U E Z G G R
J R L B R S H U E A N G U
A L N U I K T P O T L U T
T O E E T X O O S T A E K
L L Y R E B Q M N F J G B
L H L E N I P S L E Y Z A
```

AGATE	OPAL
ALEXANDRITE	PEARL
AMBER	QUARTZ
BERYL	RUBY
BLOODSTONE	SPHENE
GARNET	SPINEL
JADE	TOPAZ
JET	TOURMALINE
KUNZITE	TURQUOISE
ONYX	ZIRCON

Sweets and Candies

```
B H C M U G E L B B U B W
Q U P E A R D R O P S R K
O M T R U F F L E Y M I E
R B E T W H J M R S I T K
Y U V C E Y M U W Y A T B
N G F J I R P E V L H L Z
A S R T E R S Q O P F E R
P S U A M K O C C A N D Y
I R I G X B O U O K D V S
Z E T U D H U N Q T M X M
R F C O C O N U T I C E A
A A H N R O C P O P L H E
M W E G D U F D R X M I R
S T W Z B O N B O N S N C
N W S H E R B E T A M G B
```

BONBONS

BRITTLE

BUBBLEGUM

BUTTERSCOTCH

CANDY

CHOCOLATE

COCONUT ICE

CREAMS

FRUIT CHEWS

FUDGE

HUMBUGS

LIQUORICE

MARZIPAN

NOUGAT

PEAR DROPS

POPCORN

SHERBET

SYRUP

TRUFFLE

WAFERS

British Monarchy Names

```
D A V I D E X Z N N H A L
N E E G R O E G A E L I J
I M U D G A B R I E L L A
C E G G I H T V X M B E A
H M C L E H A A W H A R H
O E H I U N N R C C A R Q
L N I R L D I T A Z T T Y
A I L H R A N E T S Q B J
S R M A R G A R I T A X R
L E K P A S S R R N S K C
C H A R L O T T E I S F S
V T E S U O S A T A Y M D
Q A D N P Y X J E X N M U
Q C L Z R Y R E P S G N A
S E M A J Y D D R A W D E
```

ALEXANDRA	GEORGE
ALICE	HELEN
ANNE	HENRY
ARTHUR	JAMES
CATHERINE	MARGARITA
CHARLOTTE	MARY
DAVID	NICHOLAS
EDWARD	PETER
EUGENIE	SARAH
GABRIELLA	ZARA

Apple Varieties

```
T Y Z A B U B D L W R O H
A V W V Y M O N A R C H Z
Q N L R E N O M S J D Z B
B E A C O N O D E R A D I
J I M Z R N Q S L J G D S
K A T Y E E S N T V U X E
Z E M H W L V T W P O Z N
O K C X F V C I I C M J A
B A I L E Y Z X R S Y J K
M A I P I M I B O F F B A
A Z L I B E R T Y X L Q Y
N F A D L O G K R A Z O T
T X U P W D P N L J A Q W
E M Z J O I A N I R B K K
T N J U I T N K I F B H V
```

AKANE	KATY
BAILEY	LIBERTY
BALDWIN	MACHEN
BEACON	MANTET
BRINA	MONARCH
COX'S	OZARK GOLD
ENVY	PIXIE
FUJI	SONYA
IDARED	TOPAZ
JAZZ	WOLF RIVER

V Words

```
O V N C V I T R I O L E V
V C V Z L I F V V C B T L
I V V I T A L L Y E Y T V
T N A P D J D L M I C E E
I O V L B E A N A N N N V
C I S I E U O W A I K G R
U T G H S D Z S C V N I E
L C V I V O I E H E V V V
T E V J L O R C U G V E C
U S W P V F T G T I D N F
R I V O Y Q O I S O V U S
E V I I V V L A N X R S G
S I N I X S G Q F G H Y G
M V D T S E M S V I O P B
V P X M G N N X D V M V A
```

VALEDICTORY	VISUAL
VANDAL	VITALLY
VENICE	VITICULTURE
VENUS	VITRIOL
VERVE	VIVISECTION
VIDEOS	VIXEN
VIGNETTE	VOGUE
VILLAIN	VOTING
VISAGE	VOWEL
VISOR	VYING

Windows

```
T L G O C C O Z Y B M O A
G H D E N R E T T A P V X
E L G L A S S F H A U Y F
S C T I Y I M A Q P T R P
Z Q E C L Q Q U S B T C K
R W P I A M E V S H Y T F
Z I E B P S D O W L K R U
T N R M U S E J V N A Y N
T D I B Y E S M M M M T S
R O O E N C H O E A M K S
A W D A L O C K R N B S E
N U P E R T L U T C T B S
S F A I H L K B O P A Q O
O R E H I Q E M N Y I H S
M L V S Z O A J T C W D Y
```

BAY	ORIEL
BOW	PANE
CASEMENT	PATTERNED
CLEAR	PERIOD
CROSSPIECE	PUTTY
FRAME	SASH
GLASS	SILL
LIGHT	SLATS
LOCK	TRANSOM
OPAQUE	WINDOW

Hobbies and Pastimes

```
Y R T E K S A B G R Y Y X
S S E H C V H O N A R G B
S M G N I W E S I B E O S
K T U K P Y K B L R T L D
U X R S Z I M A C P T A C
Y O G A I Z R V Y R O E A
X W G N D C X D C B P N V
U U G Z H I Q J U X H E I
I D R E S S M A K I N G N
R S R G G N I N E D R A G
I Y T T C P A I N T I N G
D X U A Y R E K O O C S J
I M D J M J J J U J I T S U
N V H G D P M P J X P J D
G F U L A G S I B E B D O
```

ARCHERY	JUDO
BASKETRY	JU-JITSU
CAVING	MUSIC
CHESS	PAINTING
COOKERY	POTTERY
CYCLING	RIDING
DARTS	SEWING
DRESSMAKING	SKIING
GARDENING	STAMPS
GENEALOGY	YOGA

Red Things

```
K C I R B S E H M U P E Q
V K S N G R I X D B M Y A
Y E N E I A M R S Z E V U
P S G I W M H R A I P W G
C O R X U I K H M C A A Q
P E P P E R N R H O R J O
Y H V P Z E J E F C G M P
A Q C W Y K R D O O L B U
I R L S S R A Q X M P K H
S R H H Y W H I F B R G C
H E N I G N E E R I F T T
C H L C J D O T A M O T E
U R P P W K A T X F A S K
F A F D P J N N I E O G V
Y H R F L A G J M R E T C
```

ANT	INK
APPLE	KETCHUP
BLOOD	MARS
BRICK	MEAT
CHERRY	PEPPER
FIRE ENGINE	POPPY
FLAG	RAG
FOX	ROSE
FUCHSIA	TOMATO
GRAPE	WINE

Dentistry

```
W T O O T H P A S T E P F
G V T O U L C E R C G O K
A N O Y Z M H S V H C L D
H R I X V M A E K A B I R
V Y L N O H H B M I J S I
M I G U A G B I S R F H L
K F T I A E U I A X U S L
E H M O E M L N A A E C P
S T C Y O N E C A R B Z S
R L H L C F I I U R K M L
U A A F L O S S E S U O K
N R T W Y R D O T G H F R
S L R R W A W R P L A T E
S D M Q A L T S R S V X F
E T I B G T E E T H H L U
```

BITE	MOUTH
BRACE	NURSE
CHAIR	ORAL
CLEANING	PLATE
DRILL	POLISH
FLOSS	ROOT
GUMS	TARTAR
HYGIENIST	TEETH
INCISORS	TOOTHPASTE
MOLARS	ULCER

Casino

```
N E C I D R H X R K X J I
B E T T I N G R W D G T J
H S P L A J G V O V T O L
I Q R Z E R O M X L N P E
Y T R E N E A B Y Y L K E
N O E O K S L C A C H C H
Q D I T E N J N C N C A W
T R L S T G A T Y A D J J
U S S C N E N B R D B I T
C O H A O L L D K A E P T
L E L S O S S U O C U Q S
J A H I T E D D O C E P N
M V R N N A S D O R I D E
D T F O O E K E O H S J P
Q Z B D P C C E C B K I W
```

BACCARAT	LOSSES
BANDIT	NOIR
BANKER	ODDS
BETTING	PONTOON
CARDS	ROLL
CASINO	ROULETTE
CHIPS	SHOE
DECK	STAKE
DICE	WHEEL
JACKPOT	ZERO

Ironing

```
H U A I A L C M W F V U C
L O O W K Y R S L T H D Z
U S L S H S T A H J R K S
I E L T I A T G L A C E A
P V Q O N T I E O L H A M
L E M D E L N B A T O D C
I E N N T S G P O M R C U
N L S O Y N I L X X E L F
E S L E I L C O T T O N F
N I X N A V O I S I F L S
P Q O P Z M Q N C U H N A
U R Y S R E S U O R T A Q
I S T A E L P F R P J Y N
F O O J E P O H C R A O Q
S E S A E R C X H V G G P
```

CHORE	NYLON
CLOTHES	PILOT LIGHT
COLLAR	PLEATS
COTTON	SCORCH
CREASES	SEAMS
CUFFS	SLEEVES
FLATTEN	STAND
FLEX	STEAM
IRONING BOARD	TROUSERS
LINEN	WOOL

Lepidoptera

```
T I M R E H M O T H S S I
H D R I V U L E T T S W Q
G R A Y L I N G E B A A X
E Y E L A M H L T D R L V
U A L X A O G A E A G L L
L D D E S N C O P D T O A
B V J T I W I U Z O O W R
S V O R Z L P D W Q N T I
L C L E O P A T R A K A M
E X L E V I C H E A B I D
G M O A M M O C J B C L A
O P P S I L A S Y R H C D
V C A B B A G E W H I T E
E V I Y L F R E T T U B R
K F P I T F F U B S Z V S
```

APOLLO	GRAYLING
BUFF TIP	HERMIT
BUTTERFLY	KNOT GRASS
CABBAGE WHITE	MOTH
CARDINAL	PUPA
CHRYSALIS	RED ADMIRAL
CLEOPATRA	RINGLET
COMMA	RIVULET
DRYAD	SWALLOWTAIL
GHOST	VOGEL'S BLUE

Archery

```
S T C N B V D T E G R A T
F S I G H T T Z N F Y F I
A E W E Y N Z I U N A P L
S R L X P O K J U H D F H
T W M A H C S A S I Y Y F
U O X T A K I L H O R L Q
P R R T W M Q X O M E L O
P R S Q I U G V T T R E H
E A A N U N U Z C E G B O
R G G K A E K H D A Y C L
L Z L M V I E R D C P J D
I B W H P R I N Y T I U B
M O T H T N U T E T A L P
B E O C G O P A G Q X Q A
Z D C W P E Q A E G P O V
```

AIMING	POUNDAGE
ARROW REST	RED RING
ASCHAM	SHAFT
BELLY	SHOT
BOWMAN	SIGHT
FAST	STACKING
FLETCHER	TARGET
HOLD	TORQUE
NOCK	UPPER LIMB
PLATE	YEW

Slot Machine

```
T E S P S E R U T A E F A
O O L G X S L P H C S D L
G S L S D C L Q D E T L D
P P R S R M H L Y N I E O
P A A M P E S E E I U C R
B I Y N D W P T R B R N A
K X N O O N Q E I R F A N
C U N D U P U A A D I C G
B R N P E T P D R T E E E
L I S T A R T L G C S R S
W I N N I N G E U E A J C
J X O F F H P V D M I D E
G P M C O L L E C T S L E
Y X E Q N S F R B P E C U
A V L Y I O I M O I B A Y
```

ARCADE	LEVER
BARS	NUDGE
BELLS	ORANGE
CANCEL	PAYOUT
CHERRIES	PLUMS
COLLECT	REPEAT
CREDITS	SLOT
FEATURES	START
FRUITS	WINDOW
LEMONS	WINNING

Kitchen Items

```
B S V P E O R F R M E Y S
T T I V Q E R L T L G C E
Q K E G C E H E T V U Q V
R I I I E N A T W W W W L
S N U Z B C E R S T O V E
G J E Y U K T O P A E T H
V R R P V T R A K R N E S
Y T A Y R E R S S E I A C
E E Z T N I I T A D K S O
C V A I E H P I T R E P L
J I A L W R F N X A M O A
M R U D S N H G Q L A O N
D T A L U T A P S P R N D
H S I D E I P A L A D L E
W F U Y P S M N Y L W Z R
```

COLANDER	ROASTING PAN
DRAINER	SHELVES
FREEZER	SIEVE
GRATER	SPATULA
JUICER	STOVE
KETTLE	TEACUP
LADLE	TEAPOT
LARDER	TEASPOON
PIE DISH	TRIVET
RAMEKIN	WHISK

Bible

```
B K P F A N N A O J J W K
O D I V A D O N Y U E W O
A R R Z Z N H R E R J F F
Z P A R R O I Y A I D E U
B Q V X J X I X S A Z O B
F I R T A L C H N H Y J K
C Y R U S E A J W M A R Y
R A O E G C L B B Q N Q Y
O X R E H O B O A M O E D
L D Y U S C Q H B N E O K
P E H O S E A W E R D N A
Q N A U U F N N C A I J L
S H W J I M O A N Q G K A
V J E Z E B E L X E J O B
R P F X Z V M O L A S B A
```

AARON	JEZEBEL
ABSALOM	JOANNA
ANDREW	JOB
BALAK	JOHN
BOAZ	LABAN
CYRUS	MARY
DAVID	NAOMI
GIDEON	REHOBOAM
HOSEA	SENNACHERIB
JAEL	URIAH

Theatrical

```
S Z R G P D E Q D M T I R
P T L M R Z S I K D C J H
I L A D D E R S X W Y R O
R L H G B G E G I H Z E W
G J P T E P V N Z B I G Z
B S L L I F A U R I A A F
W K O P K F R S R O R N S
Y C T K G O T I E K O A G
P A R T O R B G G D O M O
D R T B O O V F T H Z E S
D T E B X C Z I O Z T G Y
C D E S I G N E R C T A B
A R E N A N O R P A U T F
L T K T F E L E G A T S T
L O U B X L D A H O U S E
```

APRON
ARENA
BOX SET
CALL
DESIGNER
FOCUS
GREEN ROOM
GRID
GRIP
HOUSE

LADDERS
LAMP
PLOT
STAGE FRIGHT
STAGE LEFT
STAGE MANAGER
STROBE
TRACKS
TRAP
TRAVERSE

Setting a Table

```
M A T W D C D P L J J F Y
O J O A Q W E W N D W D S
B X E T O P O T G J V T T
X R M S P B P D G T N Q H
B Z V E T U Y U F E P T N
E T R I H E J V M O O N O
D L U C N R A I A L R X O
X R T R E E D K C R X K P
F E A T E N G E K K G C S
K L A T O E L A D N N N A
Y W O C S B N E R I I R E
S Q X W A U E C U V K F T
A S V T E I M N R E P D E
L A D L E R I W I S A R M
I V Z K M E S Y M W N R S
```

BREAD   NAPKIN

CONDIMENTS   PEPPER

FLOWERS   SALT

FORKS   STEAK KNIFE

FRUIT BOWL   TABLECLOTH

GRAVY BOAT   TEASPOON

KETCHUP   TUREEN

KNIVES   VINEGAR

LADLE   WATER JUG

MUSTARD   WINE BOTTLE

X Words

```
E L V G G V M R E I V A X
Y N H X W D X E Y P R F Q
D B E Q H A E F L H O S C
X X M L F O N G T Y C I I
X E E Q Y V I R R E X R H
I N R N B X A V B Y D Y P
P O U X O N L E L T F X A
H P O Z E H X O C N W H R
O H T X S S P C K F P C G
I O D I V I N O A U S L O
D B D J A W X Y L A N X R
X I J E Z S U T S Y X E E
M C X A N T H I N E X N X
A S O H X L Y A Q P A O L
S E T Y H P O R E X S N I
```

XANTHINE	XHOSA
XAVIER	XIPHOID
XEBEC	XMAS
XENARTHRA	XYLAN
XENIAL	XYLEM
XENON	XYLENE
XENOPHOBIC	XYLOPHONE
XEROGRAPHIC	XYLOPIA
XEROPHYTE	XYRIS
XERXES	XYSTUS

Footwear

```
Z S E H S O L A G Q T K A
S U L T I G H T S I U M J
L L A R T S R E K A E N S
P L I S L A D N A S S M S
F L S N P E E P T O E S G
Q K A K G L A C E U P S N
O U N T C B A Y S J S C I
V V B W F O A S E O H S K
L B W P T O S C L O G S C
F V R L S S R Y K C O A O
M R T O A P E M N S J B T
U K K R G M W E S K P O S
L C S L A U S A C P K T Z
E L A K C P E I H W U S S
S S R E D A W S Z J C D I
```

BROGUES	SABOTS
CASUALS	SANDALS
CLOGS	SHOES
FLATS	SKATES
GALOSHES	SLINGBACKS
LACE-UPS	SNEAKERS
MULES	SOCKS
PEEP-TOES	STOCKINGS
PLATFORMS	TIGHTS
PUMPS	WADERS

Countries of the World

```
U U T C A L M Q Z I N W T
B U N H T G H S M H M P J
A P R O L J S L E X F K R
N D U O A I U E A L W R A
G P A K M R R A U D A I B
L G J N L A I R Y S N W R
A C A U A Q N S W O Q X C
D A Y R P C A I T A A F U
E A N G E H M S A H N J Y
S G L Y N G E E N Q K D M
H P Y L E H R N I K N A A
X Q A P V I J E G T U J L
I U L I T G Z G E G B X I
R S G I N W T A R C F F B
U A L S K G L L V B E U K
```

BANGLADESH	NEPAL
CANADA	NIGER
EGYPT	ROMANIA
ESTONIA	RWANDA
GREECE	SENEGAL
GUAM	SPAIN
IRAQ	SURINAME
ISRAEL	SYRIA
MALI	USA
MALTA	WALES

Wales

```
Y A U C D F M M J E S G G
O P E J W A A Y W F Y P O
X T K S U M E N C P W T H
D R O G N A B H R E O W T
B E A N B A B R Y C P R R
L F M U Y E W Z A L I E E
A O J A A P V S P N O X P
E R M C E L A D K A O H T
N M F A R F L N K D R A N
A C Z D E O E E D O H M A
V F O H L R E T G Y Y P P
O Z F R A E D S C L L W X
N O R A R X Y Y E U O U L
A P E B T I N T E R N D I
Z Y A F B J S C O P W Y Q
```

BANGOR	PANTPERTHOG
BLAENAVON	POWYS
CORRIS	RHYL
CROESERW	SWANSEA
CWMBRAN	TAFF
DOLGELLAU	TINTERN
EBBW VALE	TONYPANDY
HOLYHEAD	TREFOR
MAERDY	USK
OAKDALE	WREXHAM

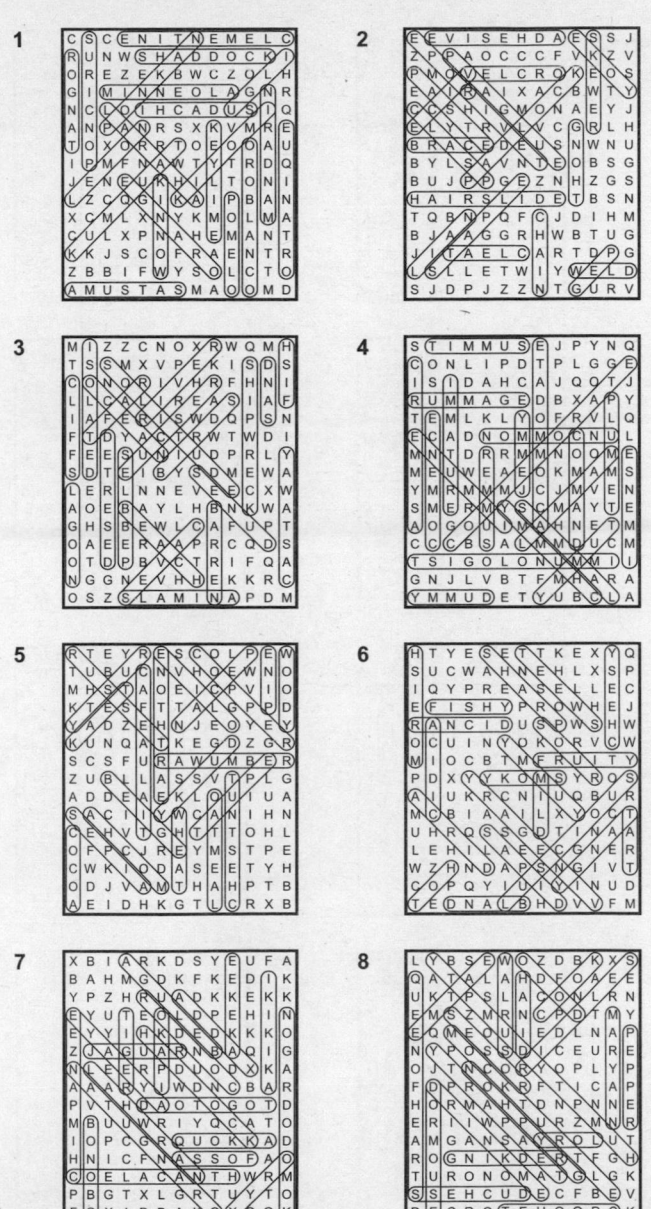

513

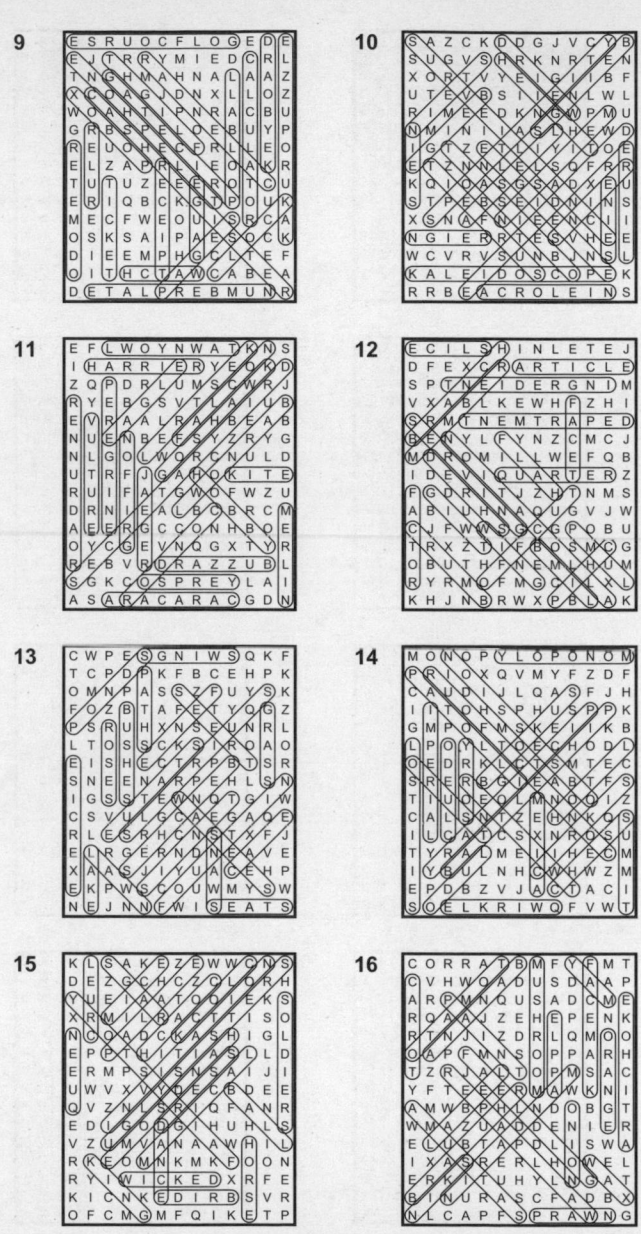

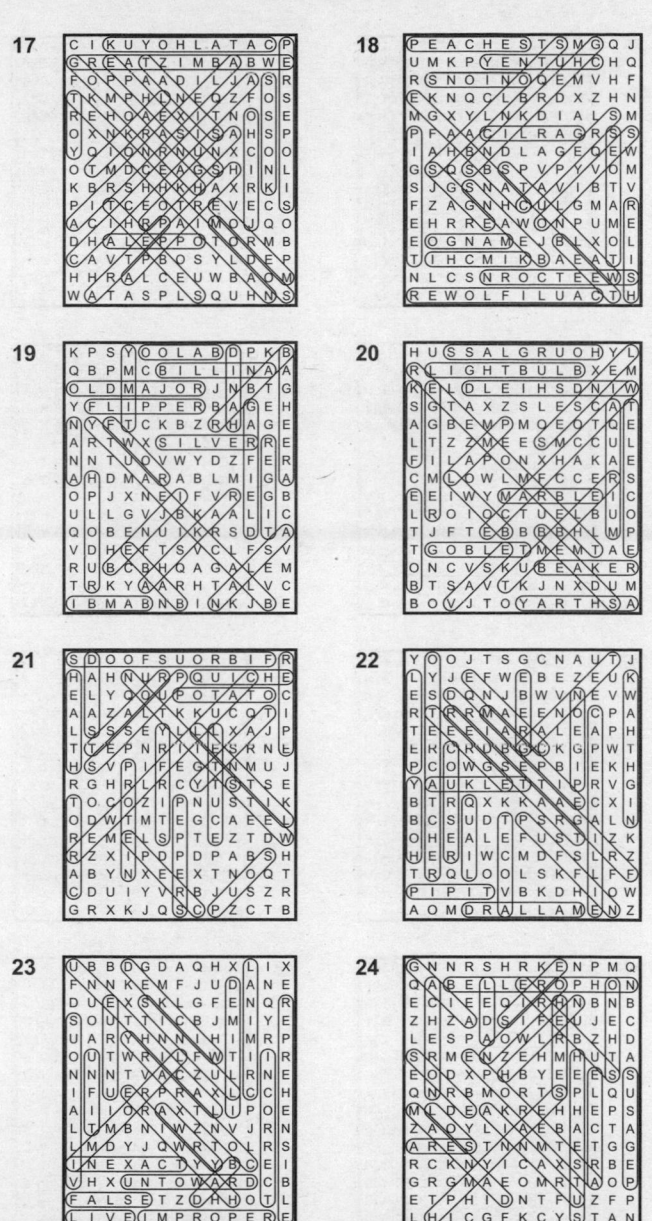

515

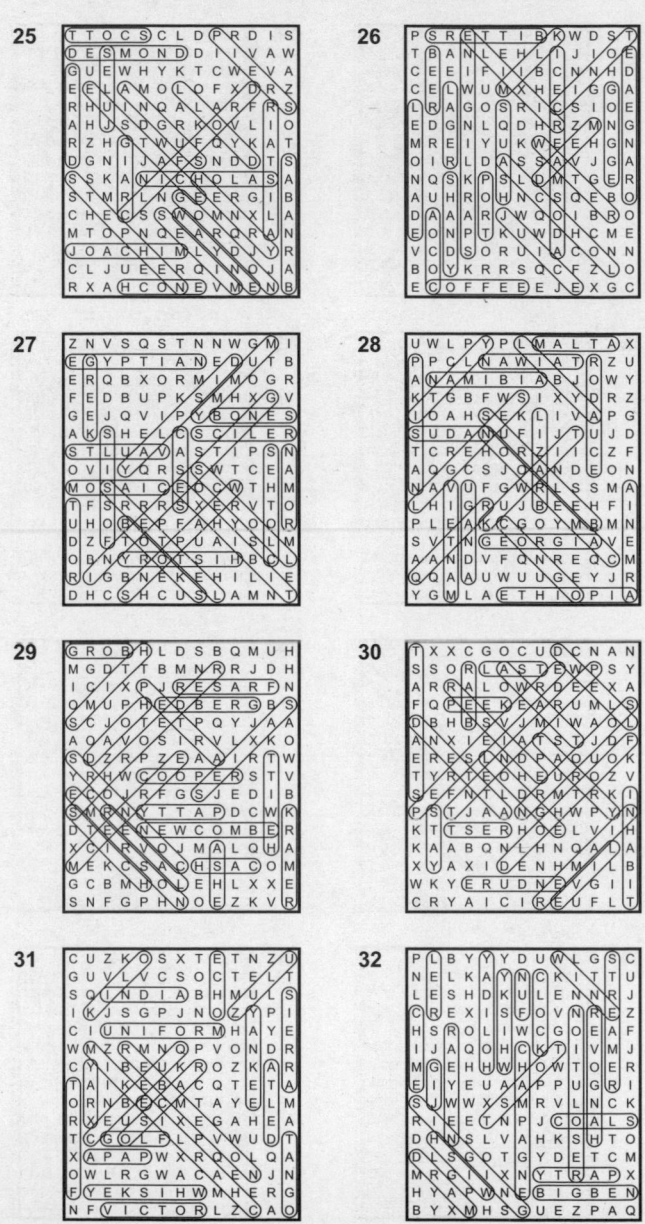

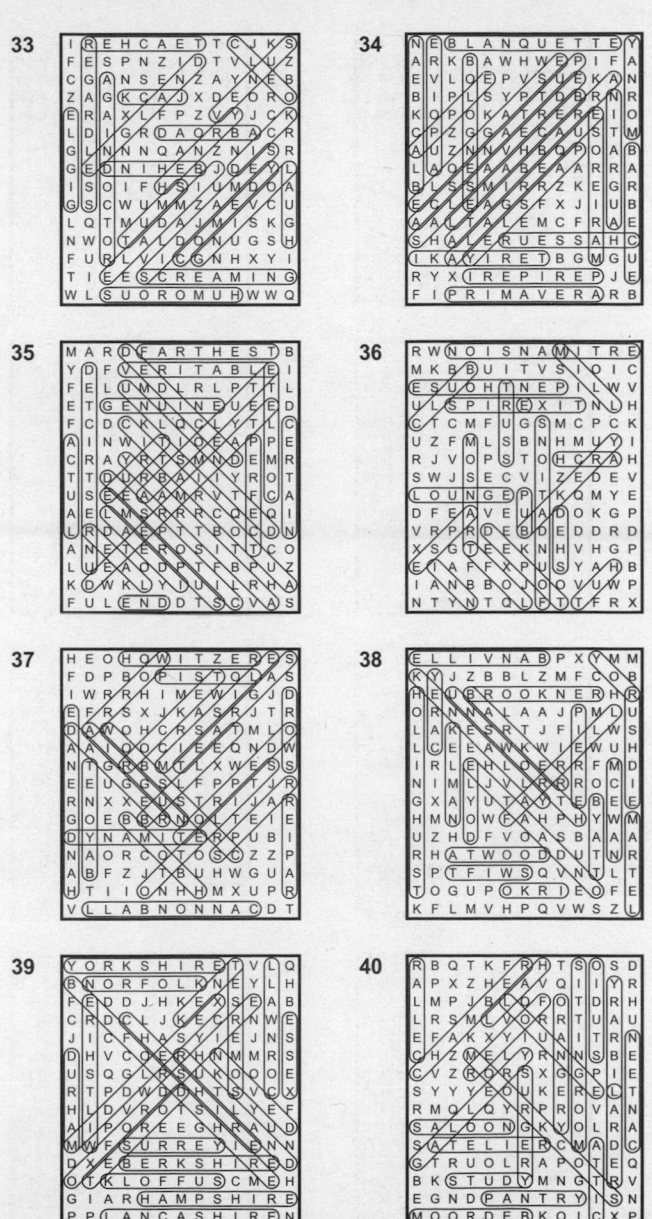

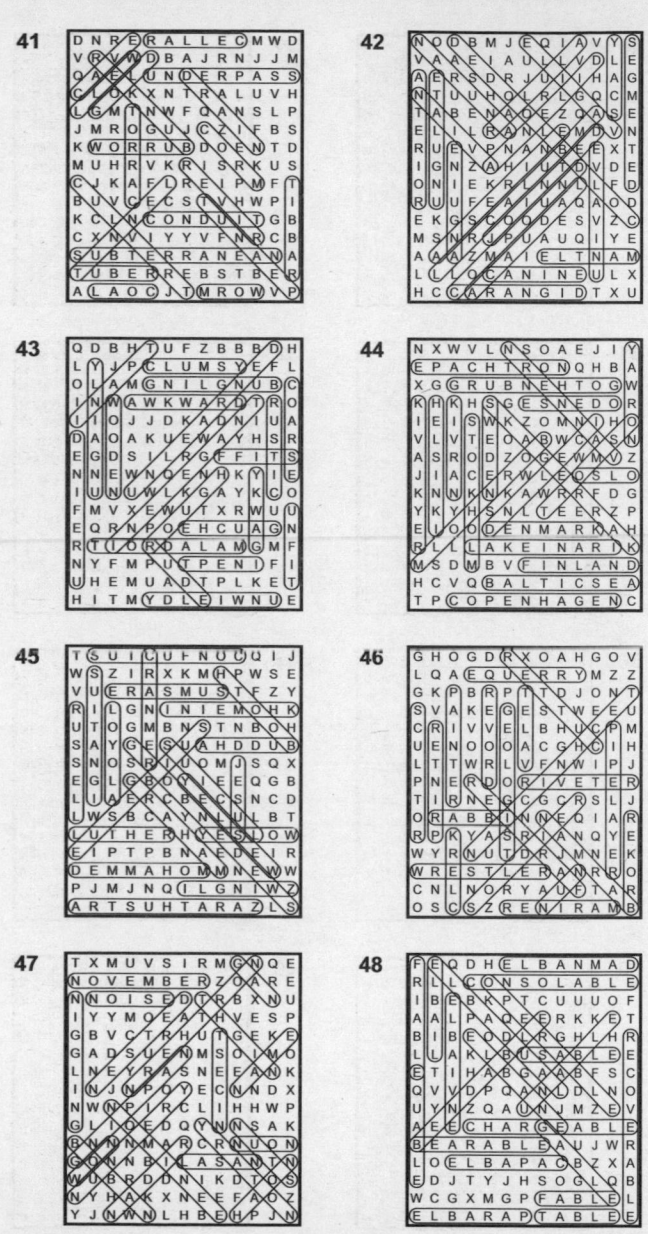

41

```
D N R E R A L L E C M W D
V R X W D B A J R N J J M
O A E L U N D E R P A S S
C L O K X N T R A L U V H
L G M T N W F Q A N S L P
J M R O G U J C Z I F B S
K W O R R U B D O E N T D
M U H R V K R I S R K U S
C J K A F R E I P M F T
B U V C E C S T U H W P I
K C L N C O N D U I T G B
C X N V I Y Y V F N R C B
S U B T E R R A N E A N A
T U B E R E B S T B E R
A L A O C J T M R O W V P
```

42

```
N O D B M J E Q I A V Y S
V A A E I A U L X V D L E
A E R S D R J X I H A G
N T U U H O L R L G O C M
T A B E N A D E Z Q A S E
E L I L R A N L E M D N
R U E V P N A M B E E X T
I G N Z A H I L D R O D
O N I E K R I N L L F D
R U U F E E U A Q A O D
E K G S C O O D E S V Z C
M S N R U P U A U Q I Y E
A A A Z M A I E L T N A M
L L O C A N I N E U L X
H C C A R A N G I D T X U
```

43

```
Q D B H T U F Z B B B D H
L Y J P C L U M S Y E F L
O L A M G N I L G N U B C
I N M A W K W A R D T R O
I J O J J D K A D N I U A
D A O A K U E W A Y H S R
E G D S I L R G F F I T S
N N E W O E N H K Y I E
I U N U W L K G A Y K C O
F M V X E W U T X R W U U
E Q R N P O E H C U A G N
R T I O R D A L A M G M F
N Y F M P U T P E N I F I
U H E M U A D T P L K E T
H I T M Y D L E I W N U E
```

44

```
N X W V L N S O A E J I Y
E P A C H T R O N Q H B A
X G G R U B N E N T O G W
K H K H S G E S N E D O R
I E I S M K Z O M N I H O
V L V T E O A B W C A S N
A S R O D Z O G E W M V Z
J I A C E R W L E O S L O
K N N K N K A W R F F D G
Y K Y H S N L T E E R Z P
E U O O D E N M A R K A H
R L L A K E I N A R I K
M S D M B V F I N L A N D
H C V Q B A L T I C S E A
T P C O P E N H A G E N C
```

45

```
T S U I C U F N U C Q I J
W S Z I R X K M H P W S E
V U E R A S M U S T F Z Y
R I L G N I N I E M O H K
U T O G M B N S T N B O H
S A Y G E S U A H D D U B
S N O S R X U O M J S Q X
E G L C B O V I E E Q G B
L U A E R C B E C S N C D
U W S B C A N L U L B T
L U T H E R H Y A E S L O W
E I P T P B N A E D E I R
D E M M A H O M M N E W W
P J M J N Q I L G N I W Z
A R T S U H T A R A Z L S
```

46

```
G H O G D R X O A H G O V
L Q A E Q U E R R Y M Z Z
G K P B R P T D J O N T
S V A K E G E S T W E E U
C R I V V E L B H U C P M
U E N O O O A C G H C I H
L T T W R L V F N W I P J
P N E R D G C G C R S L J
T I R N E G C G C R S L J
O R A B B I N N E Q I A R
R P K Y A S R N A N Q Y E
W Y R N U T D R M N E K
W R E S T L E R A X R R O
C N L N O R Y A U F T A R
O S C S Z R E N I R A M B
```

47

```
T X M U V S I R M G N Q E
N O V E M B E R Z O A R E
N N O I S E D T R B X N U
I Y Y M O E A T H V E S P
G B V C T R H U T G E K E
G A D S U E N M S O I M O
L N E Y R A S N E E A N K
I N J N P O Y E C N N D X
N W N P I R C L I H H W P
G L I X E D Q Y N N S A K
R N M N M A R C R N U O N
G O N N B I L A S A N T N
W U B R D D N I K D T O S
N Y H A X K N E E F A O Z
Y J N W N L H B E H P J N
```

48

```
F E Q D H E L B A N M A D
R L L C O N S O L A B L E
I B E B K P T C U U U O F
A A L P A Q E E R K K E T
B I B E O D L R G H L H R
L U A K L B U S A B L E A
E T I H A B G A A B F S C
Q V V D P Q A N L D I N O
U Y N Z Q A U N J M Z E V
A E E C H A R G E A B L E
B E A R A B L E A U J W R
L O E L B A P A C B Z X A
E D J T Y J H S O G L Q B
W C G X M G P F A B L E L
E L B A R A P T A B L E E
```

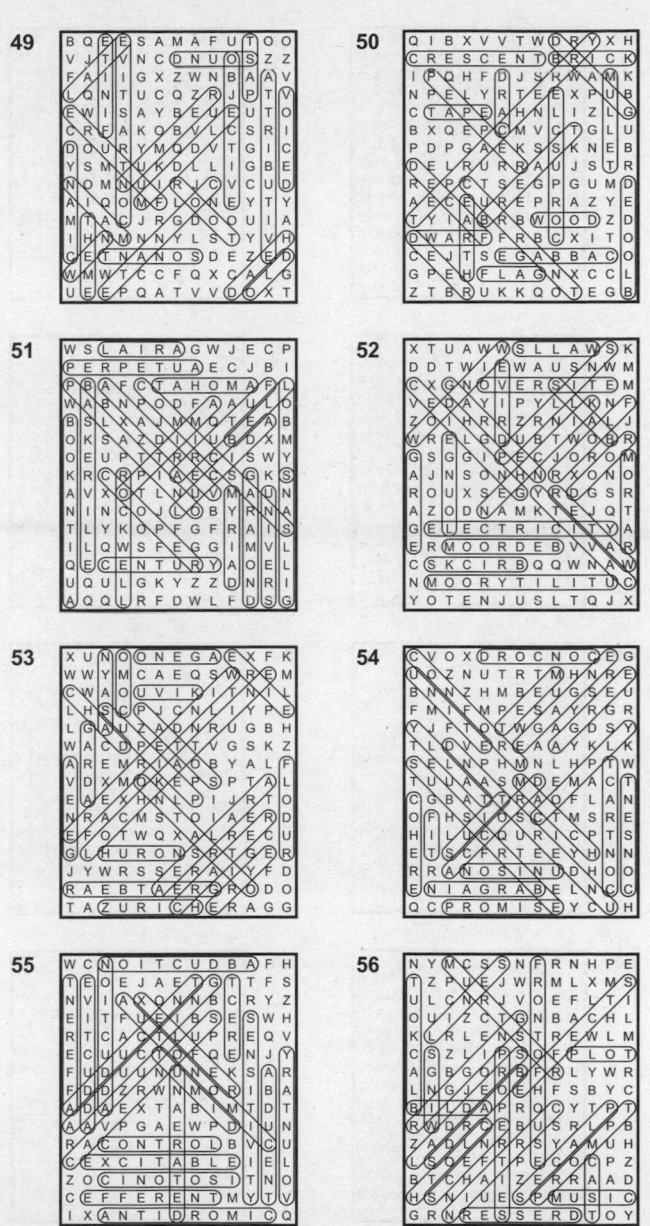

519

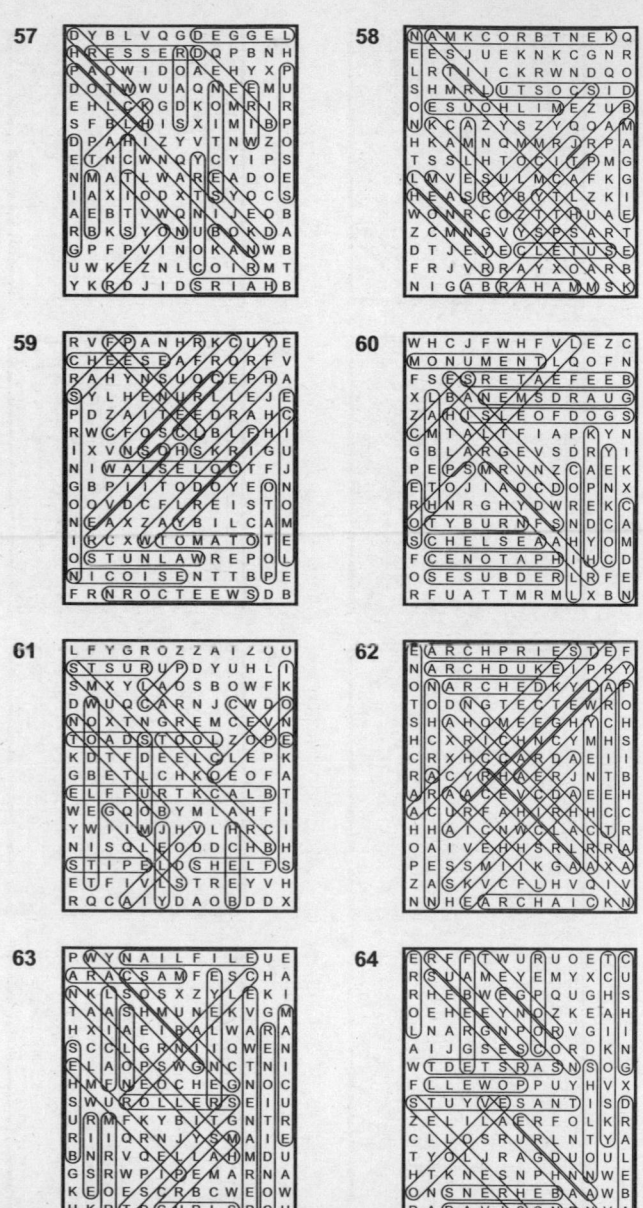

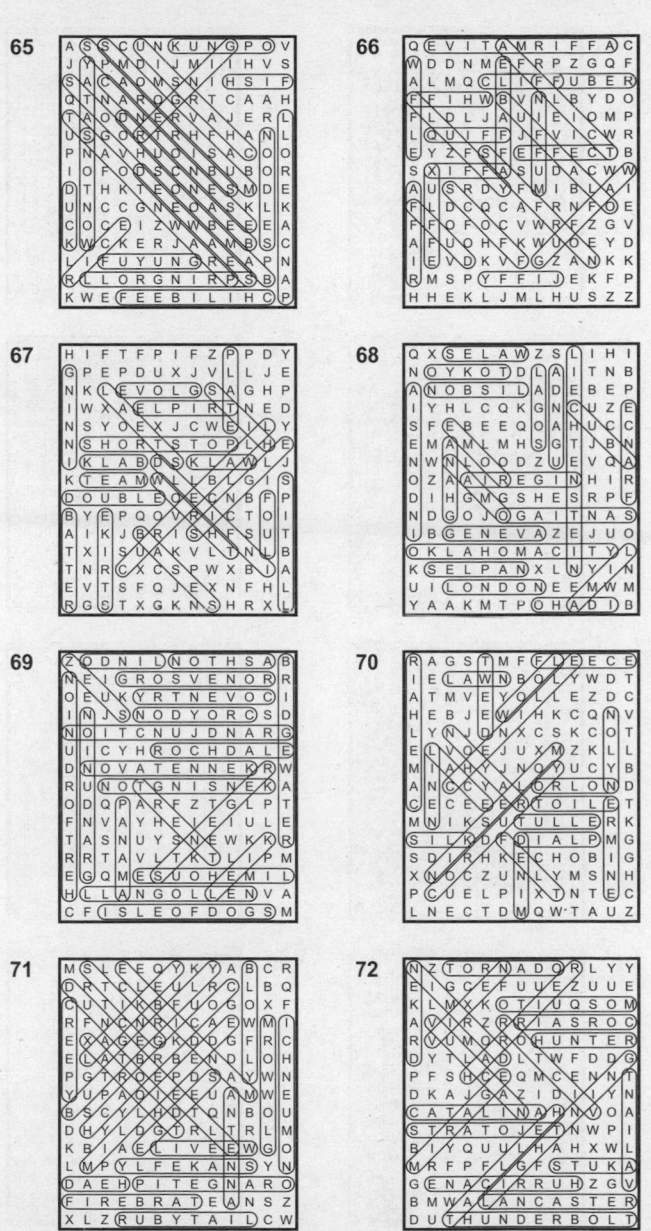

65

66

67

68

69

70

71

72

521

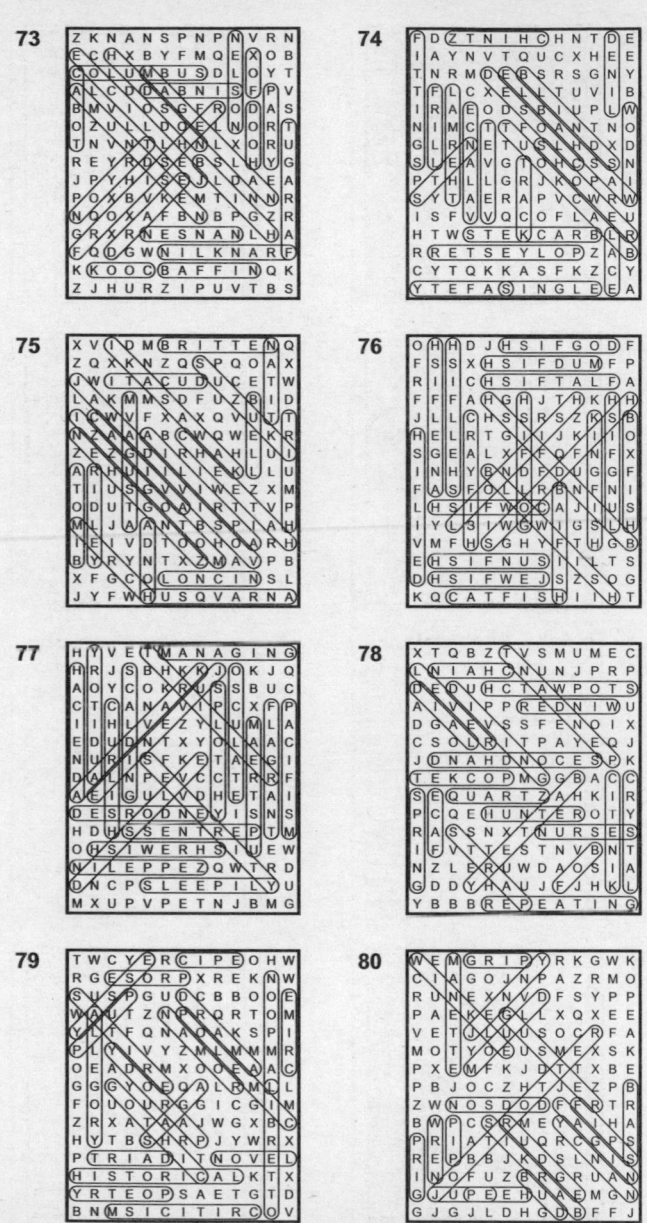

73

74

75

76

77

78

79

80

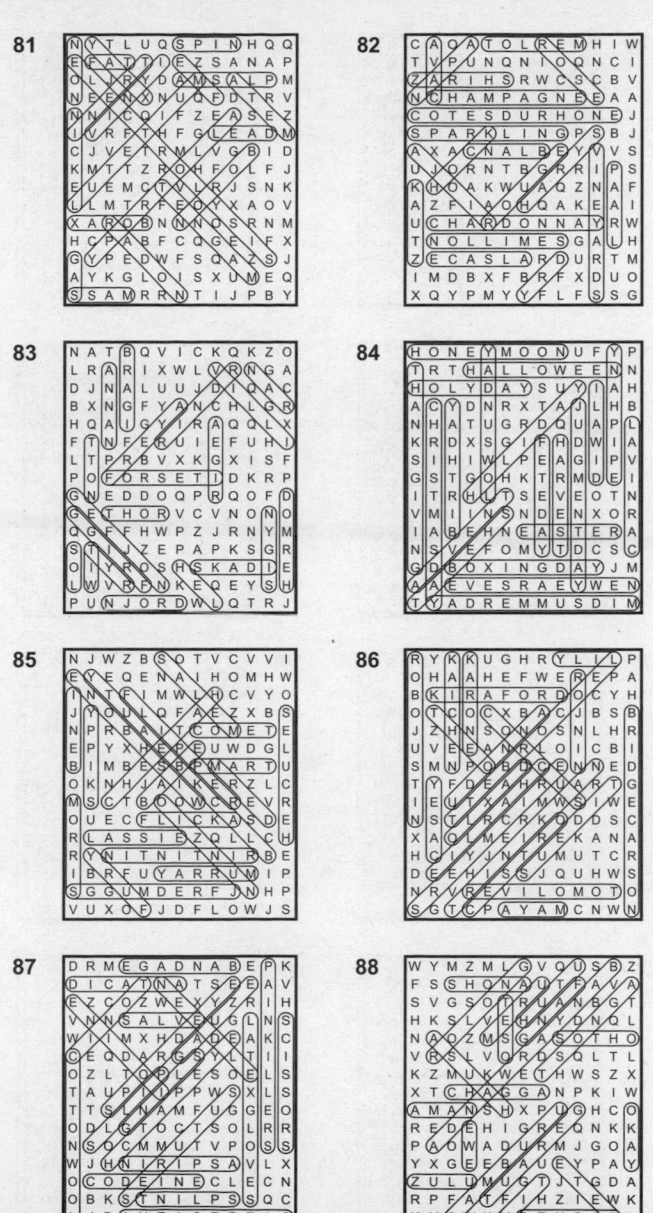

523

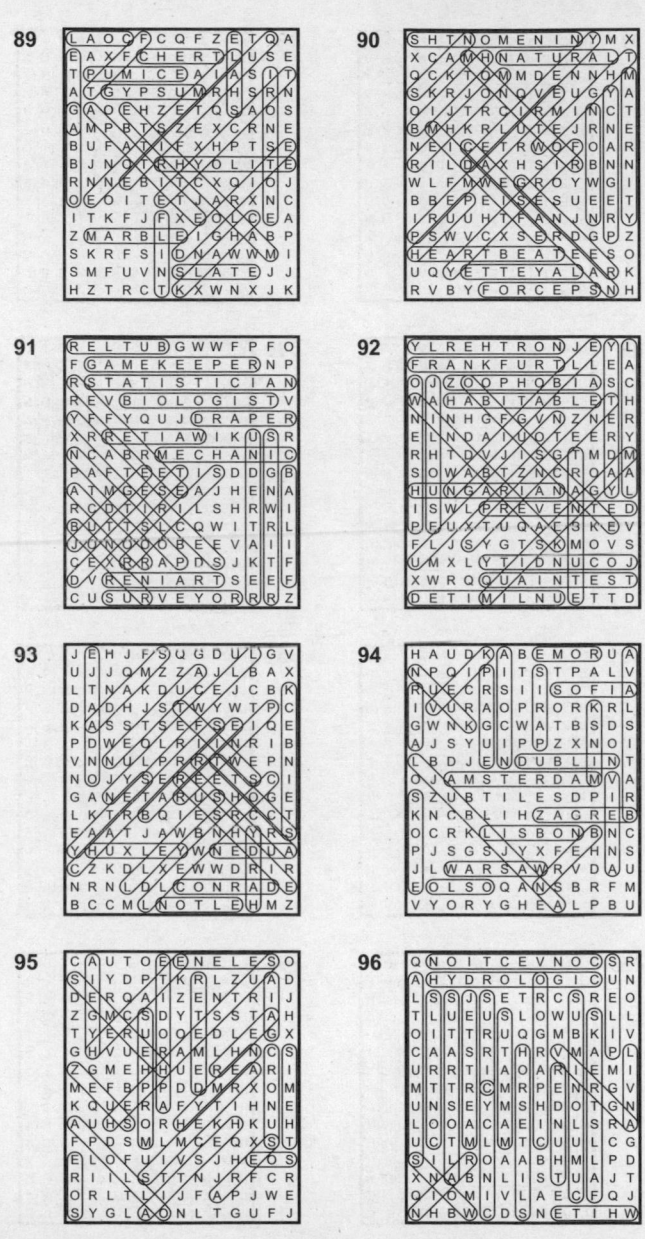

89

90

91

92

93

94

95

96

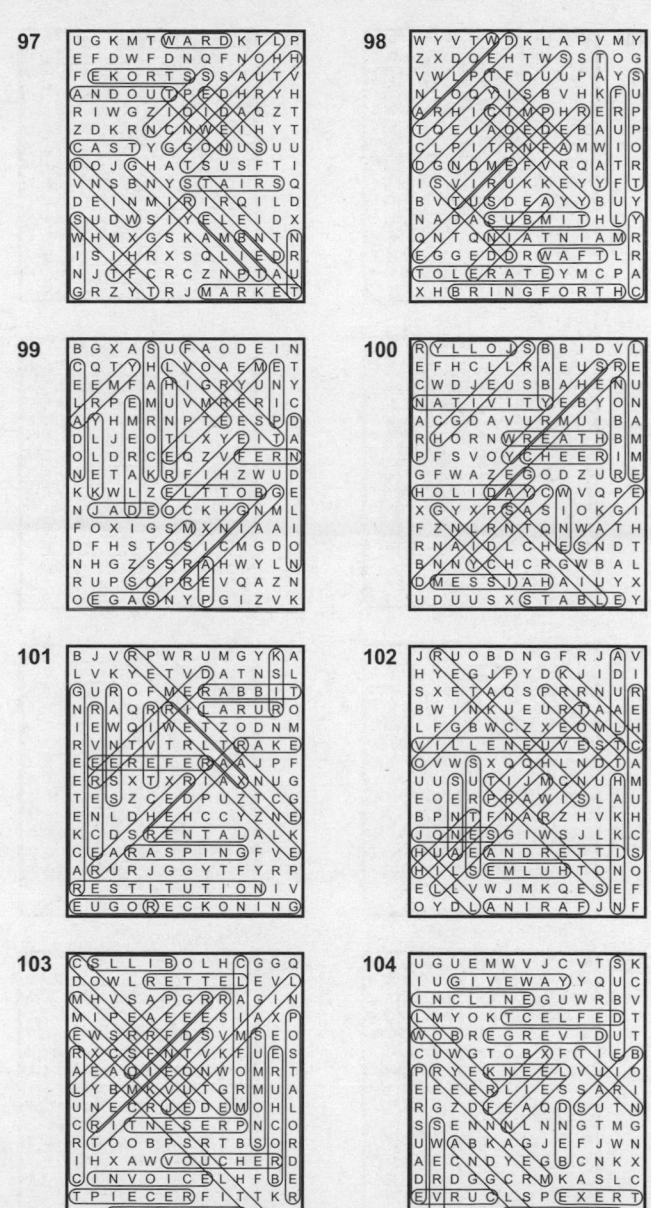

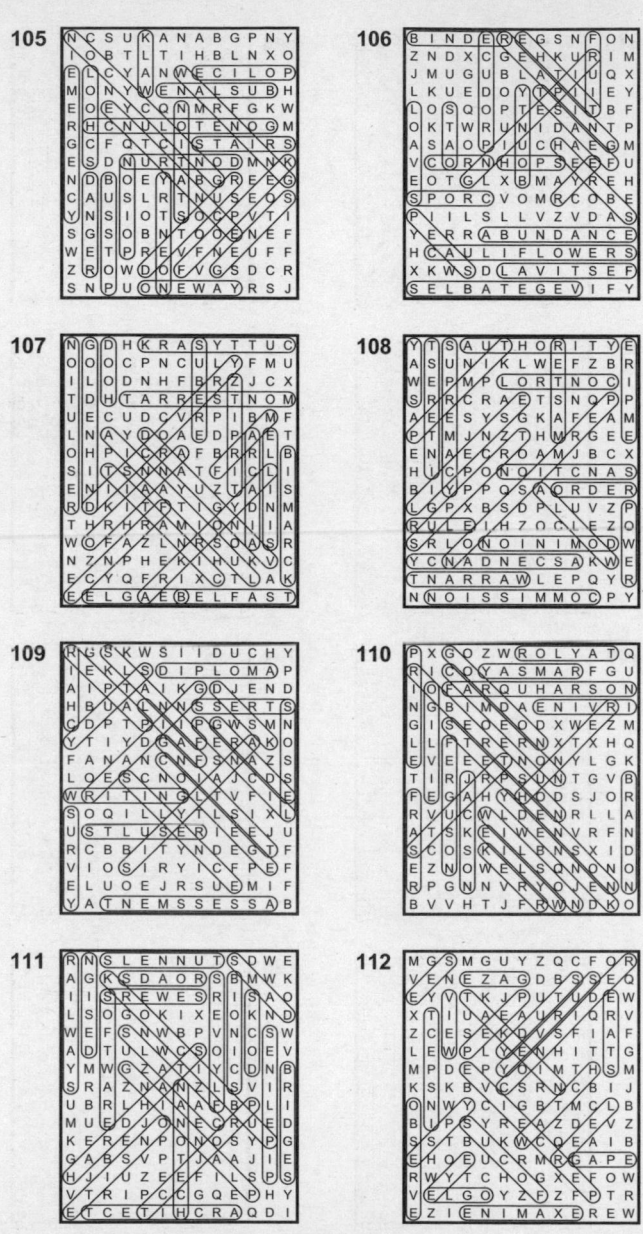

526

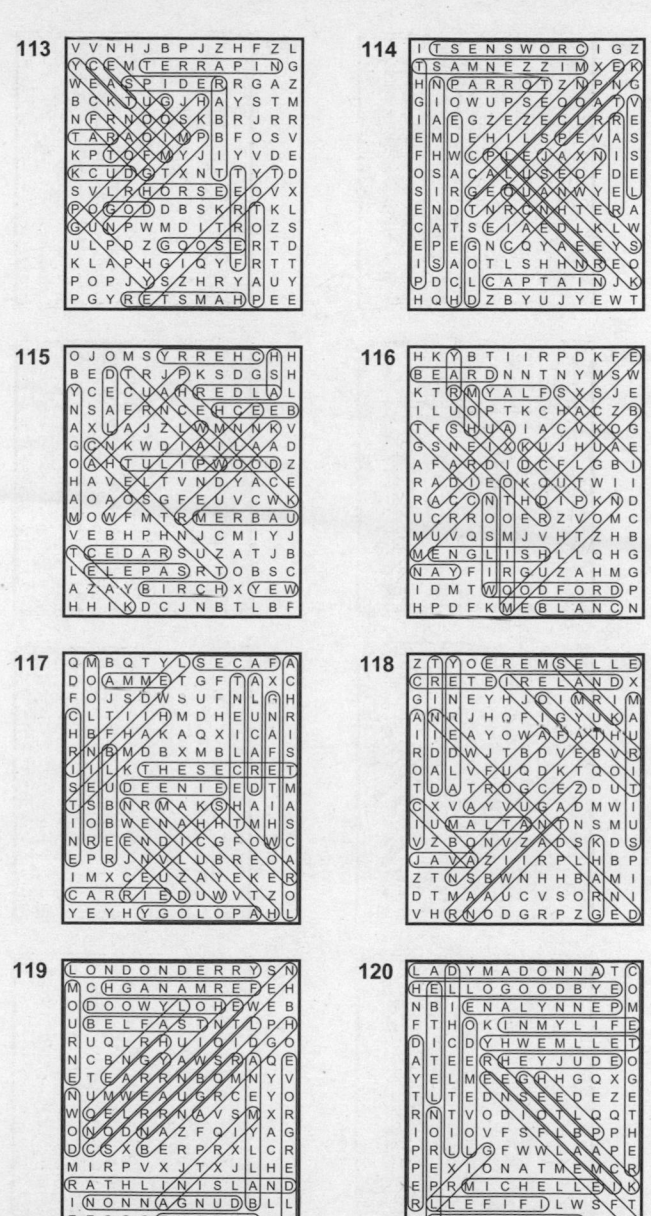

527

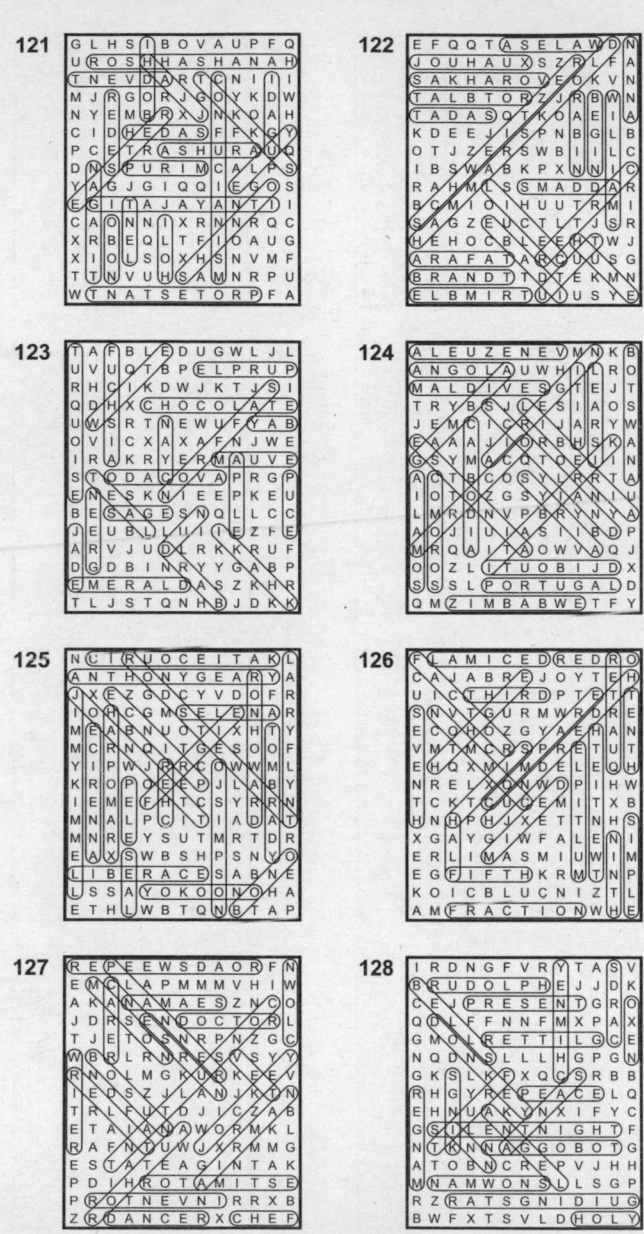

528

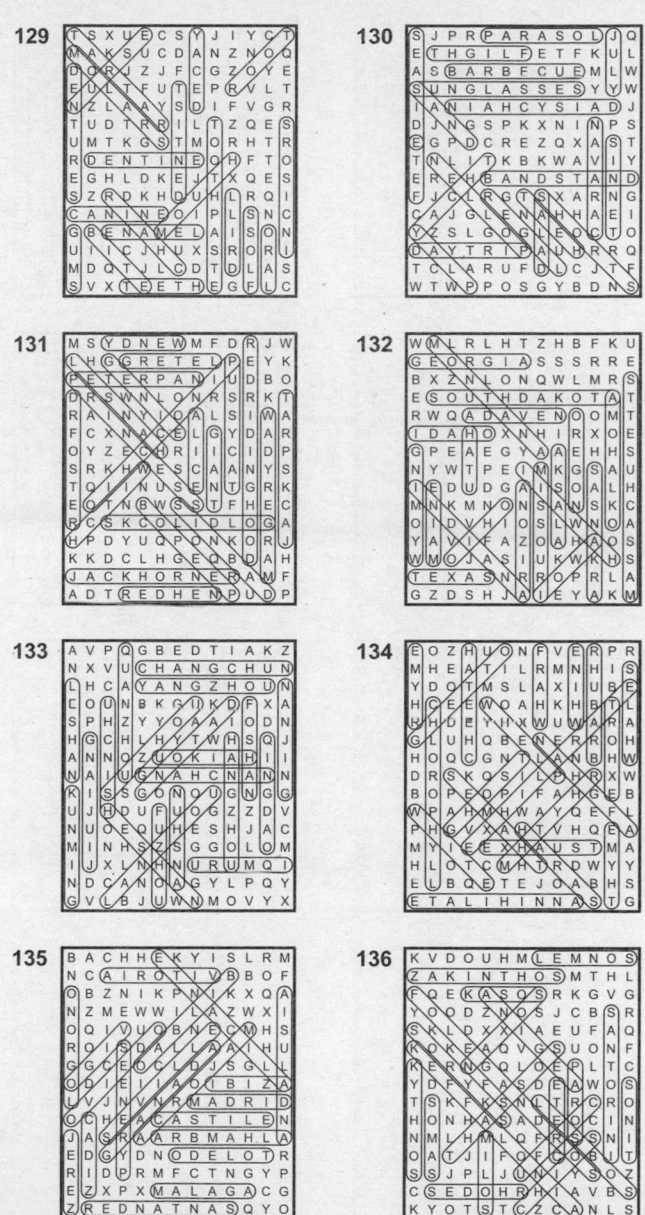

529

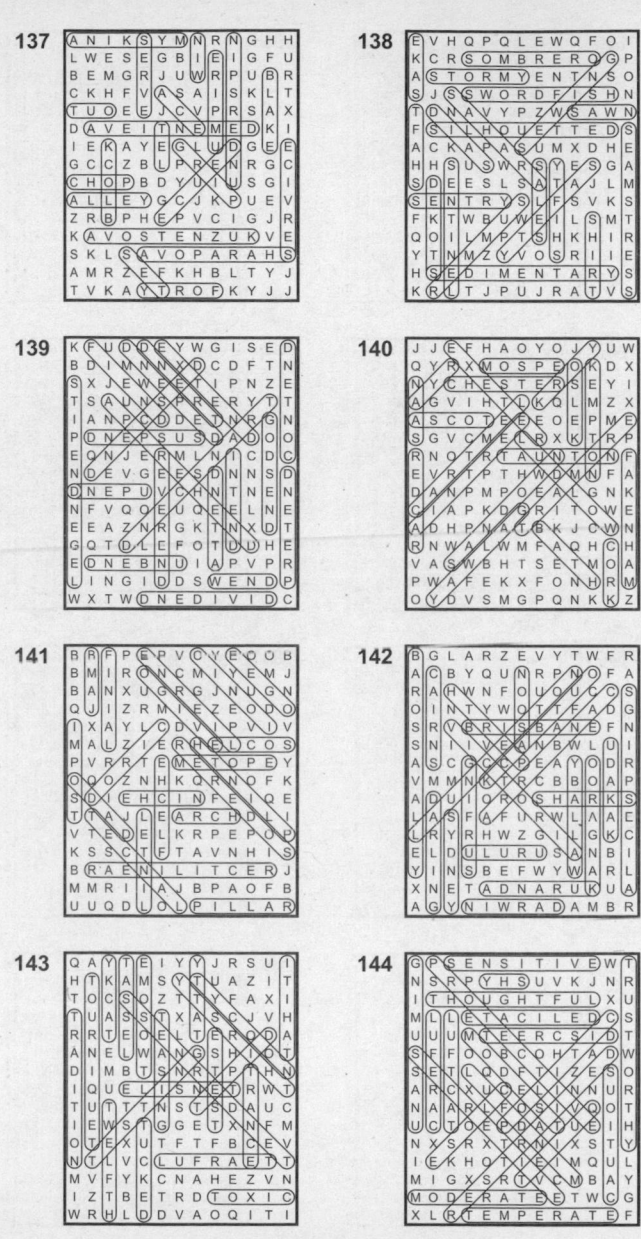

137

138

139

140

141

142

143

144

530

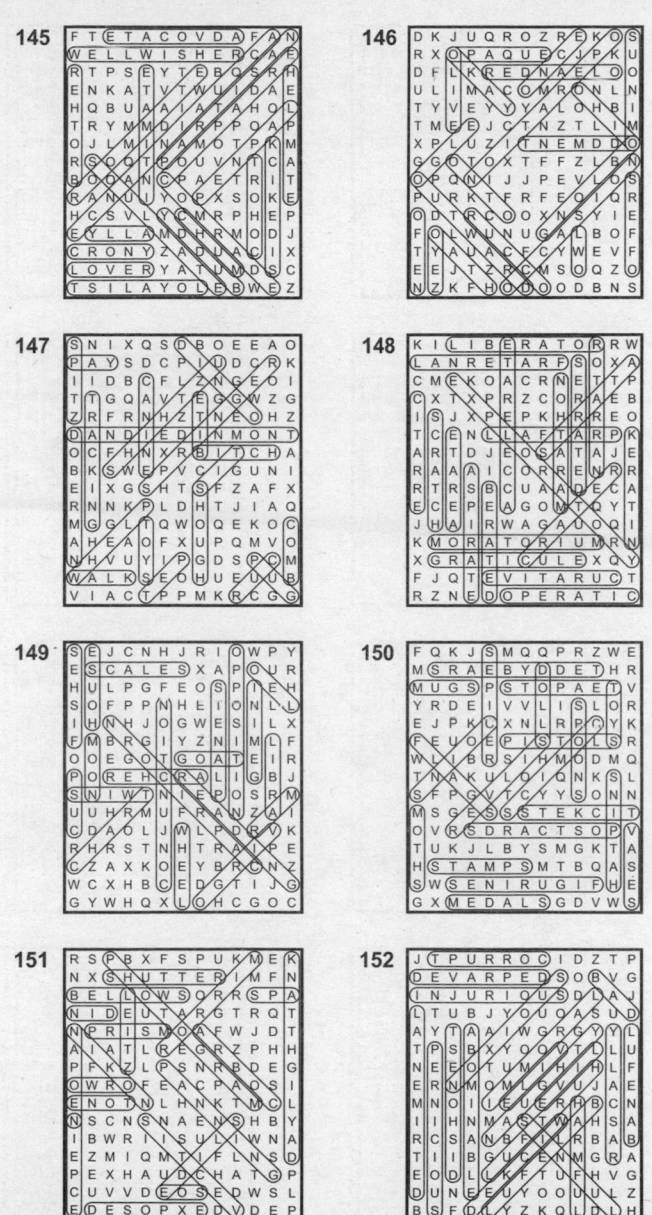

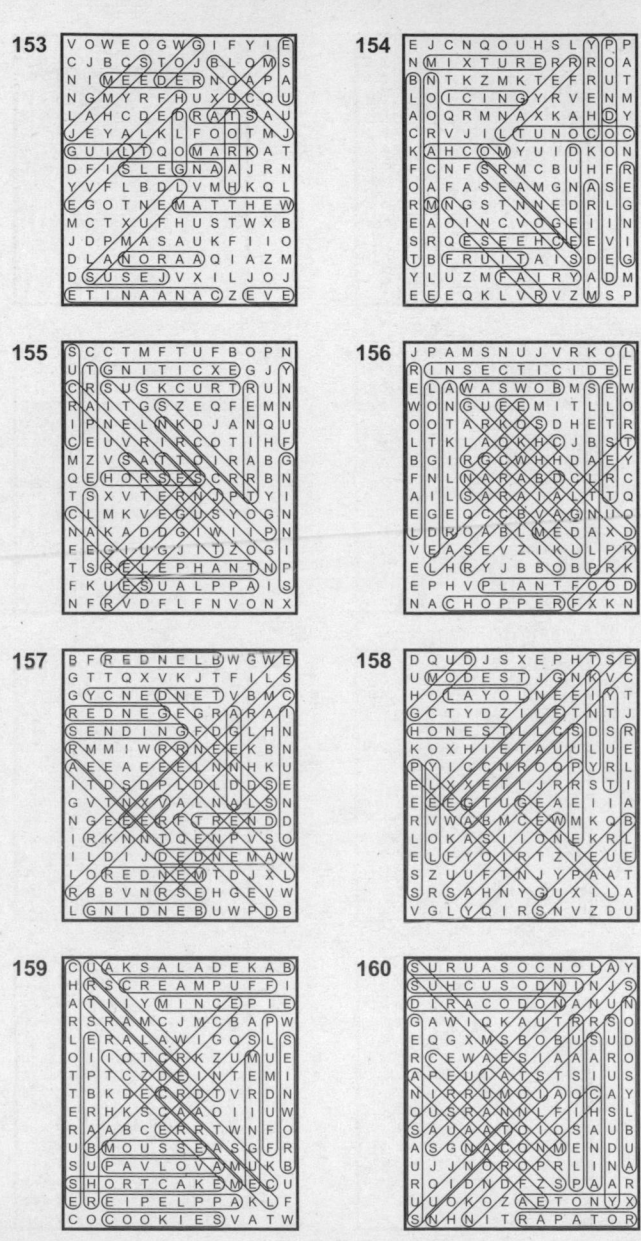

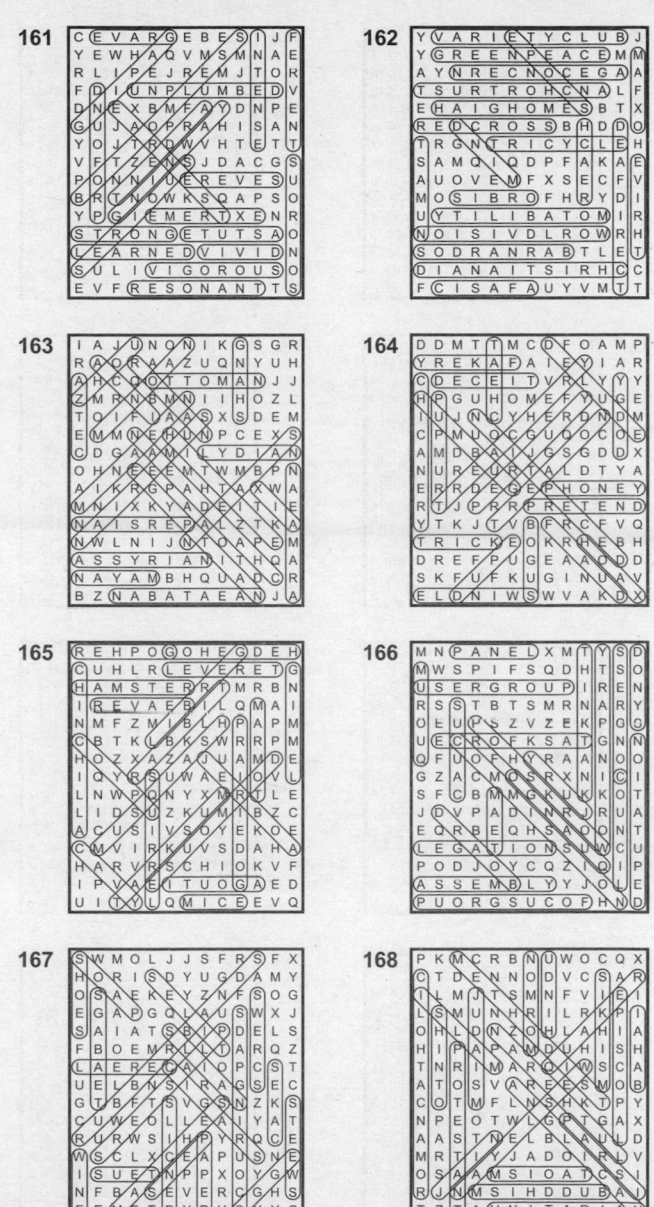

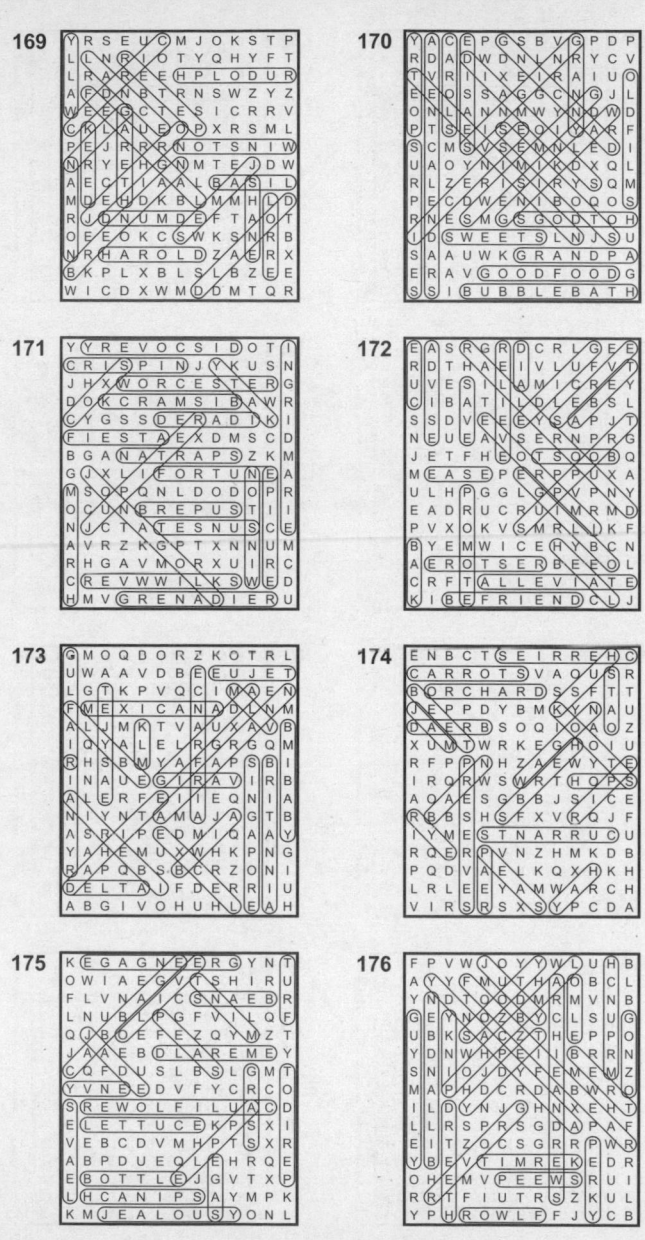

534

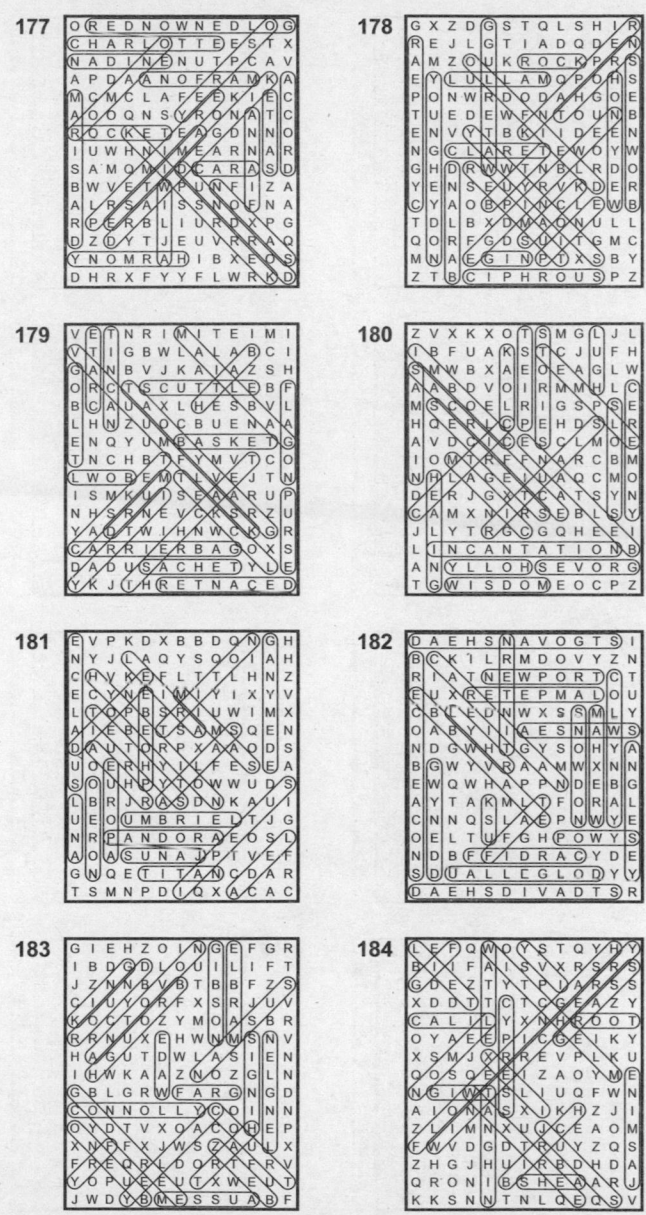

535

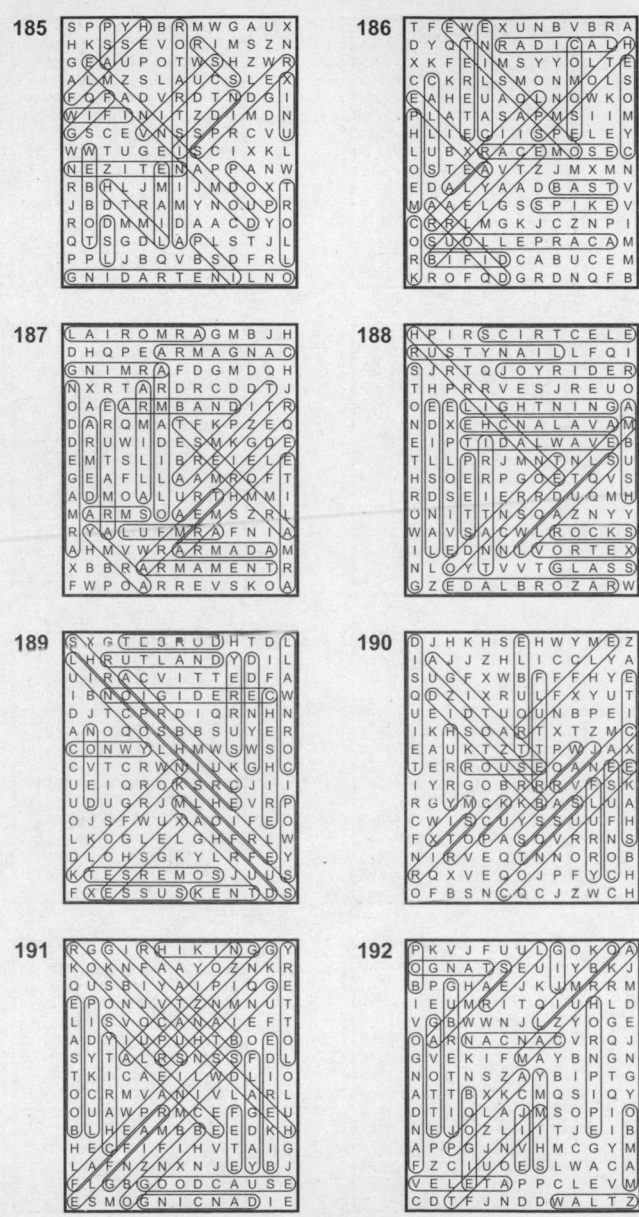

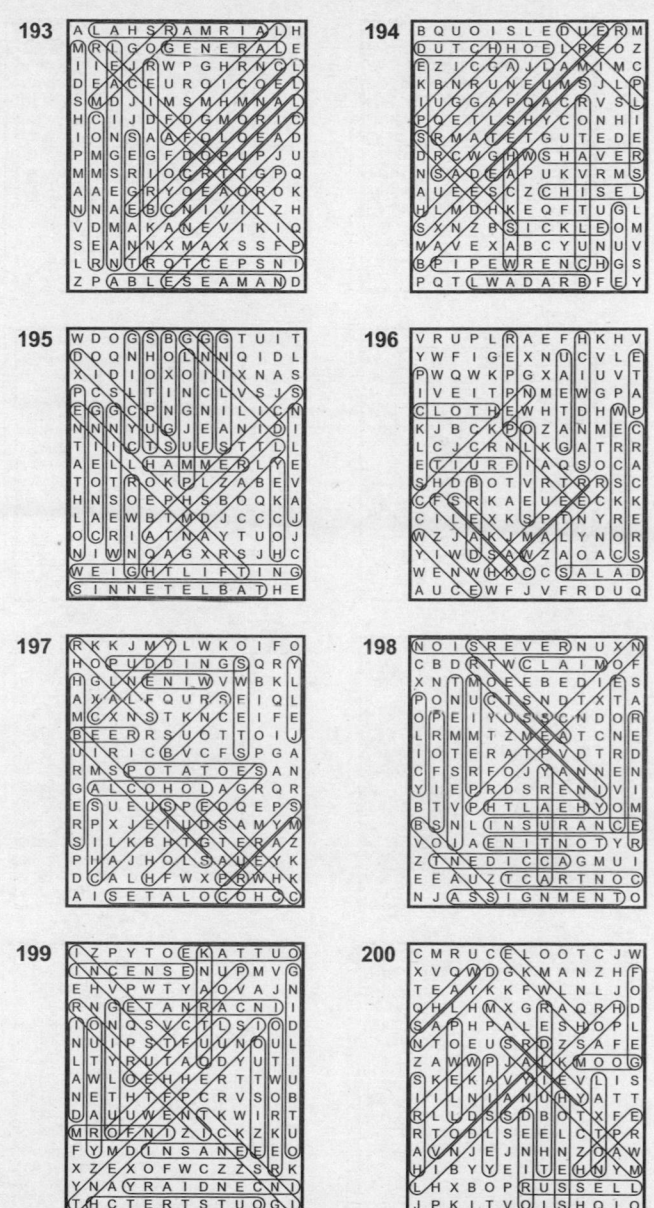

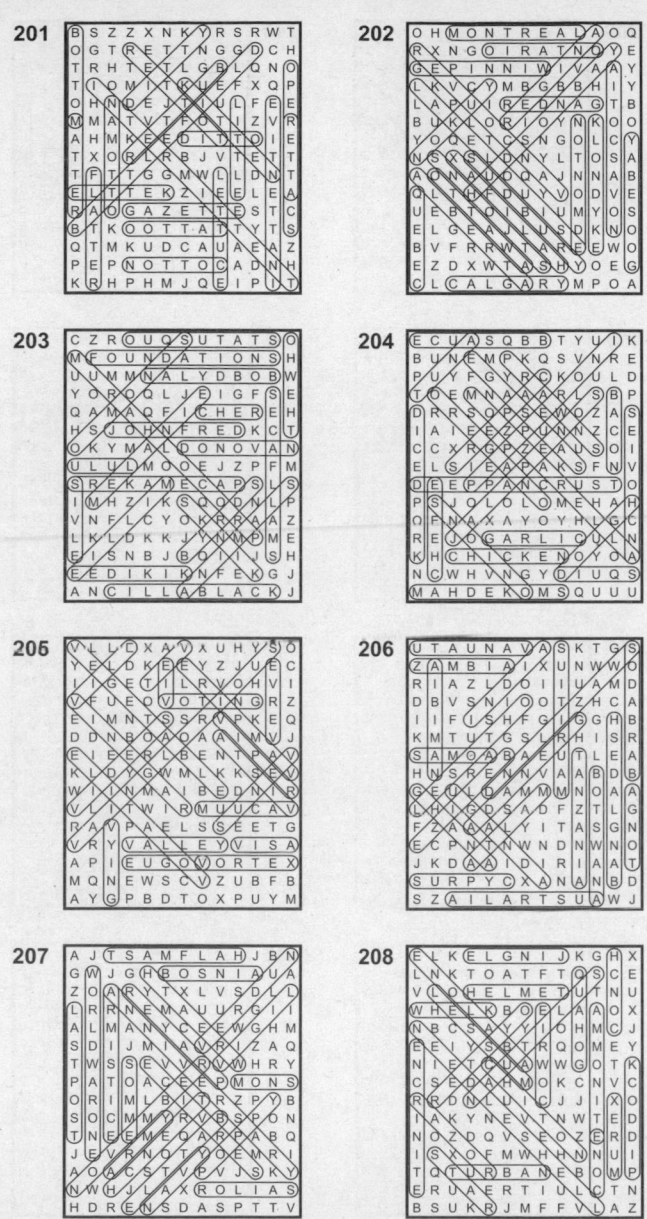

538

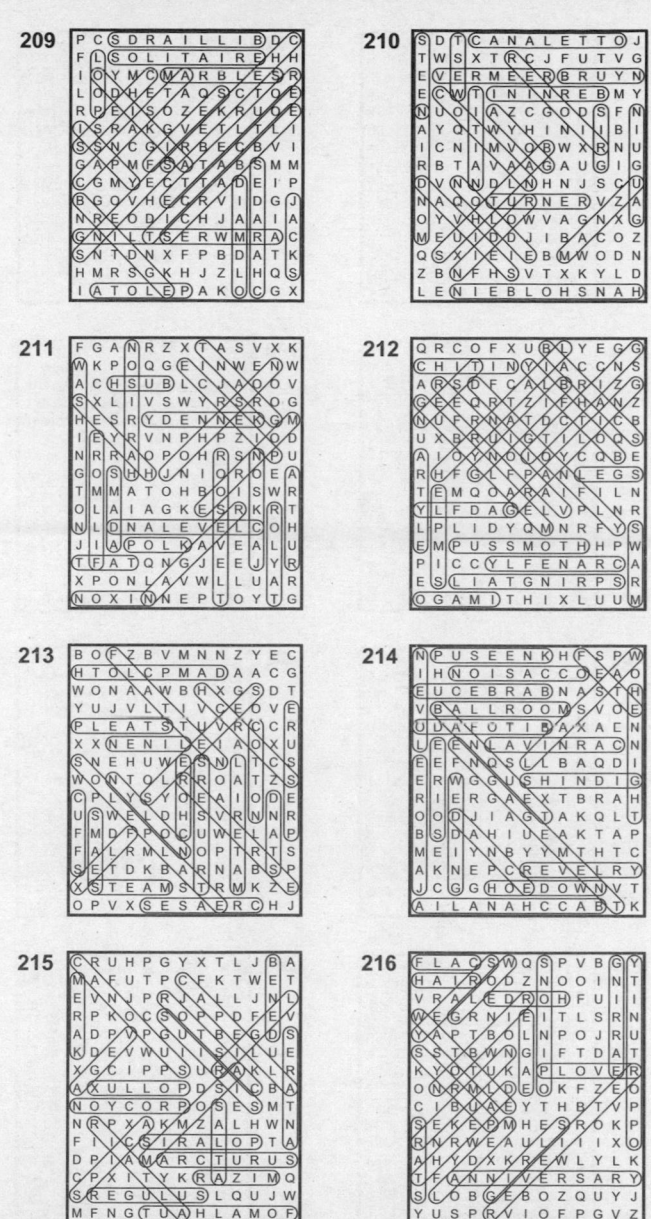

209

210

211

212

213

214

215

216

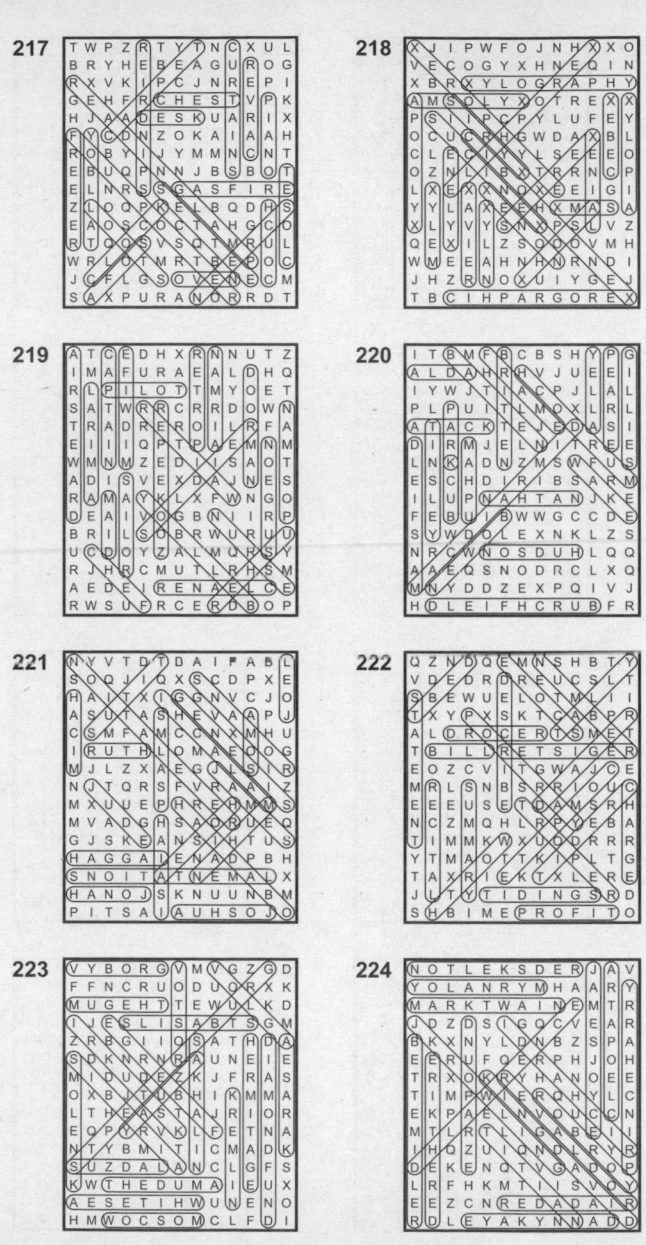

540

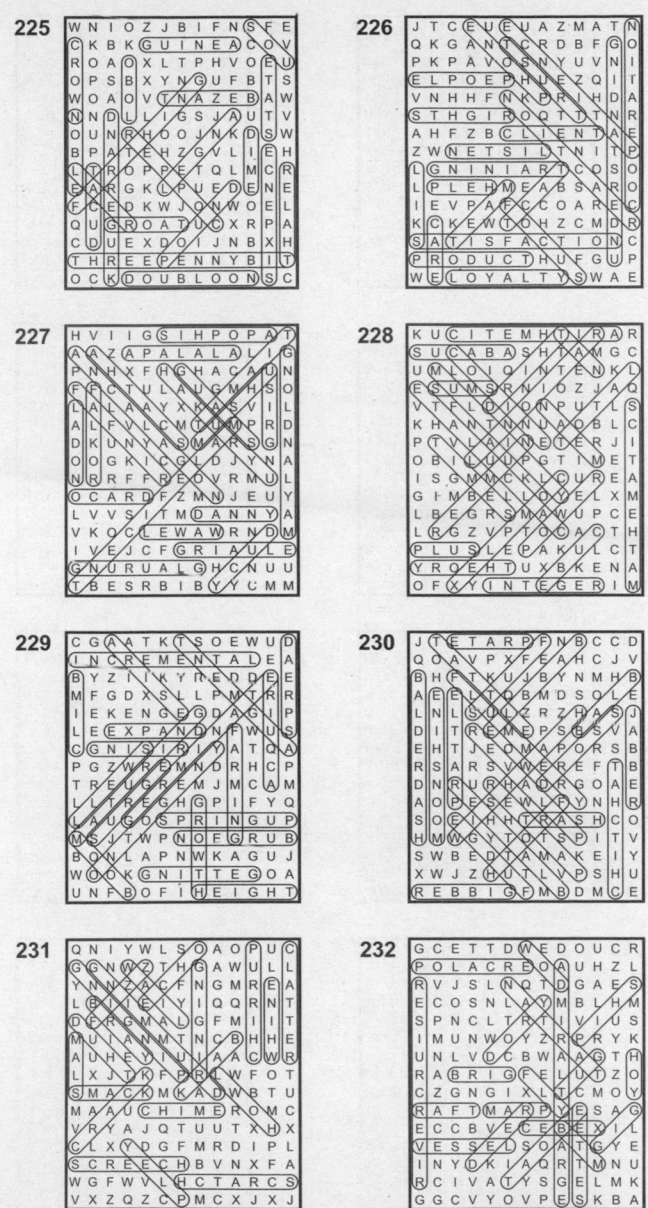

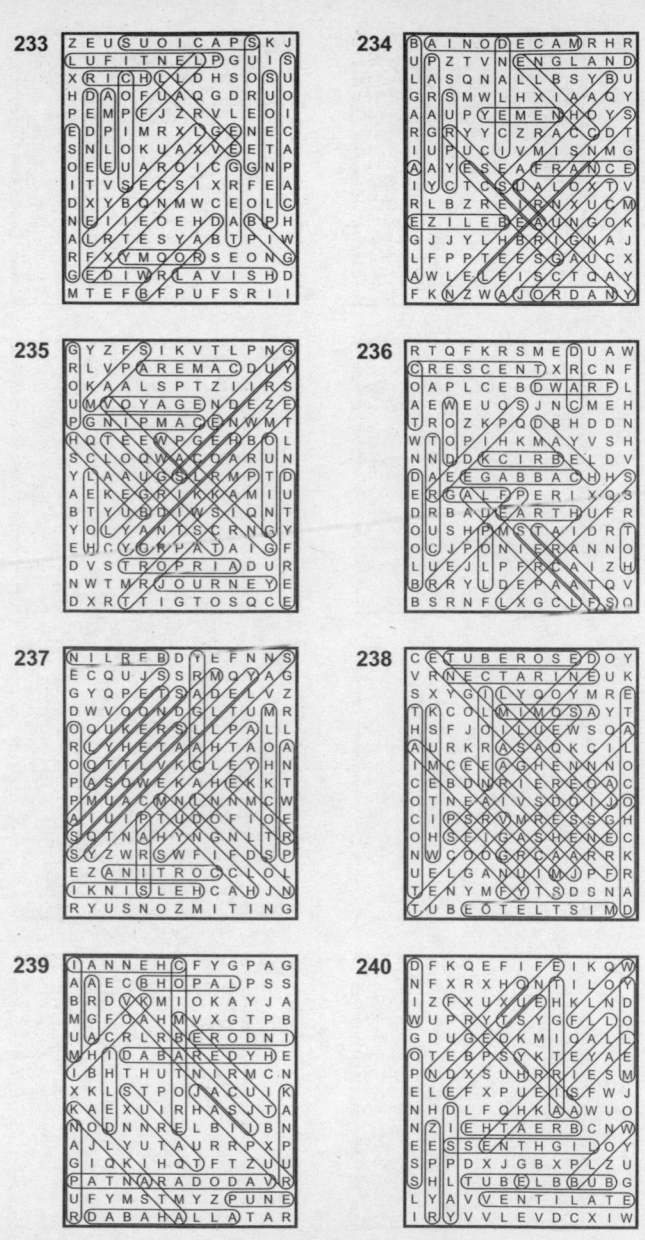

542

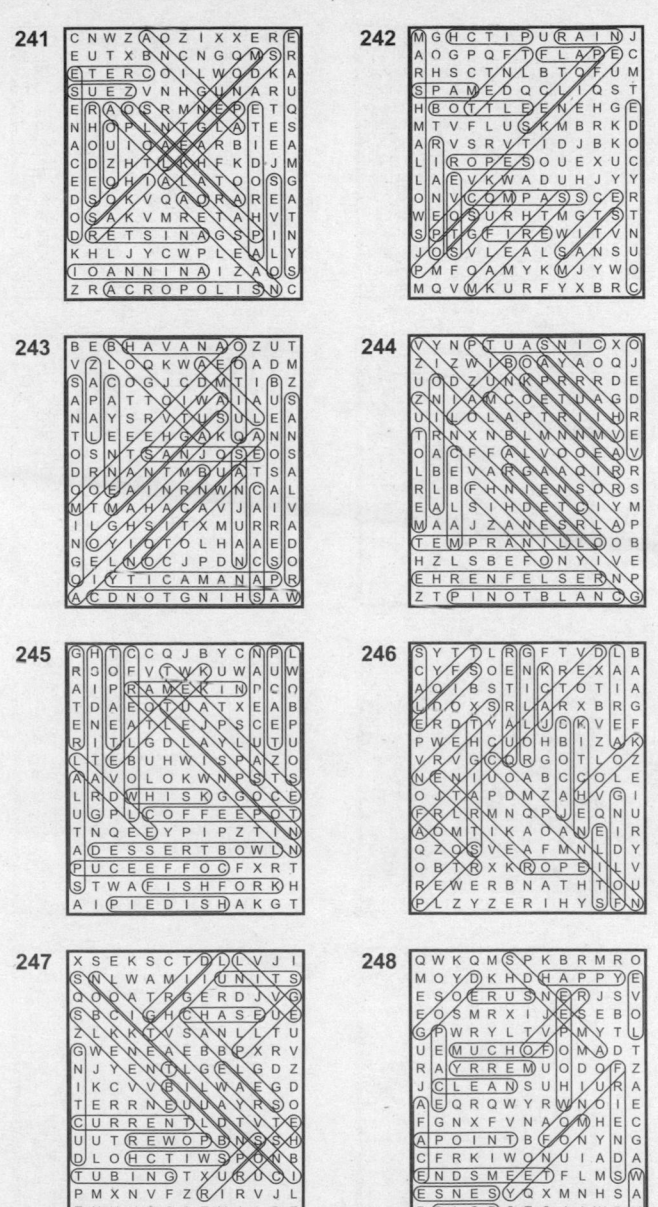

241

242

243

244

245

246

247

248

543

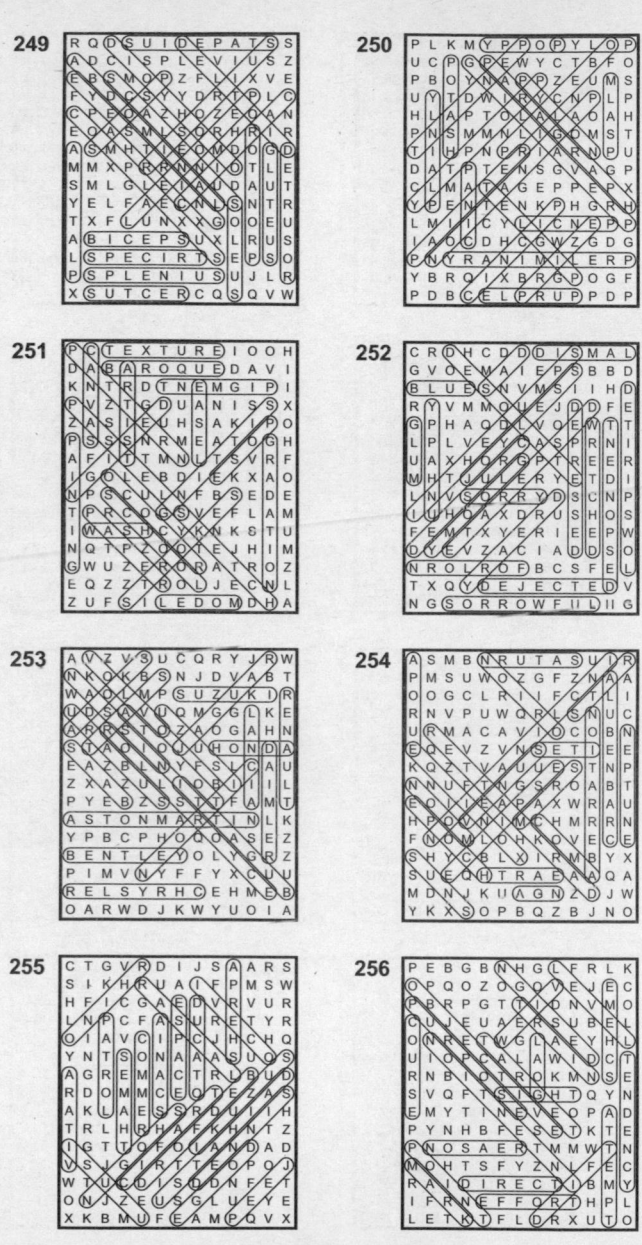

544

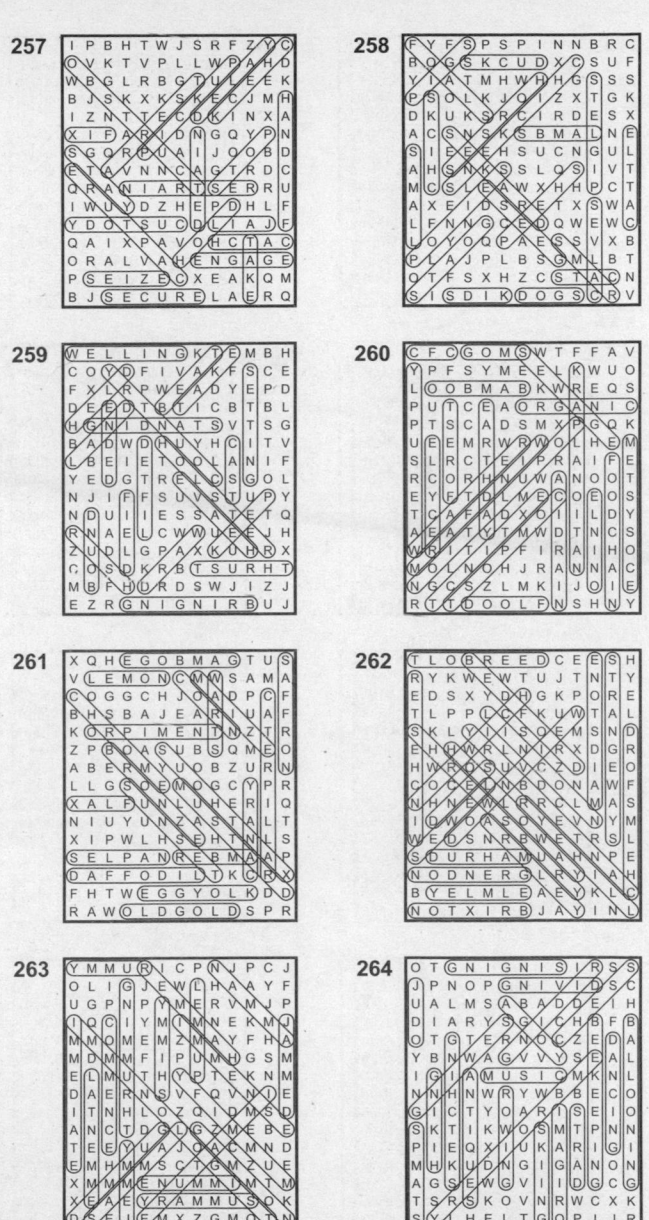

257

258

259

260

261

262

263

264

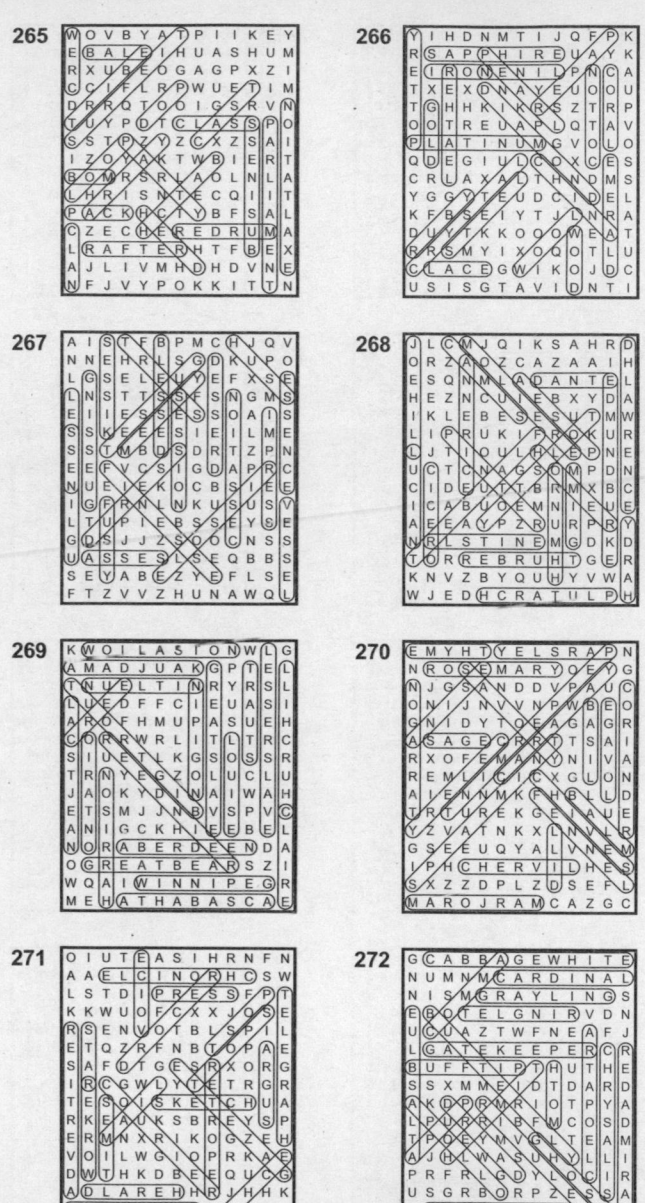

546

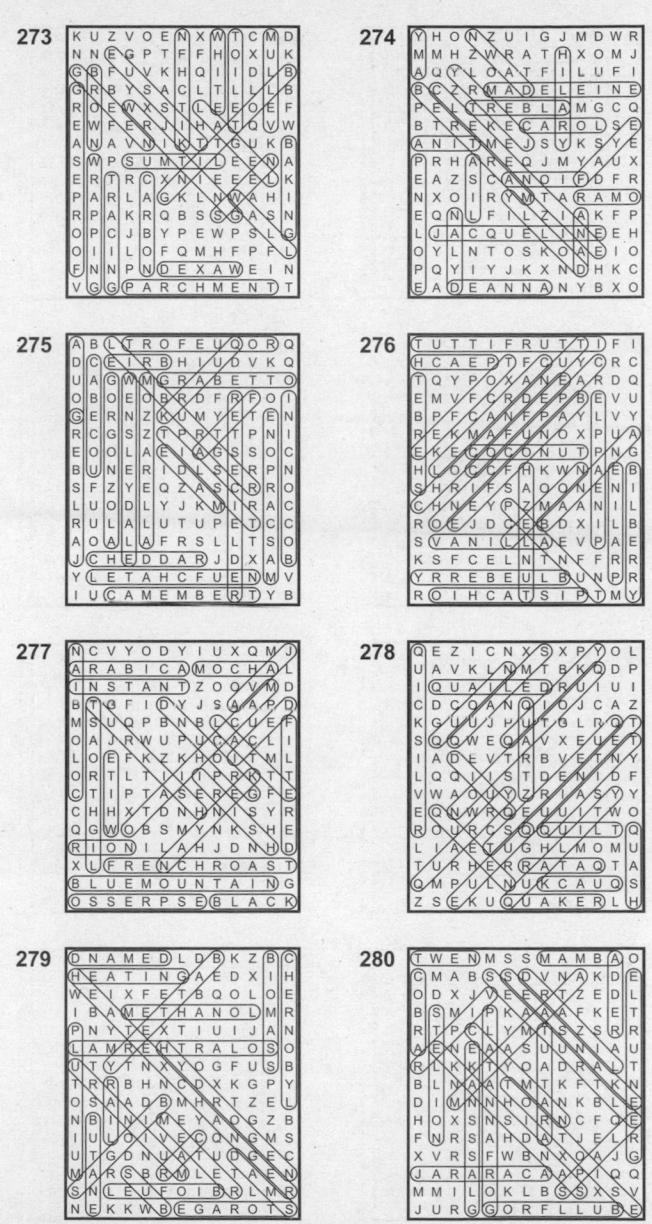

547

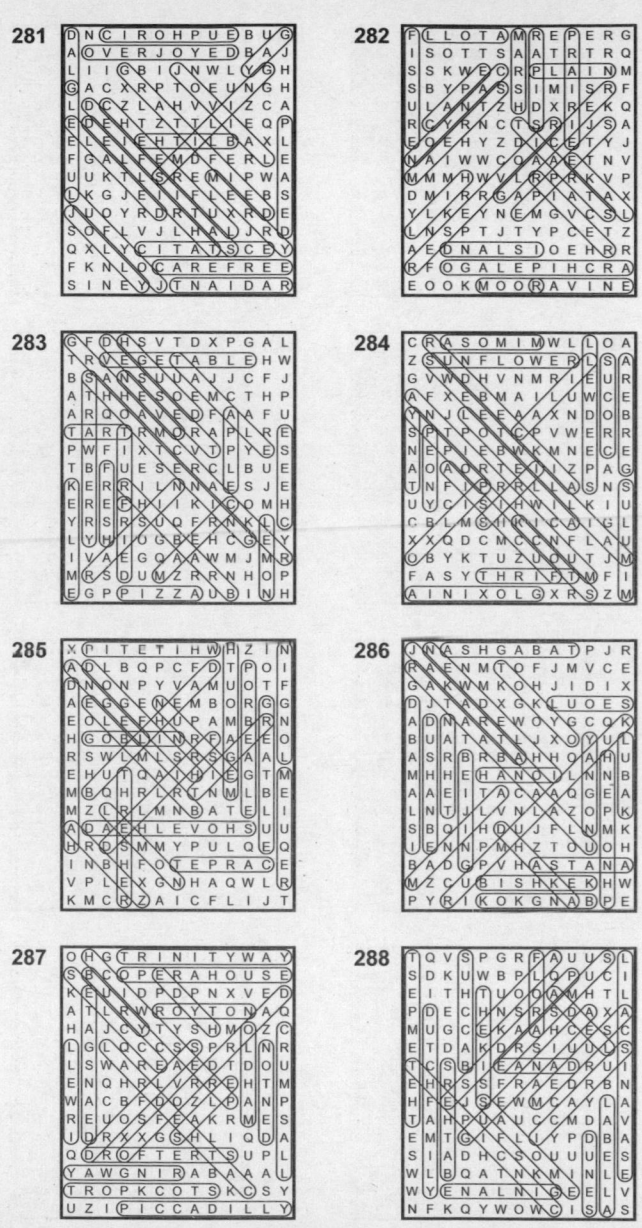

548

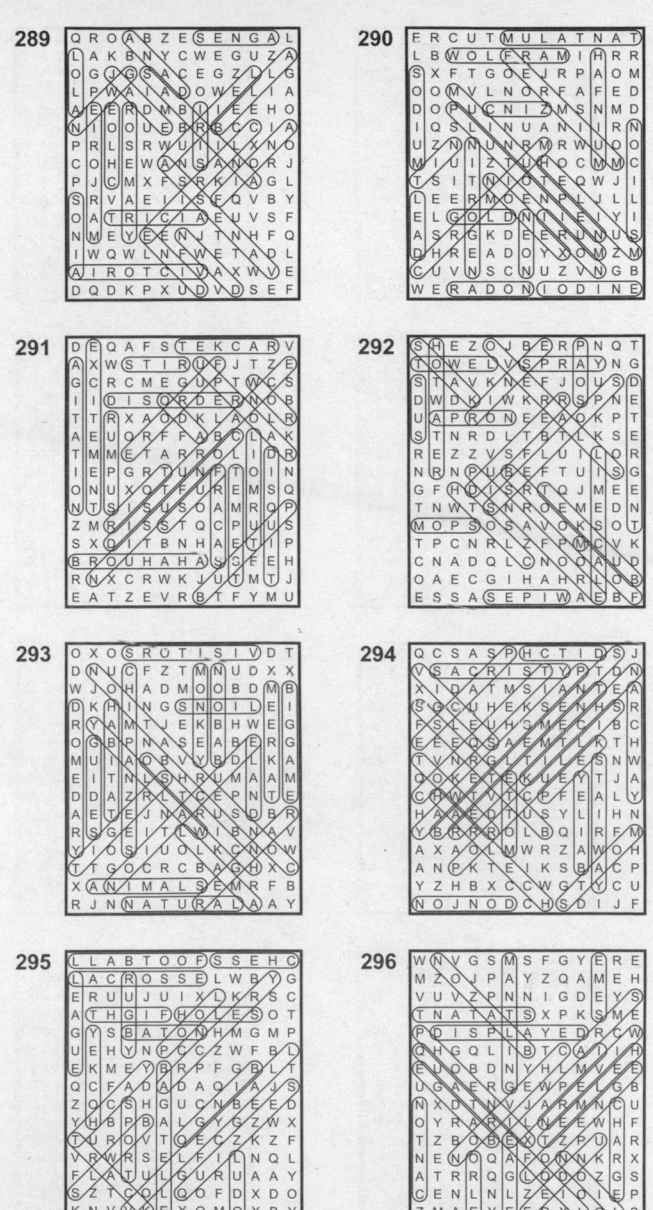

289

290

291

292

293

294

295

296

549

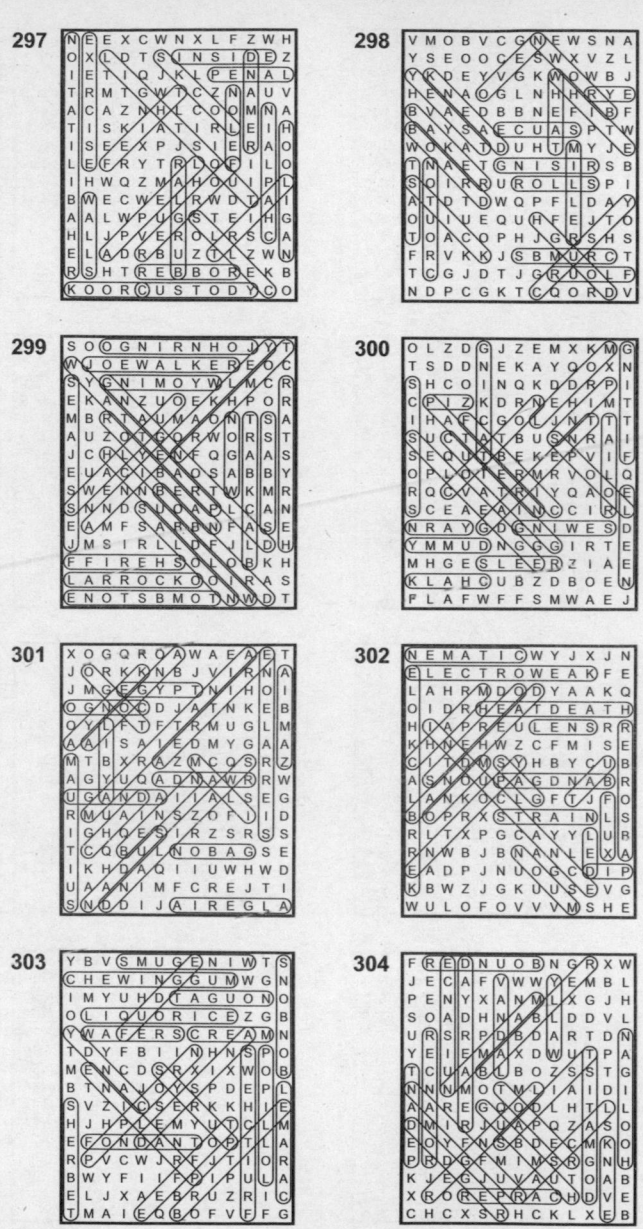

550

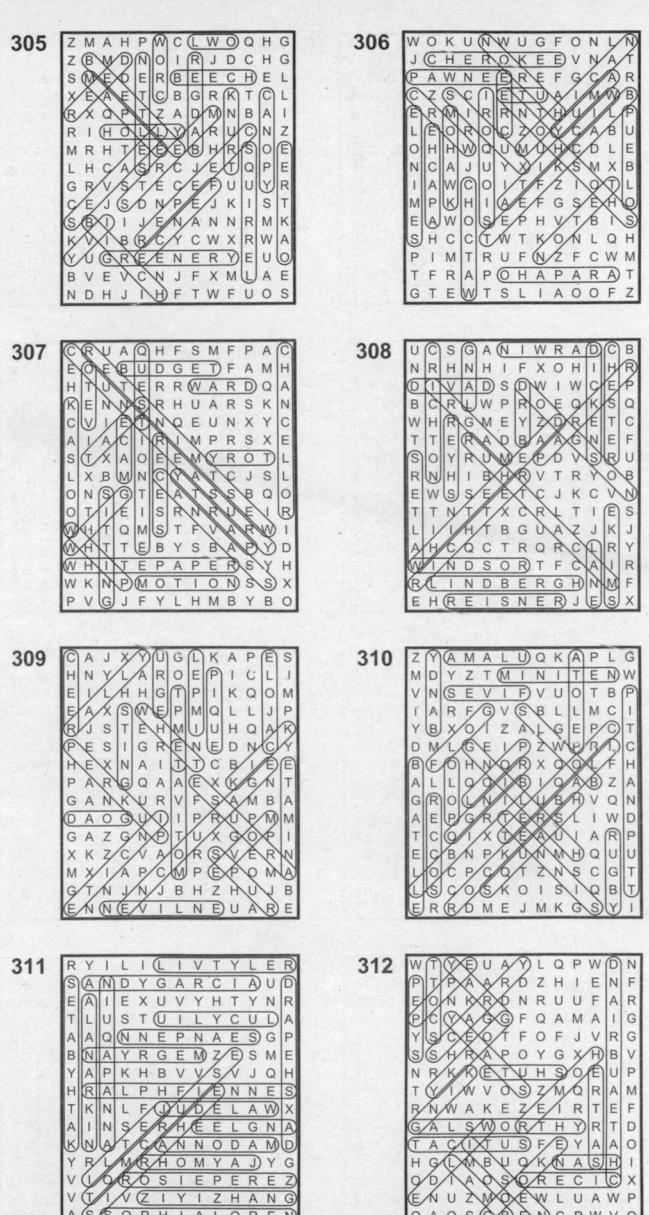

551

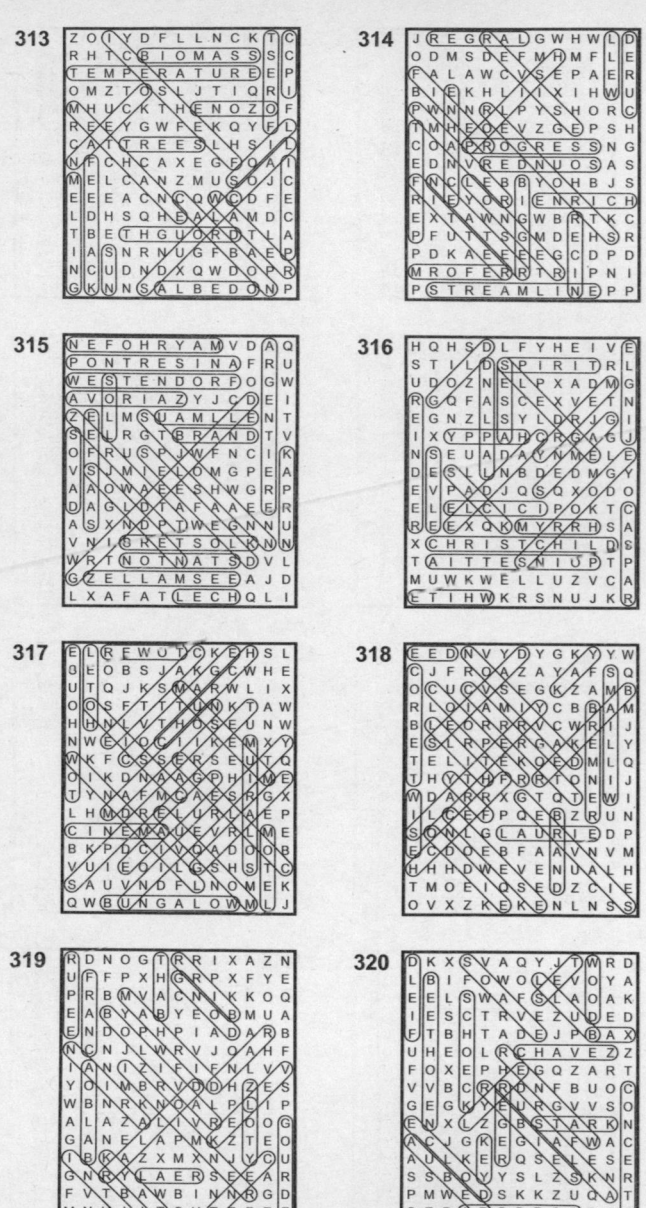

552

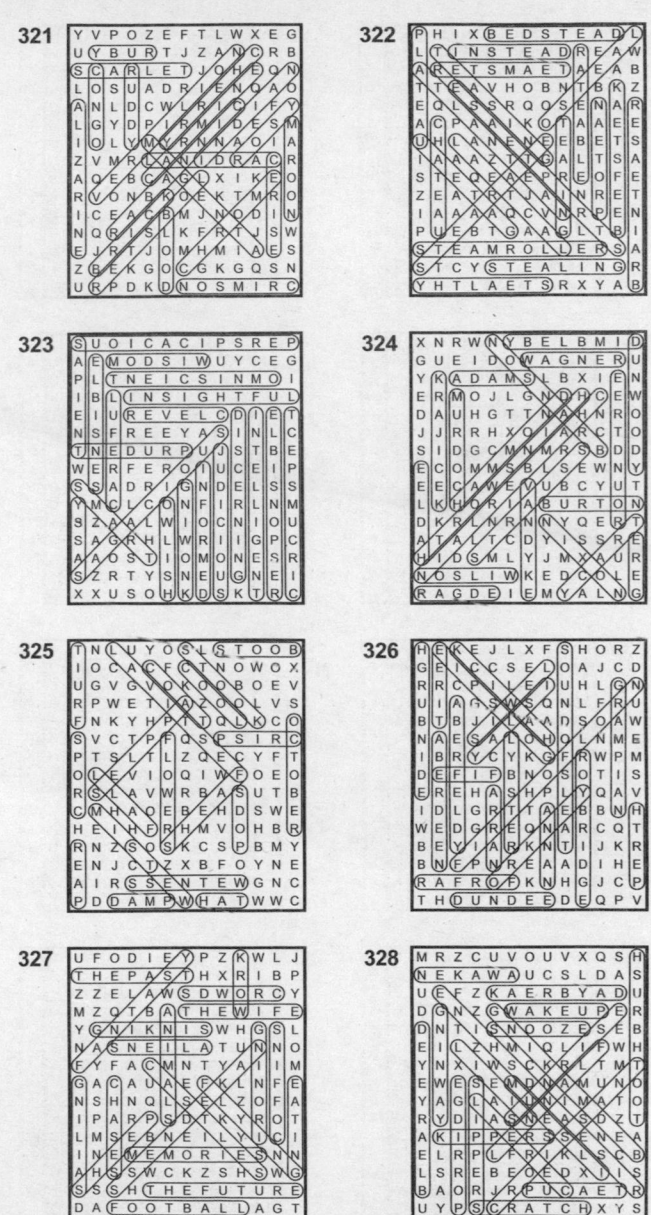

553

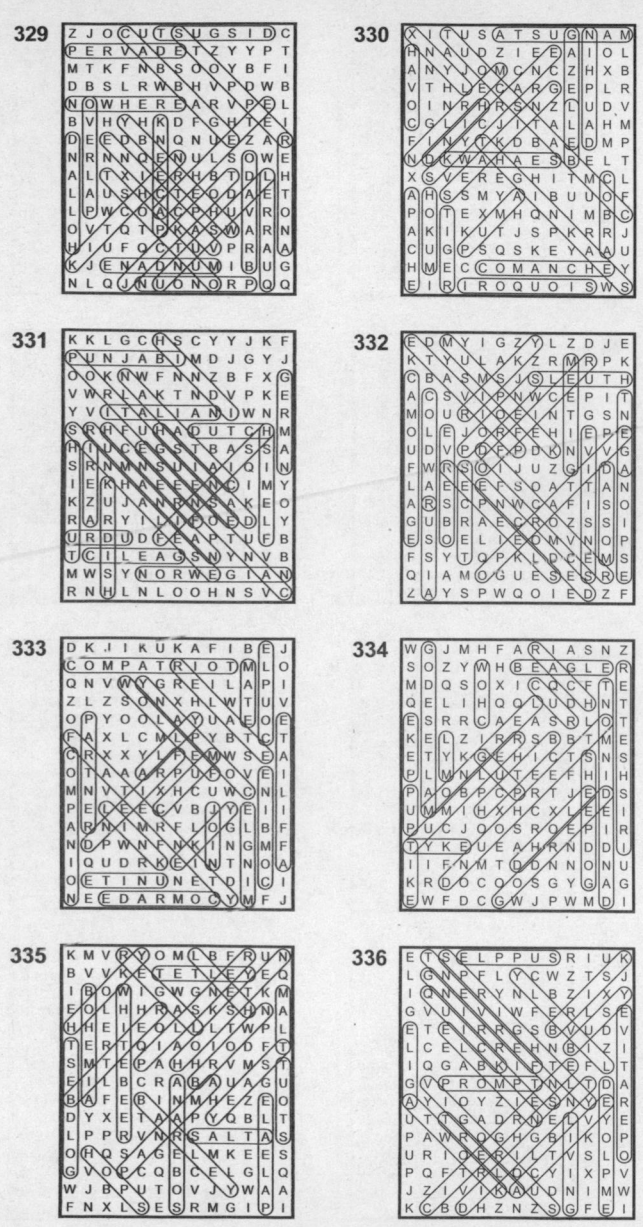

554

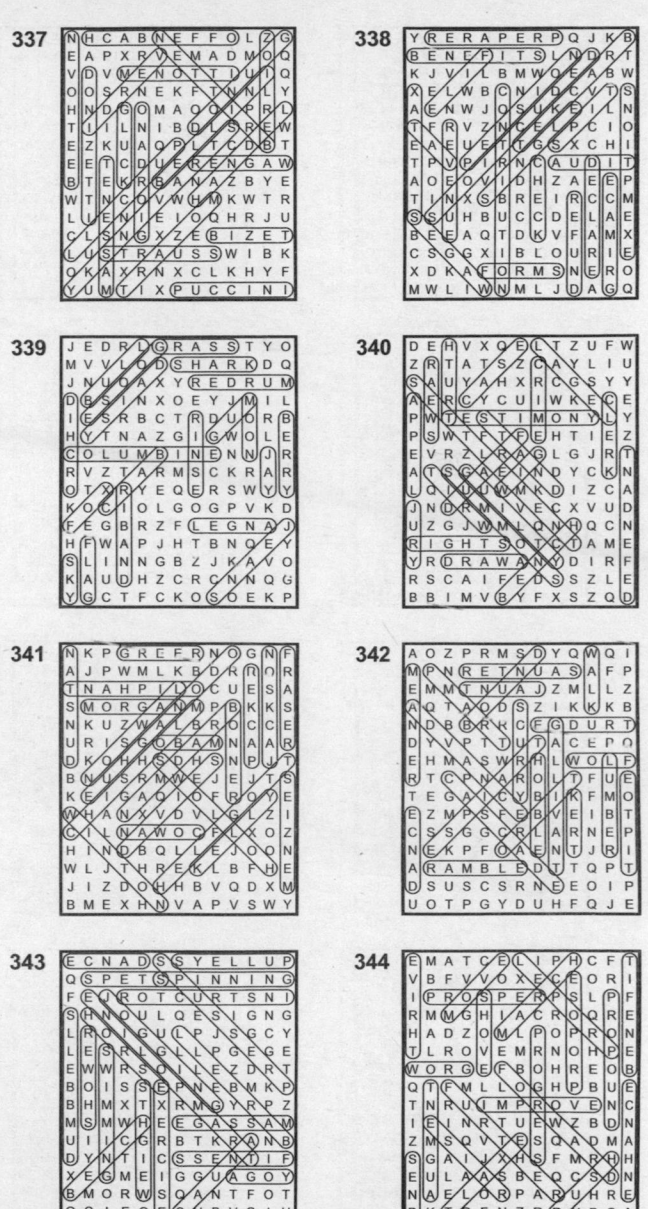

555

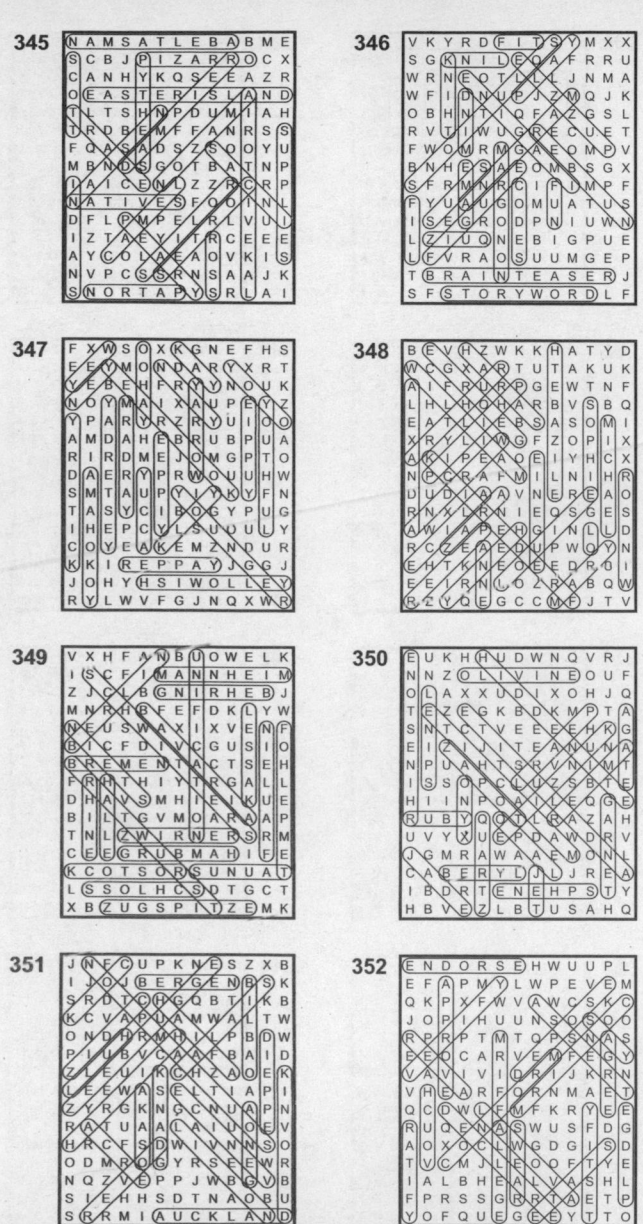

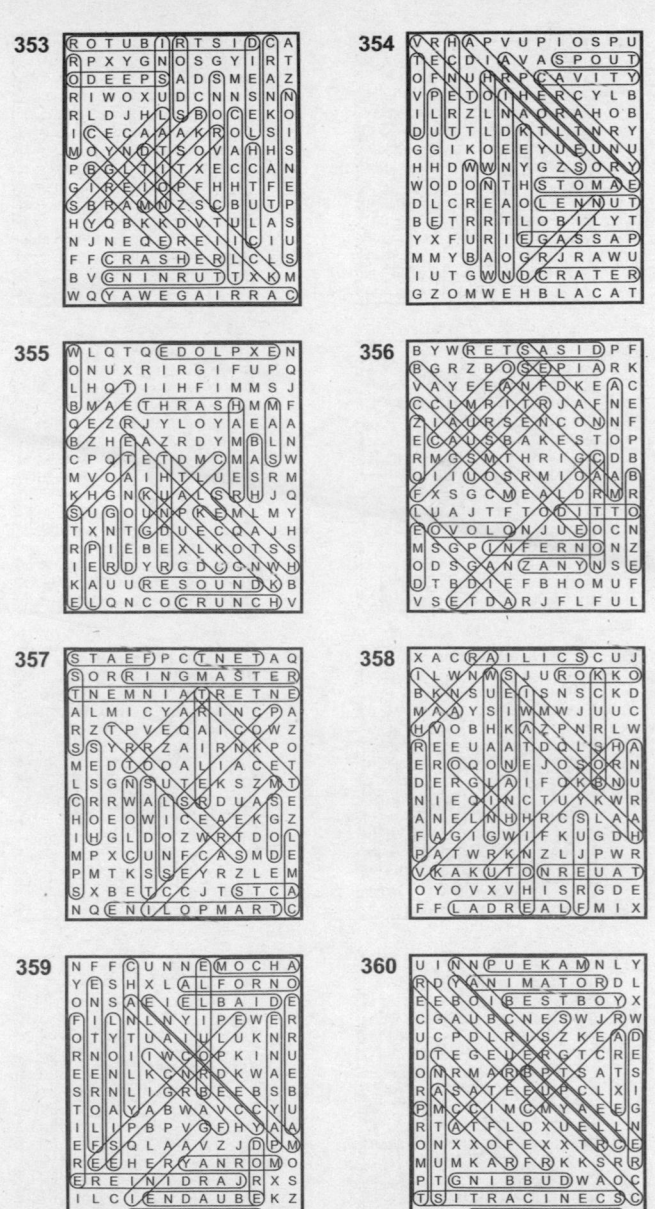

557

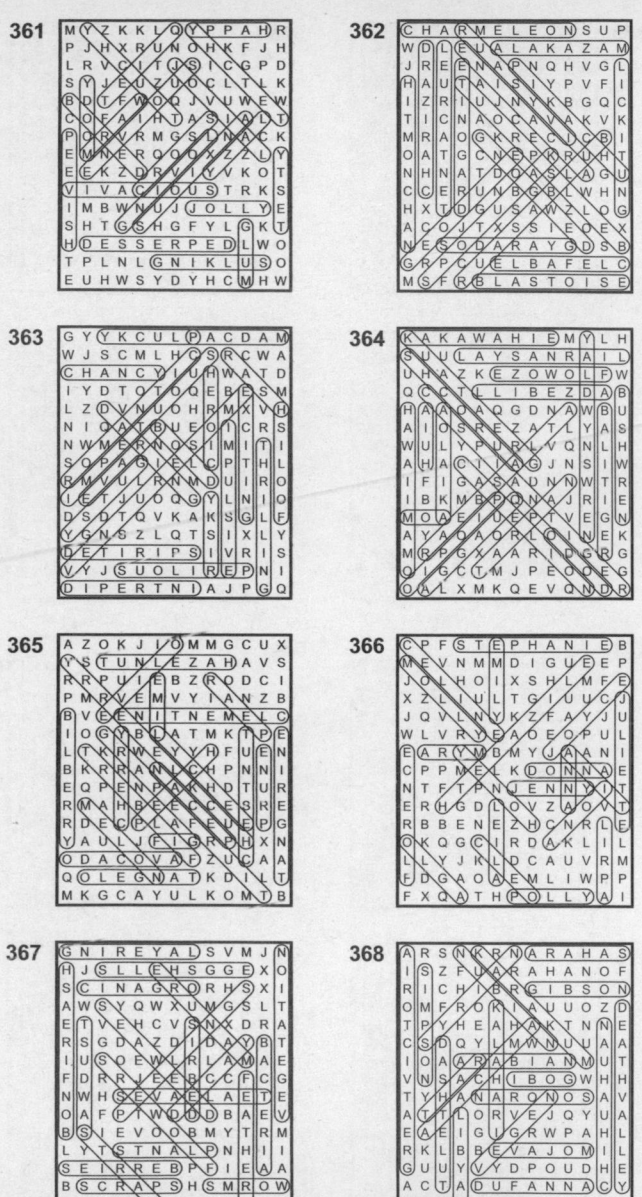

361

362

363

364

365

366

367

368

558

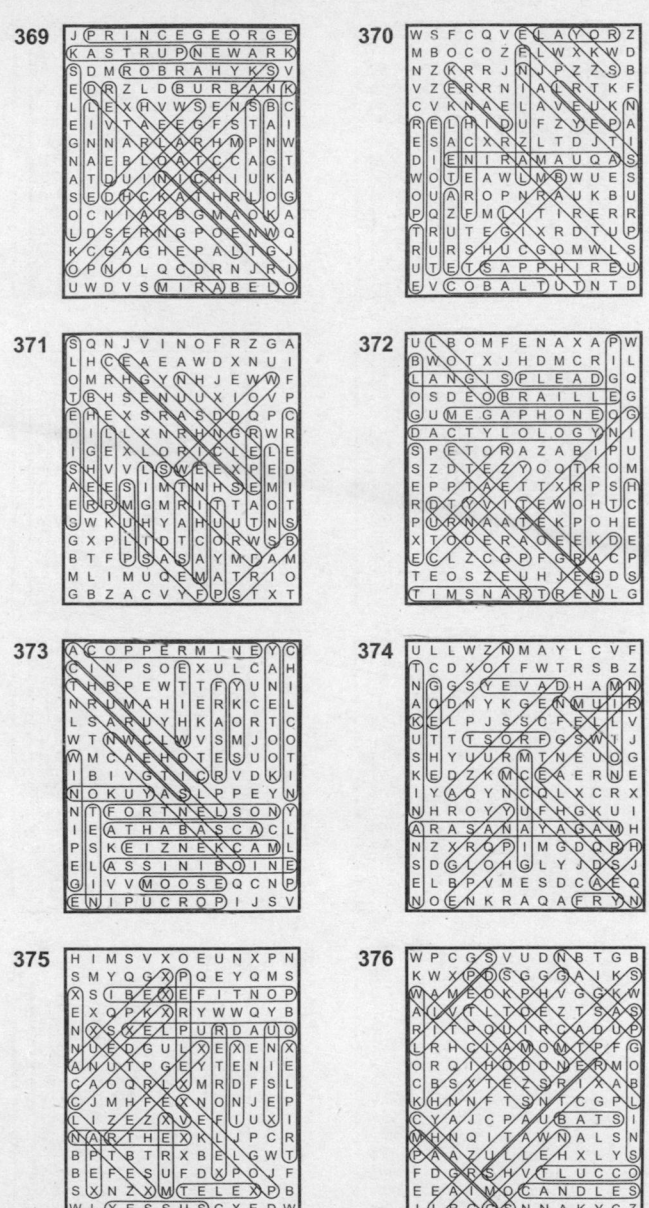

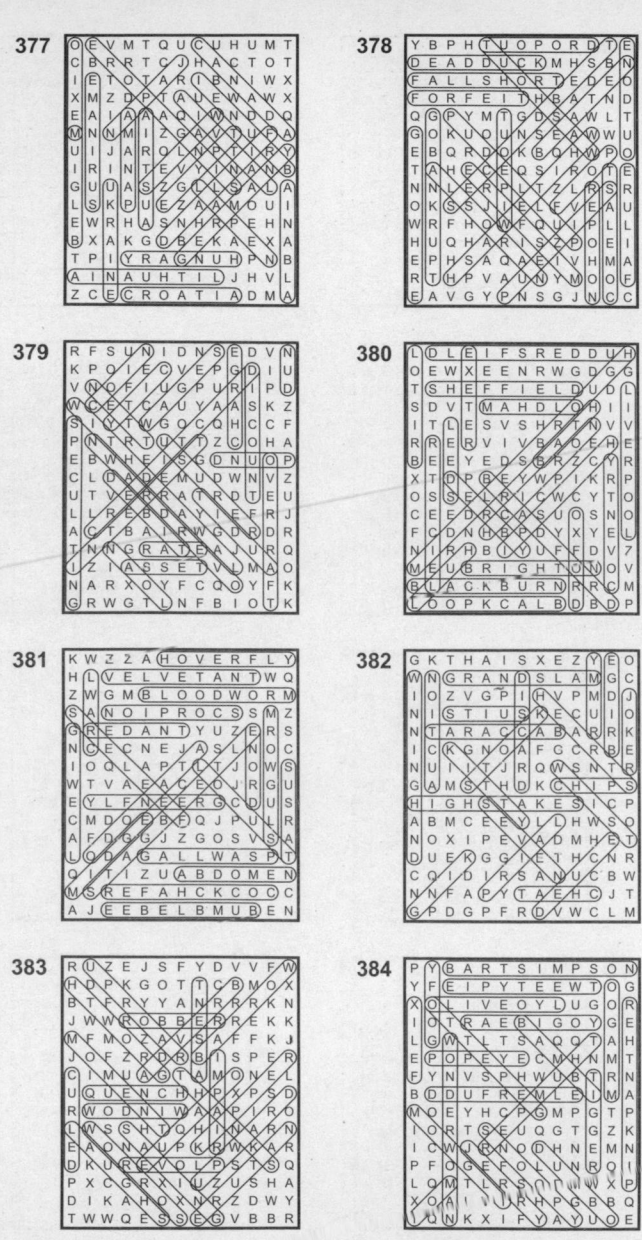

560

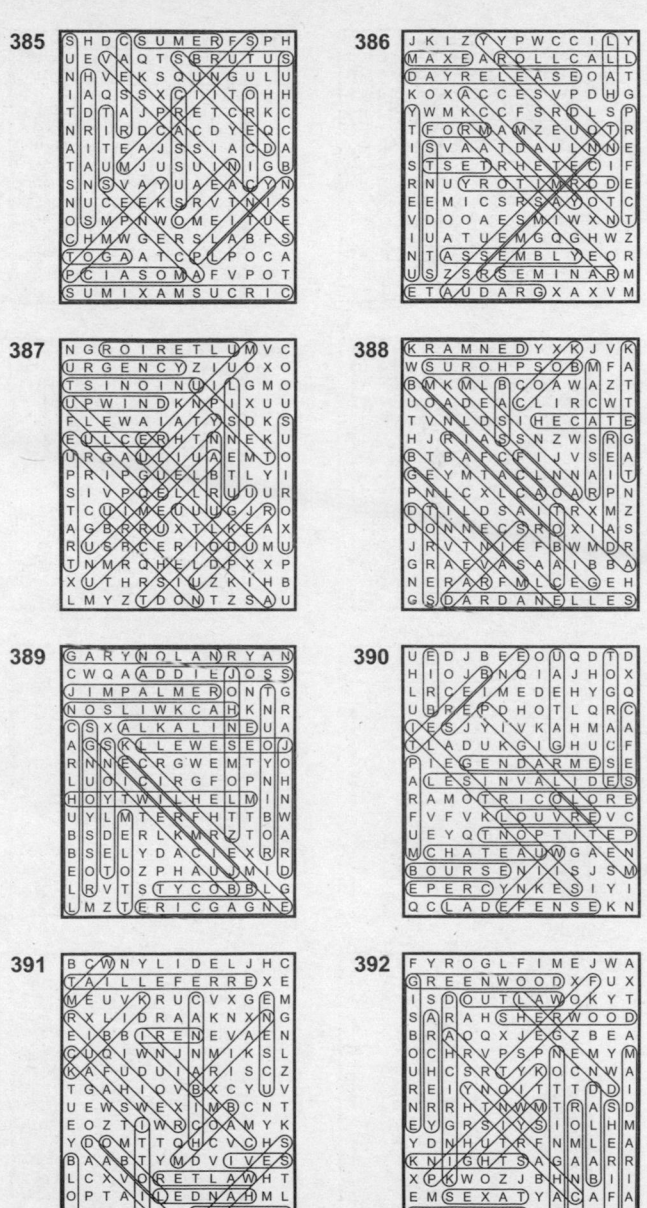

385

386

387

388

389

390

391

392

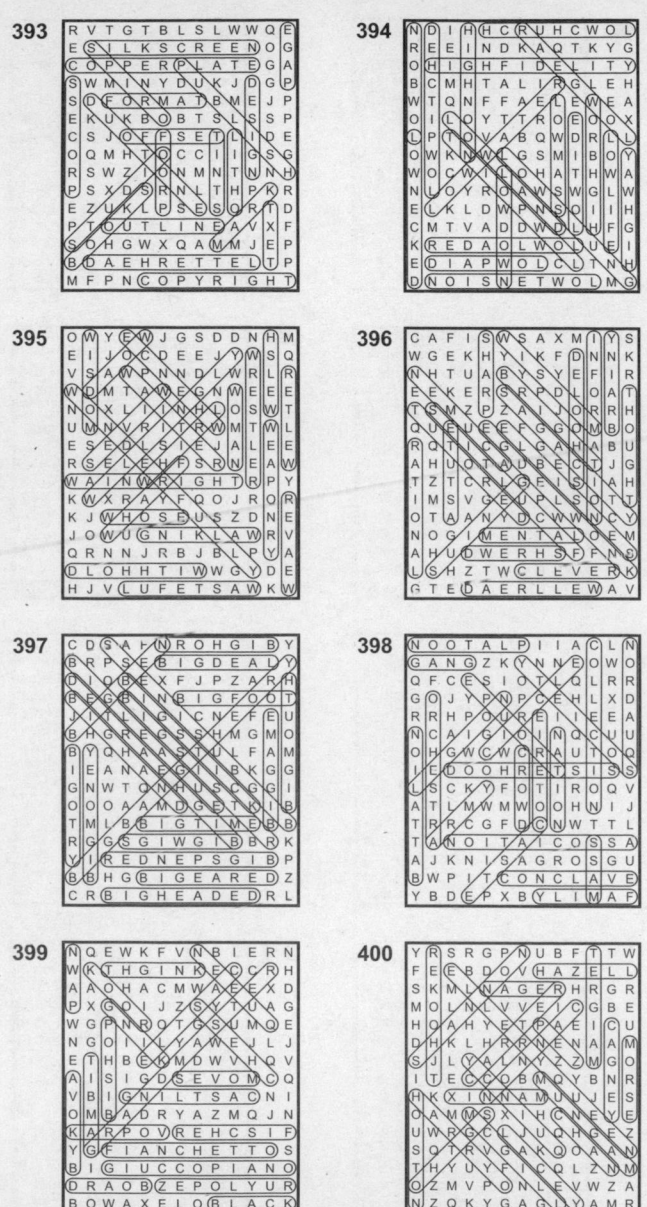

562

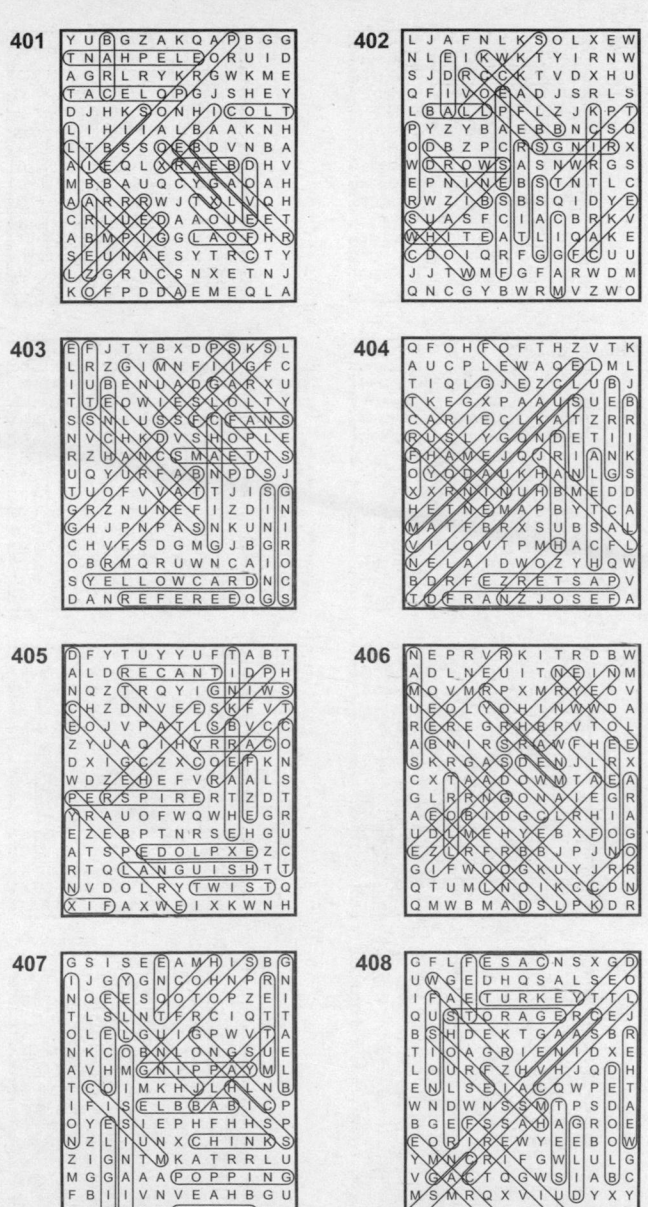

401

402

403

404

405

406

407

408

563

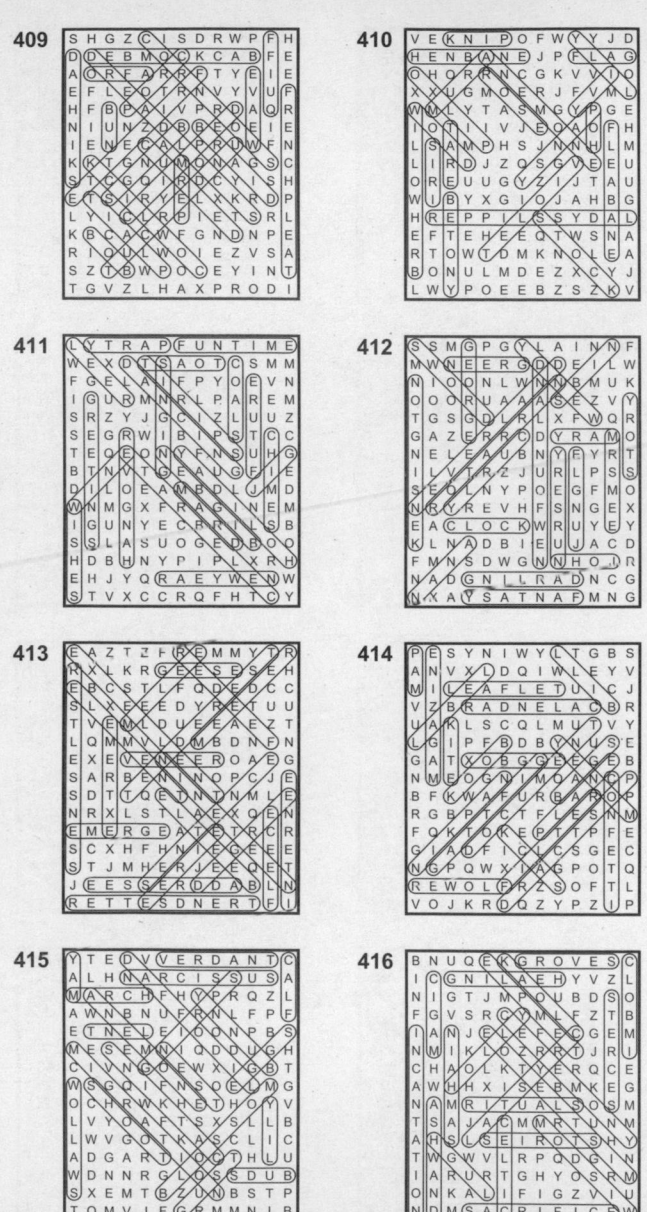

564

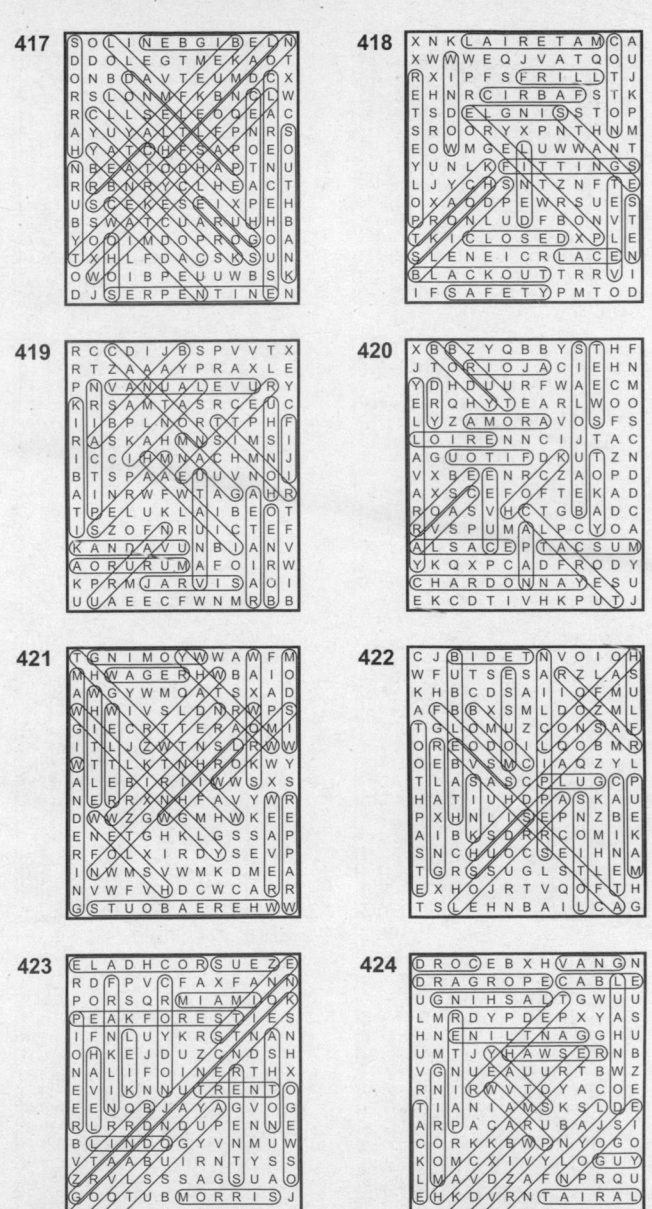

417

418

419

420

421

422

423

424

565

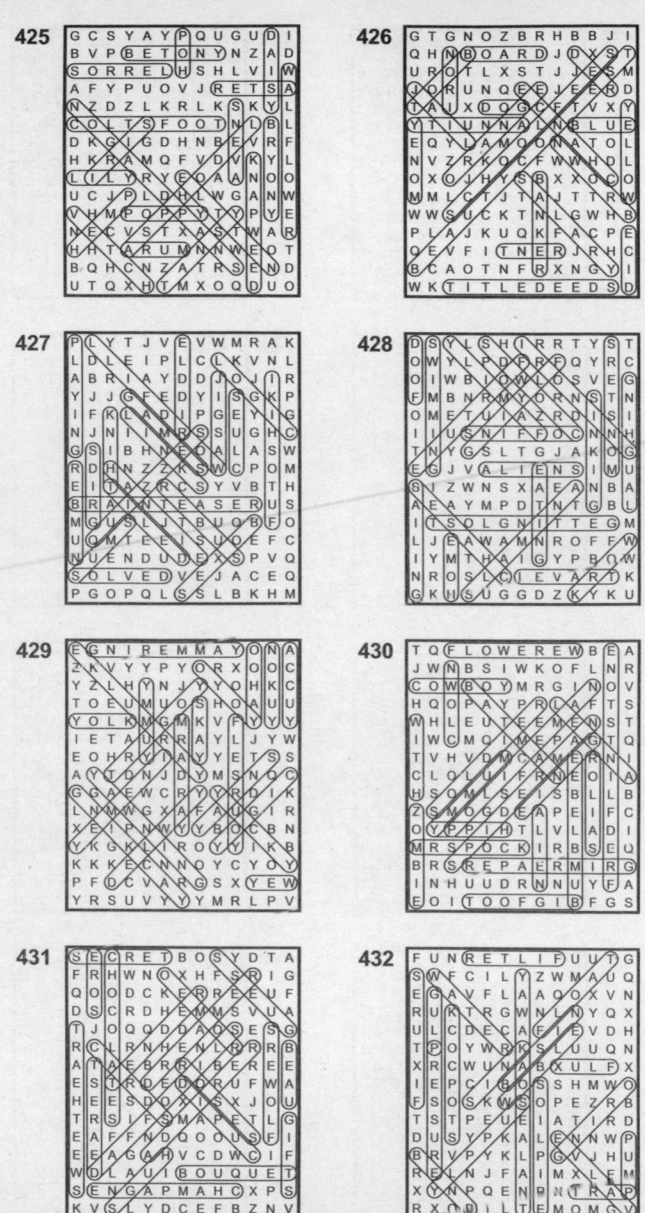

425

426

427

428

429

430

431

432

566

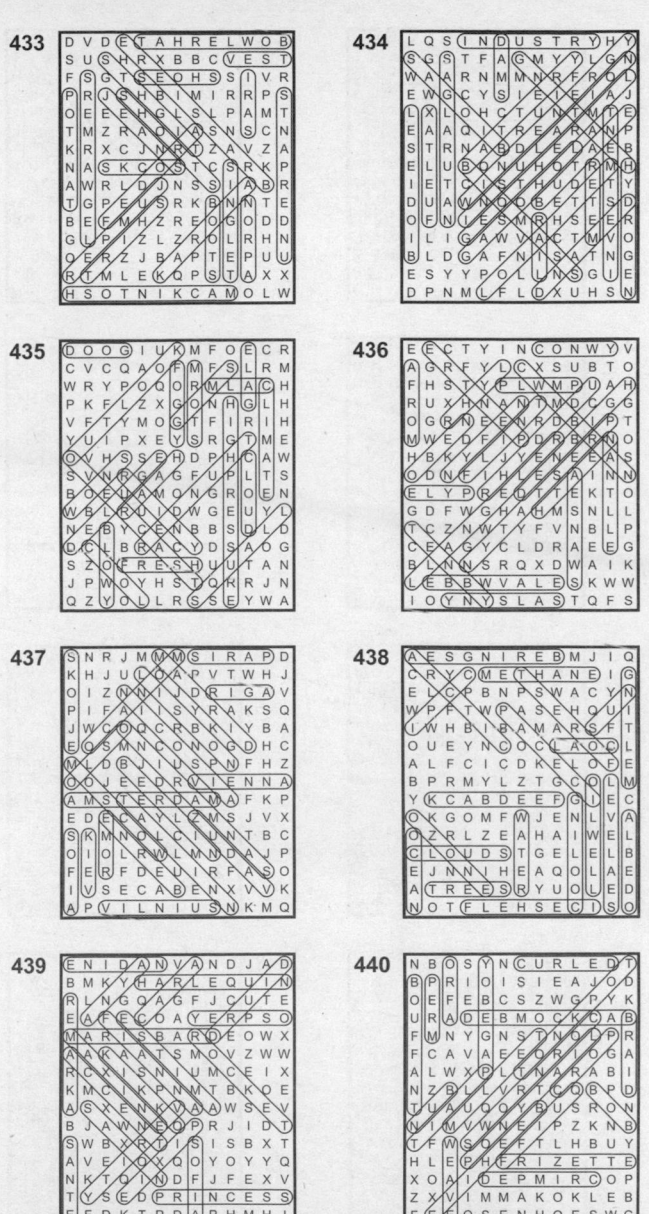

433

434

435

436

437

438

439

440

567

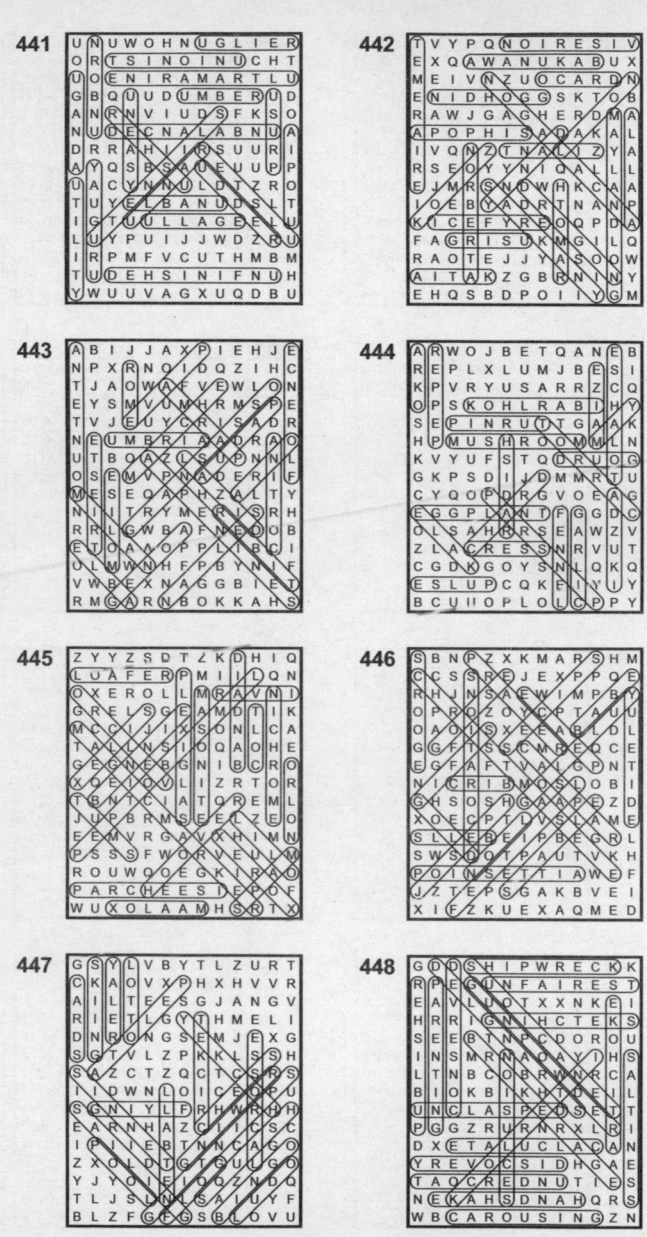

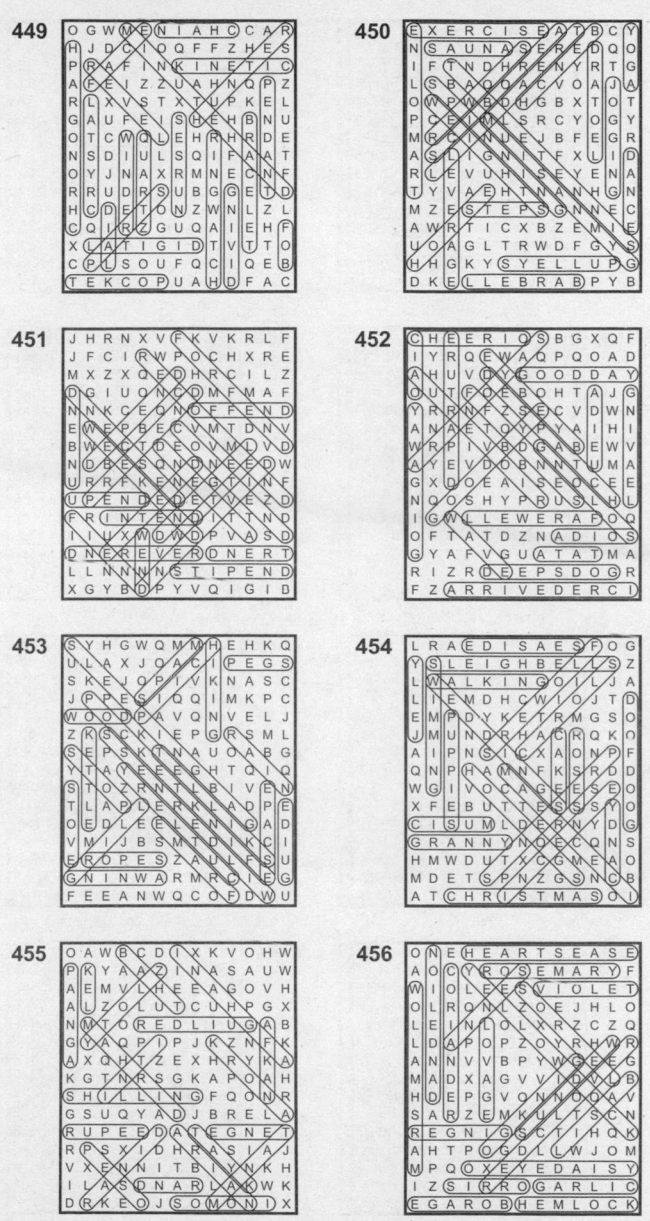

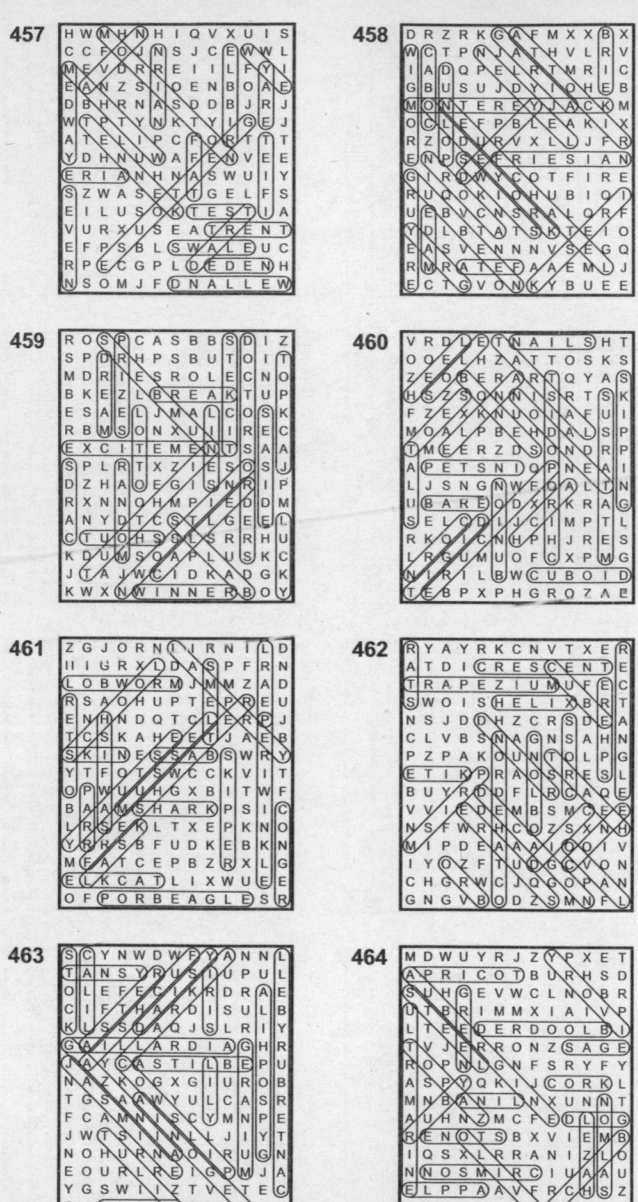

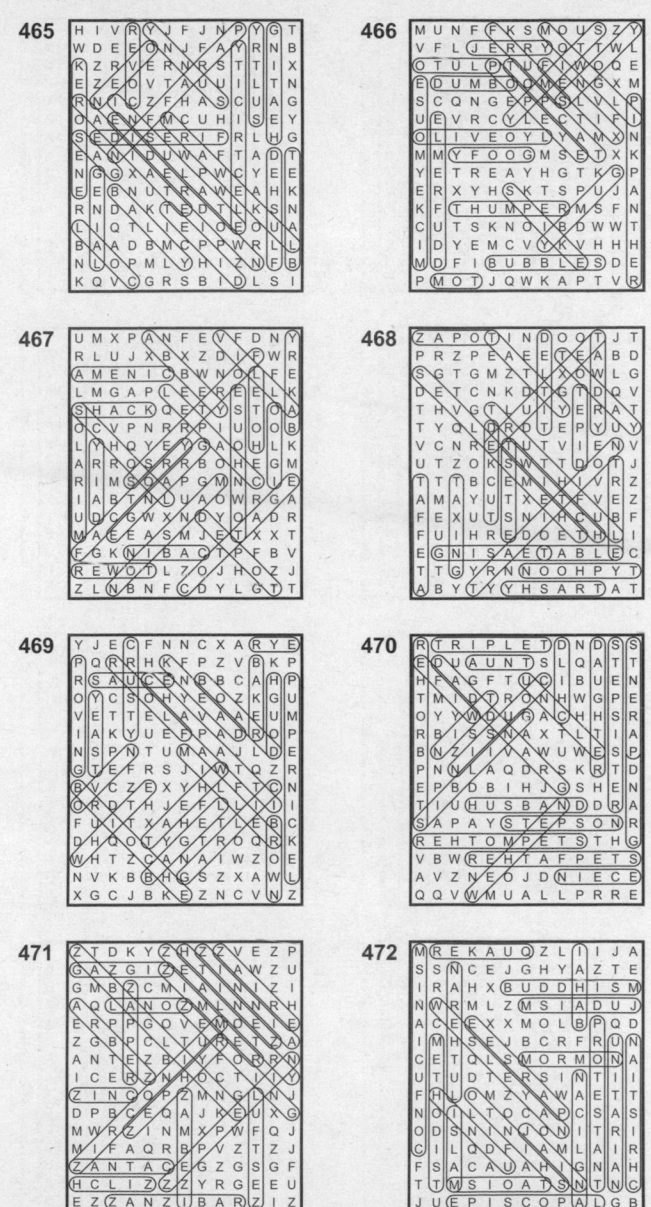

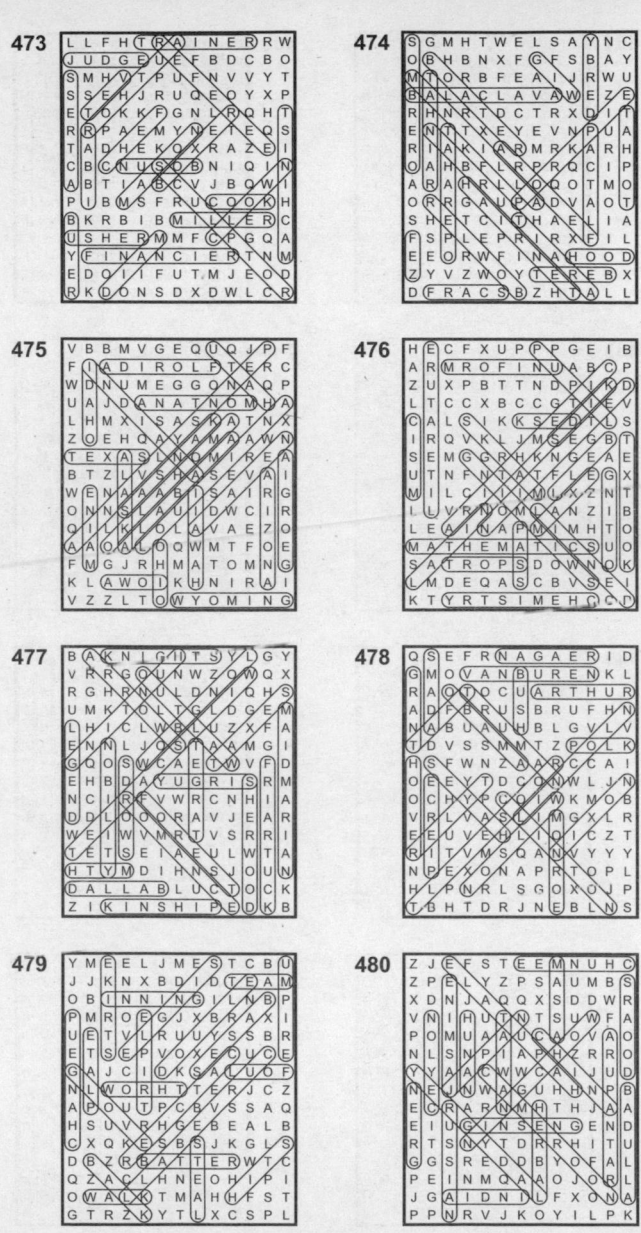

473

474

475

476

477

478

479

480

572

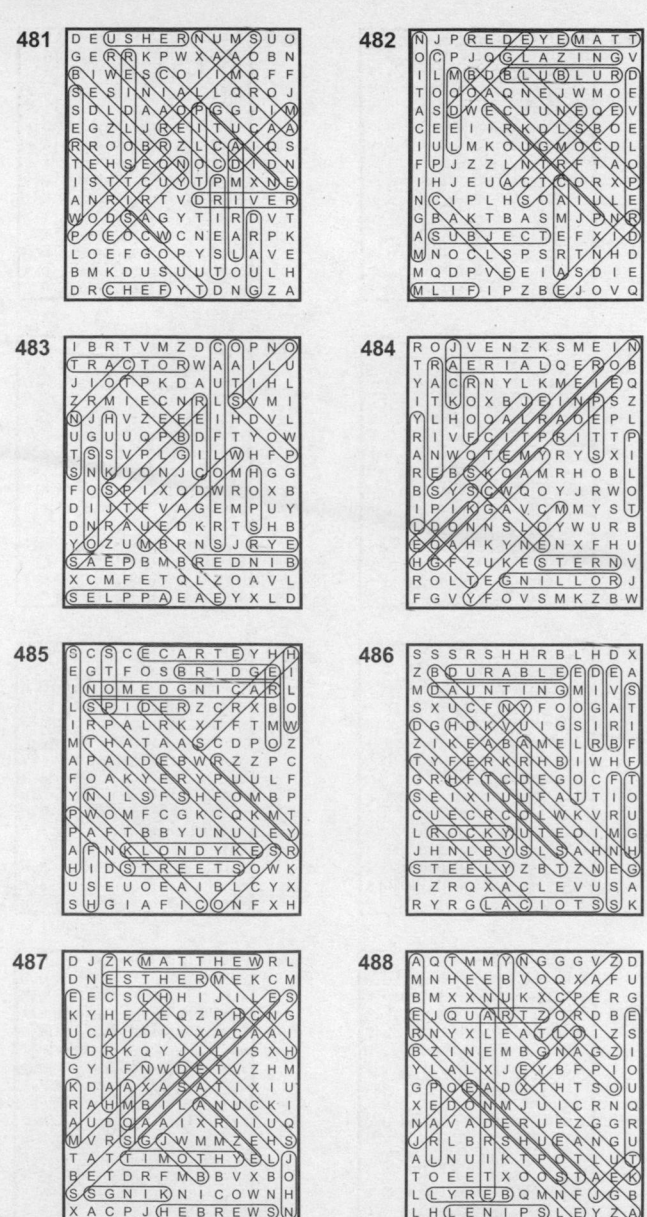

481

482

483

484

485

486

487

488

573

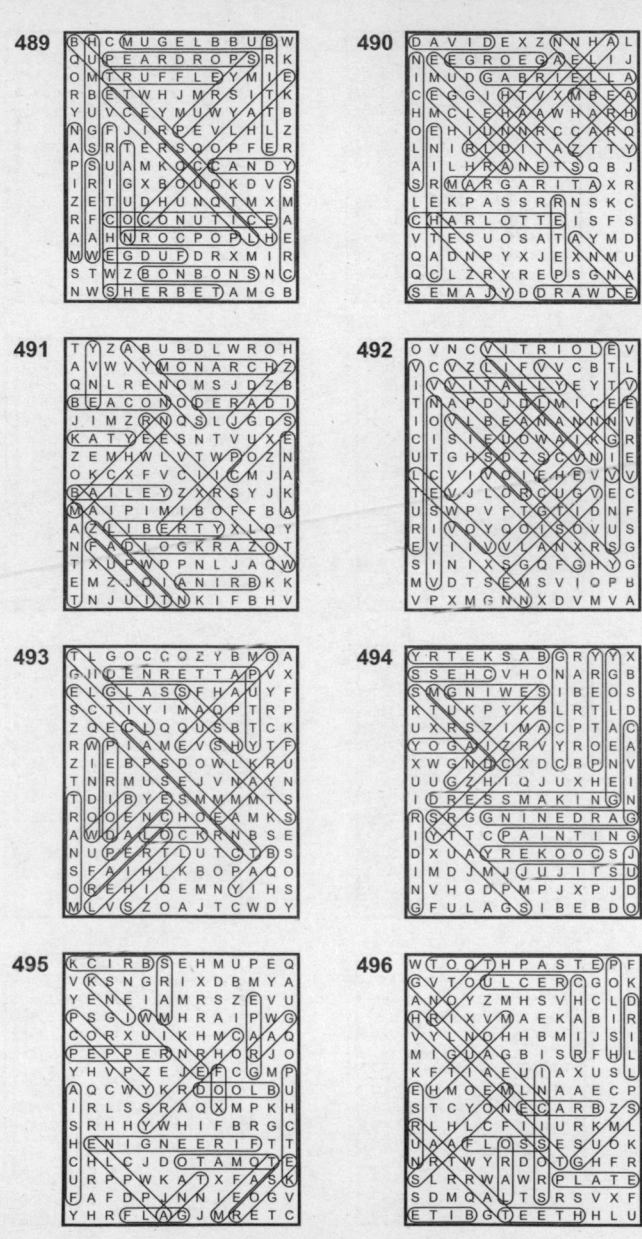

574

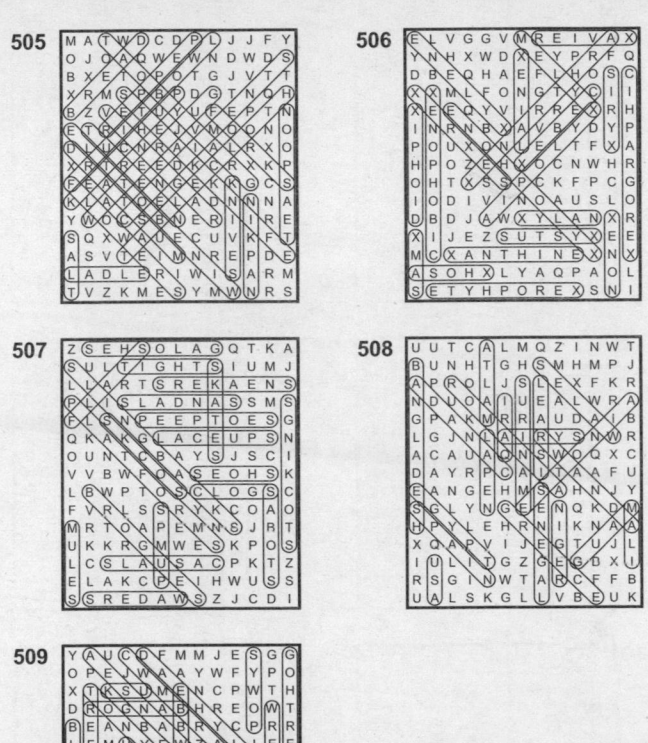

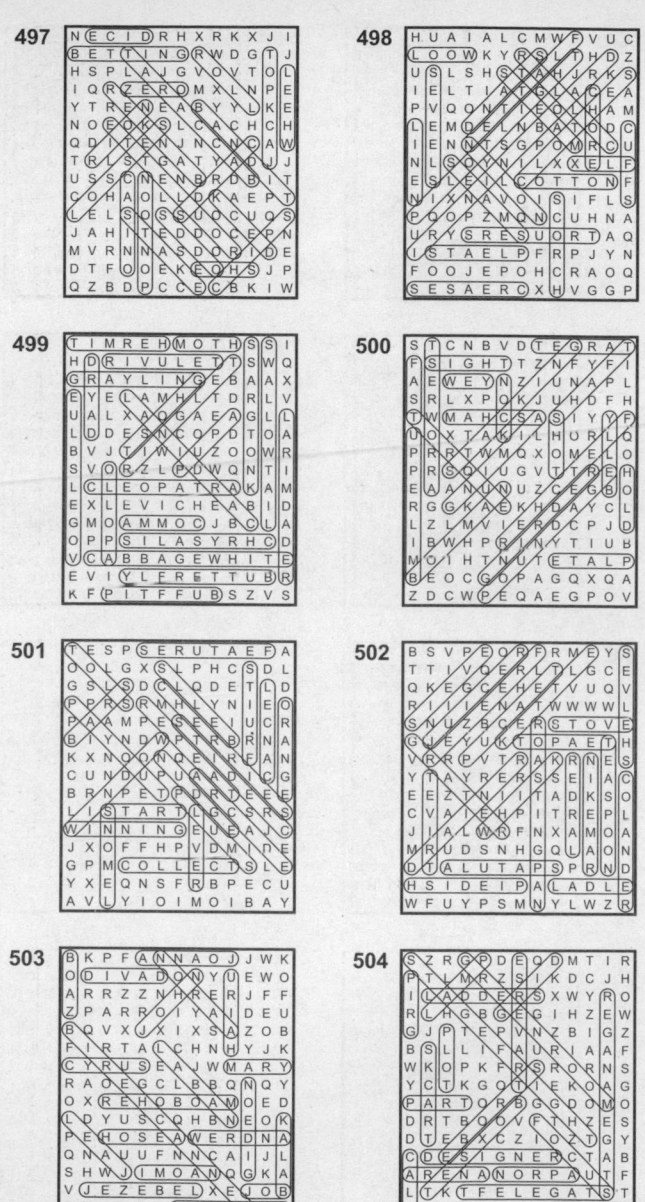